GEO SAISON
Reisesprachführer

Italienisch

von Helena Dalhoff

BERTELSMANN LEXIKON VERLAG

Text und Konzeption: Helena Dalhoff, mit freundlicher Unterstützung von Marina Bindella

Redaktion: Dr. Beate Varnhorn, Michaela Stüttgen
Illustrationen: Dieter Stadler
Satz und Layout: Dirk Bischoff, Ernst-Jürgen Bischoff, Anke Eickholt
Bildredaktion: Edeltraud Siebart
Herstellung: Günter Hauptmann
Einbandgestaltung: Petra Dorkenwald

Bildnachweis:

Paola Andreoli, Rom: 15, 124, 180; Bertelsmann Lexikon Verlag, Gütersloh: 353, 355; Marina Bindella, Rom: 64, 215; dpa, Frankfurt: 134/Villa, 231/Prisma-Sempreviva, 253/Prisma-Ferrario; IFA-Bilderteam, München: 153/Aigner, 203/Riedl; laif, Köln: 55/Krause; Mauritius, Mittenwald: 91/Purner, 147/Ehrhardt, Hintergrund: 15, 35, 55, 91, 115, 153, 185, 215, 231, 253, 269, 287; Jörg Meuter, Neapel: 35, 115, 185, 222.
Seite 354: entnommen aus »Atlas der italien. Weine«, erschienen im Hallwag Verlag, Ostfildern.

Schutzumschlag: Tony Stone Bilderwelten, München/John Lamb.

Umwelthinweis: gedruckt auf chlorfrei gebleichtem Papier

Alle in diesem Band aufgeführten Wörter, Wendungen, Übersetzungen und Fakten wurden sorgfältig recherchiert. Für ihre Richtigkeit kann jedoch keine Gewähr übernommen werden.

Druck, Verarbeitung: Egedsa, Sabadell/Spanien
Printed in Spain · ISBN 3-577-10608-5

INHALTSVERZEICHNIS

1 2 3 4 5 6 7 8 9 10

Unterwegs: Von A nach Z 3

Unterkunft 4

Essen & Trinken 5

Einkaufen 6

Entspannung, Sport & Kultur 7

Dienstleistungen: Banken, Post, ... 8

EINFÜHRUNG

Italienischkenntnisse sind in einem Land, in dem mit Vorliebe improvisiert wird und Ausnahmen die Regel bilden, besonders wichtig, zumal Englischkenntnisse vielerorts nicht vorausgesetzt werden können. Mit Französisch, Spanisch oder einer anderen romanischen Sprache kommen Sie eher weiter. Aber persönlichere Kontakte und tiefere Einblicke gewinnen Sie erst über das Italienische.

Ganze Sätze und einzelne Vokabeln nachschlagen

Einzelne deutsche oder italienische **Vokabeln** und ihre Übersetzung finden Sie am schnellsten im Wörterbuchteil im Anhang des Buches. Wenn Sie sich hingegen auf eine bestimmte Situation im Reiseland systematisch vorbereiten wollen und bestimmte **Sätze,** eine feste Wendung oder situationstypische Standardvokabeln lernen oder nachschlagen möchten, so gelangen Sie am besten über das thematisch geordnete Inhaltsverzeichnis in das entsprechende Kapitel. Hier sind dann alle typischen Redemittel in überschaubaren Einheiten präsentiert. Darüber hinaus finden Sie in den Kapiteln nützliche **Tips und Hinweise,** die Ihnen helfen, sich in der fremden Umgebung besser zurechtzufinden. Eine weitere Zugriffsmöglichkeit bietet das **Wörterbuch** im Anhang. Denn dort ist außer der Übersetzung der gesuchten Vokabel auch die Seitenzahl angegeben, die Sie direkt in den entsprechenden Textteil führt.

Der Reisesprachführer als Selbstlernsprachkurs

Für Italienischlerner und diejenigen, die sich mit den wichtigsten Regeln der italienischen Sprache vertraut machen möchten, ist die **Kurzgrammatik** im Anhang konzipiert. Die **Ausspracheregeln** im Vorspann des Buches und die zusammen mit dem Buch erhältliche **Audiokassette** geben Ihnen die korrekte Sprechweise an. Die **Lerneinheiten** im Textteil sind thematisch geordnet und eignen sich zum selektiven Lesen und Lernen. In den einzelnen Kapiteln sind alle wichtigen Redemittel zu der jeweiligen typischen Reisesituation übersichtlich zusammengestellt: elementare Sätze der Alltagskommunikation und die wichtigsten Vokabeln ebenso wie häufige Hinweise, Schilder und Durchsagen in der Landessprache.

Das, was gelernt werden sollte, steht immer rechts: Handelt es sich um Wörter oder Wendungen, die Sie aktiv beherrschen sollten (z. B. *Die Rechnung, bitte!*), so steht die deutsche Wendung links, die italienische Übersetzung rechts. Bei Wendungen, die Sie selbst kaum sagen würden, aber doch verstehen sollten (z. B. *Haben Sie etwas zu verzollen?*), ist die Anordnung genau umgekehrt. So können Sie jeweils die rechte Spalte verdecken und lernen.

Symbole und Darstellungsweisen

Symbol	**Beschreibung**	**Beispiel**	
blaue Schrift	Italien-Tips und Hinweise	Bargeld (= *contanti*) bekommen Sie in Italien …	
•	passiver Wortschatz	• I documenti, per favore! Ihre Papiere, bitte!	
/	Alternativen; die Grauschrift kennzeichnet die Wahlmöglichkeiten	Angestellte/r – impiegata/o Wo ist / sind …? Bis nachher / später / bald! Danke gut, und Ihnen / dir?	
( )	fakultative Erweiterungen	Es tut mir (wirklich) leid! – Mi dispiace (veramente)!	
…	Platz für Varianten, die an dieser Stelle eingesetzt werden können	**Vada …!** a destra a sinistra diritto	**Fahren Sie …!** nach rechts nach links geradeaus
▶	Weiteres finden Sie im Wörterbuch oder im angegebenen Kapitel	▶ Wörterbuch (Berufe) ▶ Kap. 1, Rund ums Geld S. 4	

AUSSPRACHE

Wörter wie *Civitavecchia* [tschiwita'weckia] (= ital.Hafenstadt), *ciliege* [tschili'edsche] (= Kirschen) oder *ghiaccio* [gi'atsch(i)o] (= Eiswürfel) lassen leicht den Eindruck entstehen, als sei die italienische Aussprache schwierig. Glücklicherweise ist jedoch das Gegenteil der Fall: Die Wörter werden meist so ausgesprochen, wie man sie schreibt. Nur wenige Ausspracheregeln weichen vom Deutschen ab:

1. »**c**« und »**g**« werden in der Regel wie ein deutsches »k« bzw. »g« ausgesprochen. Die Abweichungen von der deutschen Aussprache in den Kombinationen mit »e«, »i« und »h« sind aus Eindeutschungen wie *ciao* ['tsch(i)ao], *Girokonto* ['dschirokonto], *Chianti* [ki'anti] oder *Zucchini* [zu'kini] schon so bekannt, daß sie kaum noch Schwierigkeiten bereiten. Bei den Kombinationen »gn« und »gli« geraten allerdings auch kulinarische Kenner ins Stocken, wenn's z. B. um *gnocchi* ['njoki] oder *coniglio* [ko'niljo] (= Kaninchen) geht.

2. Der Buchstabe »**h**« wird im Italienischen nicht ausgesprochen, s. *hotel* [o'täll]; Vorsicht ist bei den Buchstabenkombinationen »ch«, »cch« und »gh« geboten, wo das »h« nur die Funktion hat, die Aussprache von »c« als [k] bzw. von »g« als [g] beizubehalten, s. *chilo* ['kilo].

3. Die Italiener ›stolpern‹, wie die Hamburger, ›über spitze Steine‹: »**s**« wird im Wort- und Silbenanlaut meistens scharf ausgesprochen. Keine Entsprechung zum Deutschen hat das »**sch**«, das als [sk] auszusprechen ist. »**sc**« ist im Italienischen [sk], vor »e« bzw. »i« hingegen [sch], s. *sconto* ['skonto] (= Skonto, Preisnachlaß) bzw. *sci* [schi] (= Ski).

4. Das italienische »**v**« wird wie das deutsche »v« in Vase ausgesprochen (*vado* ['wado] = ich gehe).

5. Abweichend vom Deutschen ist auch die Aussprache der **Diphtonge**, die meist getrennt ausgesprochen werden: Europa = *E-u-ropa,* Hilfe = *a-i-uto,* gestern = *i-e-ri.*

Buchstabenkombinationen mit »c«

c/cc	[k] (wie in **K**ilogramm)	+ Konsonant + a, o, u + he, hi	**cl**ima **ca**mbio **che**, ri**cche**, **Chi**anti, zu**cchi**ni	!
	[tsch] (wie in Ma**tsch**)	+ e, i	Le**cce**, **ci**ao, cap- pu**cci**no	!
sc	[sk] (wie in **Sk**at)	+ Konsonant + a, o, u + he, hi	**scr**ivere **sca**la, **sco**nto **sche**rzo, **schi**avo	!
	[sch] (wie in **Sch**irm)	+ e, i	e**sce**, u**sci**ta	!

Buchstabenkombinationen mit »g«

g/gg	[g] (wie in **G**arten)	+ Konsonant + a, o, u + he, hi	**gr**ande La**go** di **Ga**rda lar**ghe**, **ghi**accio, la**ghi**	!
	[dsch] (wie in **Dsch**ungel)	+ e, i	**ge**lato, **gi**orno, o**ggi**	!
gn	[nj] (wie in Ko**gn**ak)		si**gn**ora	!
gli	[lj(i)] (wie in Mi**lli**on)		fami**gli**a	!

Buchstabenkombinationen mit »s«

s	scharf, stimmlos (wie in wa**s**)		**s**ale, **sco**nto	
	weich, stimmhaft (wie in Ro**s**e, ***S***onne)		ro**s**a	
sp	[sp] (wie in We**sp**e)		**sp**ort	
st	[st] (wie in engl. **st**one)		**st**raniero	
sc	[sk] (wie in **Sk**at)	+ Konsonant + a, o, u	**scr**ivere **sca**la, **sco**nto	
	[sch] (wie in **Sch**irm)	+ e, i	e**sce**, u**sci**ta	!
sch	[sk] (wie in **Sk**andal)		**sch**erzo	!

Akzentuierung

Der Wortakzent liegt in der Regel auf der vorletzten Silbe (s. *italiạno, parlạre, raviọli*). Wörter, die auf der letzten Silbe betont werden, haben einen Akzent (s. *piụ̀, cittạ̀* etc.). Verben der 3. Person Plural auf »-(i)ano« und »-ono« (z.B. *pạrlano*) und die meisten Infinitive auf »-ere« (z.B. *crẹdere*) werden auf der drittletzten Silbe betont, ebenso einige Wörter wie *catạlogo* oder *telẹfono* und solche, bei denen die vorletzte Silbe aus einem »i« besteht, das in diesen Fällen praktisch nicht gezählt wird (s. *famịgl**ia**, accadẹm**ia***, aber: *librerịa, cartolerịa, fantasịa).*

ALPHABET

Dem deutschen »A wie Anton« entspricht das italienische »A come Ancona«.

A	[a]	**A**ncona
B	[bi]	**B**ologna
C	[tschi]	**C**omo
D	[di]	**D**omodossola
E	[e]	**E**mpoli
F	[effe]	**F**irenze
G	[dschi]	**G**enova
H	[akka]	**H**otel
I	[i]	**I**mola
J	[i lunga]	**j**ersey
K	[kappa]	**K**ursaal
L	[elle]	**L**ivorno
M	[emme]	**M**ilano
N	[enne]	**N**apoli
O	[o]	**O**tranto
P	[pi]	**P**adova
Q	[ku]	**Q**uarto
R	[erre]	**R**oma
S	[esse]	**S**avona
T	[ti]	**T**orino
U	[u]	**U**dine
V	[wi]	**V**enezia
W	[wu / wi doppia]	**W**ashington
X	[iks]	**X**eres
Y	[ipsilon]	**Y**ork
Z	[zeta]	**Z**ara
ä, ö, ü	[a, o, u con dieresi]	

WICHTIGE ABKÜRZUNGEN IM ITALIENISCHEN

a.C.	avanti Cristo	vor Christus
d.C.	dopo Cristo	nach Christus
A.D.	Anno Domini	nach Christus
sec.	secolo	Jahrhundert
alt.	altitudine	Höhe (über dem Meer)
C.so	Corso	(Haupt-) Straße
L.go	Largo	Platz
P.za	Piazza	Platz
V.le	Viale	breite Straße / Allee
A.C.I.	Automobile Club d'Italia	Ital. Automobilclub
A.P.T.	Azienda di Promozione Turistica	Fremdenverkehrsamt
E.N.I.T.	Ente Nazionale Italiano per il Turismo	Staatl. ital. Fremdenverkehrsamt
FS	Ferrovie dello Stato	Staatl. ital. Eisenbahnen
I.V.A.	Imposta sul Valore Aggiunto	Mehrwertsteuer
P.T.	Posta e Telegrafi	Post- und Telegrafenamt
U.S.L.	Unità Sanitaria Locale	Italienische Gesundheitsbehörde und gesetzliche Krankenkasse
Dott.	Dottore	(Herr) Doktor
Dott.essa	Dottoressa	(Frau) Doktor
Spett.	Spettabile (ditta) …	Sehr geehrte (Firma) …
Sig.	Signor	Herr
Sig.ra	Signora	Frau
Sig.na	Signorina	Fräulein
ecc.	eccetera	usw.
racc.	raccomandata	Einschreiben

▶ Kap. 10, Glossar: Unternehmensformen S. 257

1 ZAHLEN, ZEITEN, ZENTIMETER

1

Zahlen & Maße

In Italien gilt Freitag, der 17. als der Unglückstag schlechthin. Die Zahl 13 hingegen verspricht höchstes Glück (= *fortuna*). Wenn sich jedoch 13 Personen gleichzeitig an einem Tisch versammeln, so bringt das angeblich Unglück (= *sfortuna*).

Kardinalzahlen

0 zero	1 uno	2 due	3 tre	4 quattro
5 cinque	6 sei	7 sette	8 otto	9 nove
10 dieci	20 venti	30 trenta	40 quaranta	50 cinquanta
60 sessanta	70 settanta	80 ottanta	90 novanta	100 cento

11	undici	21	ventuno	101	centouno
12	dodici	22	ventidue	102	centodue
13	tredici	23	ventitré	103	centotré
14	quattordici	31	trentuno	200	duecento
15	quindici	32	trentadue	300	trecento
16	sedici	33	trentatré	400	quattrocento
17	diciassette	41	quarantuno	500	cinquecento
18	diciotto	42	quarantadue	600	seicento
19	diciannove	43	quarantatré	700	settecento

1000	10 000	1 000 000
mille	diecimila	un milione

1500	millecinquecento	20 000	ventimila
2000	duemila	100 000	centomila
3000	tremila	200 000	duecentomila
4000	quattromila	2 000 000	due milioni

▶ Kap. 1, Rund ums Geld S. 19

Ordinalzahlen

1°	primo/a	il primo piano	der erste Stock
2°	secondo/a	la seconda strada a destra	die zweite Straße rechts
3°	terzo/a	il Terzo Reich	das Dritte Reich
4°	quarto/a	la quarta classe	die vierte Klasse
5°	quinto/a	il quinto anniver-sario	der fünfte Jahrestag
6°	sesto/a	il sesto senso	der sechste Sinn
7°	settimo/a	il settimo giorno	der siebte Tag
8°	ottavo/a	l'ottava volta	das achte Mal
9°	nono/a	la nona sinfonia	die neunte Symphonie
10°	decimo/a	il decimo capitolo	das zehnte Kapitel

Alle weiteren Ordinalzahlen werden durch Anhängen von *-esimo/a* gebildet: *undici* (= elf) – *undicesimo/a* (= elfte/r/s), *venti* (= zwanzig) – *ventesimo/a* (= zwanzigste/r/s).

▶ Kap. 1, Datum S. 29

1

Bruch- & Prozentzahlen

1/2	mezzo/a	1/5	un quinto
1 1/2	uno/a e mezzo/a	1/6	un sesto
1/3	un terzo		
1/4	un quarto	15%	quindici per cento
3/4	tre quarti	50%	cinquanta per cento

Maß- & Mengeneinheiten

mm	millimetro	Millimeter
cm	centimetro	Zentimeter
m	metro	Meter
km	chilometro	Kilometer
M	miglio marino / nautico	Seemeile
m^2 / mq	metro quadr(at)o	Quadratmeter
km^2 / kmq	chilometro quadrato	Quadratkilometer
a	ara	Ar
ha	ettaro	Hektar
cm^3	centimetro cubo	Kubikzentimeter
m^3	metro cubo	Kubikmeter
km/h	chilometro all'ora	Stundenkilometer
	nodo	Knoten
dl	decilitro	Deziliter
l	litro	Liter
g	grammo	Gramm
1 hg / 100 g	un etto	100 Gramm

2 hg / 200 g	due etti	200 Gramm
500 g / ½ kg	mezzo chilo	500 Gramm
kg	chilo	Kilo
½ q	mezzo quintale	Zentner (50 kg)
q	quintale	Doppelzentner (100 kg)
t	tonnellata	Tonne
	un paio	ein Paar
	una dozzina	ein Dutzend

Apropos: Bei Mengenangaben wird *di* ergänzt: *2 litri di latte* (= 2 l Milch).

▶ Kap. 6, Mengenangaben S. 161

Rund ums Geld

Zwar sind die Zeiten, wo Bonbons das Kleingeld ersetzten, längst vorbei, – geblieben aber sind die vier- bis siebenstelligen Zahlenungetüme der Lira. Im Alltag hilft man sich damit, die letzten drei Nullen zu ignorieren, wo man kann. Dann läßt sich nur aus dem Kontext erschließen, ob *cinque* 5, 5000 oder 5 000 000 Lire bedeuten. Inflationär ist auch die Vielzahl unterschiedlicher Münzen und Scheine: Das 100 Lire-Stück zirkuliert in drei unterschiedlich großen Münzen. (Nur das größte Stück eignet sich zum Telefonieren!) Das 50 Lire-Stück ist in zwei Ausführungen im Umlauf; der alte 1000 Lire-Schein in brauner Farbe ist mittlerweile ungültig. Apropos: Auch im Vatikanstaat und in S. Marino gilt die italienische Währung als Zahlungsmittel.

▶ Geldscheine, Abb. 3 im Anhang

1

Bezahlen

Apropos: Der italienische Fiskus besteht – unter Androhung einer Geldstrafe – darauf, daß Verkäufer den Kassenbon (= *lo scontrino*) ausgeben und Käufer ihn wenigsten 600 m (!) mit sich tragen. Gleiches gilt für Restaurants, Osterien etc.

Die Rechnung, bitte!	Il conto, per favore!
Wieviel kostet das?	Quanto costa?
Was kosten die Tomaten?	Quanto costano i pomodori?
Wieviel bekommen Sie?	Quanto le devo? / Quant'è?
• (In tutto / Sono) 10 000 Lire.	(Das macht) 10 000 Lire.
Ich habe leider kein Kleingeld.	Purtroppo non ho spiccioli.
Ich möchte ... bezahlen! mit Kreditkarte bar mit Scheck	**Vorrei pagare ...!** con la carta di credito in contanti con un assegno
Nehmen Sie die Eurocard / einen Scheck?	Accetta/no la carta Eurocard / un assegno?
• Sì, certo.	Ja, sicher.
• No, mi dispiace. Accettiamo solo la carta VISA.	Nein, tut mir leid. Wir akzeptieren nur VISA.
• La sua firma, per favore!	Ihre Unterschrift, bitte!
• Ecco il resto / lo scontrino!	Hier das Rückgeld / der Bon!
Ich brauche eine Quittung.	Mi serve una ricevuta (fiscale).
Entschuldigung, könnten Sie mir eine Rechnung / Quittung ausstellen?	Mi può fare la fattura / ricevuta fiscale, per piacere?

Kann es sein, daß Sie sich verrechnet haben?	É possibile che ci sia un errore?

Euroschecks, die Sie bei der Bank nur unter Vorlage eines Personalausweises und unter beträchtlichem bürokratischen Aufwand einlösen können, werden in Hotels und größeren Geschäften fast überall angenommen. Kreditkarten sind in gehobenen Dienstleistungsbereichen und in Ferienzentren gängiges Zahlungsmittel. Sie werden z. T. an Tankstellen akzeptiert und sind bei Buchungen von Tickets und Mietwagen von Vorteil. Abseits der Haupttouristenrouten, in preiswerten Lokalen, Pensionen, kleineren Geschäften, an Tankautomaten etc. brauchen Sie jedoch Bargeld.

Reisezahlungsmittel

So erhalten Sie Bargeld

Barumtausch	cambio
EC-Karte (Geldautomat)	carta-EC (bancomat)
Reisesparbuch (Post)	libretto di risparmio (posta)
Reisescheck	travellers' cheque, il
Euroscheck	eurocheque, l'
Kreditkarte (Geldautomat)	carta di credito (bancomat)

▶ Kap. 8, Banken & Geldverkehr S. 217–221

Zeiten

Obwohl es zwischen Deutschland und Italien keine Zeitverschiebung gibt und auch die gleiche Sommerzeit gilt, sind Zeitverständnis, Tagesrhythmen und Öffnungszeiten andere. Je weiter südlich Sie kommen, um so evidenter wird der Unterschied. Wer den itali-

1

enischen Alltag auch dann genießen will, wenn nicht alles wie geplant verläuft, sollte Zeit (= *tempo*) und Geduld (= *pazienza*) mitbringen und gelassen (= *con calma*) reagieren.

Uhrzeiten

Entschuldigung, wie spät ist es?	Mi scusi, che ora è?
Es ist	
13:00	È l'una.
15:00	Sono le tre.
15:15	Sono le tre e un quarto.
15:25	Sono le tre e venticinque.
15:30	Sono le tre e mezza.
15:40	Sono le quattro meno venti.
15:45	Sono le quattro meno un quarto.

um wieviel Uhr?, wann?	a che ora?, quando?
um 10 Uhr	alle dieci
um 12 / 24 Uhr	a mezzogiorno / mezzanotte
um zehn vor drei	alle tre meno dieci
um zehn nach drei	alle tre e dieci
Punkt 6 Uhr	le sei in punto
gegen 11 Uhr	verso le undici
vor / nach 15 Uhr	prima delle / dopo le tre
zwischen 16 und 17 Uhr	fra le quattro e le cinque
in 20 Minuten ...	fra venti minuti

in einer Viertelstunde	fra un quarto d'ora
vor einer halben Stunde	mezz' ora fa
Sekunde	secondo
Minute	minuto
Stunde	ora, l'

Öffnungszeiten

Bei den italienischen Öffnungszeiten bestätigen die Ausnahmen die Regel: Mittagspausen sind üblich, variieren aber in der Länge. Samstagnachmittags sind viele Geschäfte geöffnet. Sie bleiben dafür am Montagmorgen oder – je nach Region – an einem anderen Vor- oder Nachmittag geschlossen. Im Juli und August, der Hauptferienzeit, gelten in Großstädten und Touristenzentren oft Sonderregelungen.

Apotheken Mo–Fr 8.30–13.00 Uhr und 16.00–19.00 Uhr, Sa 8.30–13.00 Uhr. Außerhalb der Öffnungszeiten Bereitschaftsdienste (= *servizio di turno*). Manche Apotheken bieten einen 24-Stunden-Service an: *aperto giorno e notte*.

Ausgrabungsstätten und Parks Täglich (von 9.00 Uhr) bis eine Stunde vor Sonnenuntergang (= *Aperto tutti i giorni fino ad un'ora prima del tramonto*).

Banken Mo–Fr vormittags 8.25–13.35 Uhr, nachmittags 14.45–15.45 Uhr (nur einige Banken).

Botschaften und Konsulate Publikumsverkehr Mo–Fr 9.00–12.00 Uhr. Die Vertretungen haben an nationalen Feiertagen und an einigen italienischen Festtagen geschlossen. Sa/So und an Feiertagen Bereitschaftsdienste.

Geschäfte	Die Öffnungszeiten differieren nach Stadt, Region, Jahreszeit und Gewerbe. Kernzeiten: Mo–Sa vormittags 9.00–12.30 Uhr, nachmittags 16.30–19.00 Uhr. Beachten Sie auch den wöchentlichen Ruhetag, an dem die Geschäfte vormittags oder nachmittags geschlossen bleiben.
Kaufhäuser	Meist durchgehend, z. T. auch sonntags geöffnet.
Kirchen	Gottesdienste (= *messe*): siehe Aushänge an der Kirchentür. Kirchen sind meist zwischen 12.30–16.00 Uhr und ab 18.00 Uhr geschlossen!
Museen	Die Öffnungszeiten variieren stark. Städtische und staatliche Museen und Galerien haben in der Regel montags geschlossen. Kernzeiten: Di–Sa 9.00–13.30 Uhr, So 9.00–13.00 Uhr. Längere Öffnungszeiten sind zu Ostern und in der Hauptreisezeit vorgesehen. Wechselausstellungen sind oft ganztägig geöffnet.
Postämter	Mo–Fr 8.25–13.50 Uhr, Sa 8.25–11.50 Uhr. Hauptpostämter haben Mo–Fr durchgehend bis 19.45 Uhr geöffnet.
Reisebüros	Mo–Fr 9.00–13.00 Uhr und 14.30–18.00 Uhr, samstags geschlossen!
Restaurants	Die Öffnungszeiten sind unterschiedlich. Kernzeiten: 13.00–15.00 Uhr und 20.00–23.00 Uhr. Der wöchentliche Ruhetag steht angeschlagen.
Tankstellen	Nur Autobahntankstellen sind durchgehend geöffnet. Ansonsten gilt: Mo–Sa 7.00–12.30 Uhr und 15.30–19.00 Uhr (vom 1.5.–30.9. bis 19.30 Uhr). Außerhalb der Öffnungszeiten können Sie an Tankautomaten mit glatten 10 000 und 50 000 Lire-Scheinen tanken.

TORNO SUBITO	ORARIO CONTINUATO
Komme sofort zurück	durchgehend geöffnet

Um wieviel Uhr öffnet / schließt ...?	**A che ora apre / chiude ...?**
dieses Geschäft	questo negozio
die Bank	la banca
das Museum	il museo
• Alle otto e mezza.	Um 8.30 Uhr.

aperto	geöffnet
chiuso	geschlossen
riposo settimanale	wöchentlicher Ruhetag
Orario [Sg]	Öffnungszeiten
~ valido dal ...	~ gültig ab dem ...
~ valido dal ... al	~ gültig vom ... bis zum ...
~ valido fino al ...	~ gültig bis zum ...
~ estivo	~ im Sommer
~ invernale	~ im Winter
Orari [Pl]	
~ feriali	~ an Werktagen
~ festivi	~ an Feiertagen

Tip: Wenn Sie ins Museum, zur Post, zur Bank oder auf den Markt gehen, Geld wechseln, tanken oder Bürokratisches erledigen wollen, so tun Sie dies besser am Vormittag. Ausgrabungsstätten, Parks und viele Kirchen können Sie auch nachmittags besichtigen, oder montags, wenn die meisten Museen geschlossen bleiben.

Relative & andere Zeitangaben

Wann?	**Quando?**
vorgestern	l'altro ieri
gestern	ieri
~ abend	~ sera
~ morgen	~ mattina
heute	oggi
~ abend	stasera
~ morgen	stamattina
morgen	domani
~ abend	~ sera
~ früh	domattina
übermorgen	dopodomani
von Montag bis Freitag	da lunedì a venerdì
von 8.00 bis 10.00 Uhr	dalle otto alle dieci
vom 1. bis 21. August	dal primo al ventun(o) agosto
in 8 Tagen	fra otto giorni
letzte Woche	la settimana scorsa
vorletzte Woche	due settimane fa
diesen Freitag	questo venerdì
nächsten Monat	il mese prossimo
übernächstes Jahr	fra due anni
im Jahre 2001	nel(l'anno) duemilauno
im Januar	in gennaio
in den 90er Jahren	negli anni novanta
im letzten Jahrhundert	nell'ultimo secolo
Anfang Januar	all'inizio di gennaio
Mitte Januar	a metà gennaio
Ende Januar	alla fine di gennaio

kürzlich	poco tempo fa
sofort, gleich	subito, fra un attimo
bald	fra poco, presto
früh	presto
spät	tardi
10 Minuten später	dieci minuti più tardi
rechtzeitig	in tempo, puntuale
Ab wann?	**A partire da quando?**
ab … Uhr	a partire dalle ore …
ab Montag	da lunedì
Seit wann?	**Da quando?**
seit einer Stunde	da un'ora
seit 11 Uhr	dalle undici

Häufigkeit

Wie oft?	**Quante volte?**
(fast) immer	(quasi) sempre
oft	spesso
manchmal	a volte, qualche volta
hin und wieder	di quando in quando
selten	raramente
einmal	una volta
zweimal	due volte
nie(mals)	mai
jeden Tag	ogni giorno
jeden zweiten Tag	ogni due giorni
täglich	tutti i giorni

1

Tageszeiten

giorno	Tag
mattina	Morgen
di ~	morgens, am ~
mattinata	Vormittag
prima ~	früher ~
tarda ~	später ~
mezzogiorno	Mittag
pomeriggio	Nachmittag
sera	Abend
di ~	abends, am ~
notte, la	Nacht
di ~	nachts
mezzanotte, la	Mitternacht
a ~	um ~

Wochentage

Montag	lunedì, il
Dienstag	martedì, il
Mittwoch	mercoledì, il
Donnerstag	giovedì, il
Freitag	venerdì, il
Samstag	sabato
Sonntag	domenica
Werktag	giorno feriale
Feiertag	giorno festivo
Wochenende	week-end, il

Monate

Apropos: Der heiße August ist der Ferienmonat schlechthin – überfüllte Strände, Staus, menschenleere Städte, geschlossene Läden und Büros. Dienstreisen und Amtliches sollte man daher möglichst auf einen anderen Monat verlegen.

1 GENNAIO Januar	5 MAGGIO Mai	9 SETTEMBRE September
2 FEBBRAIO Februar	6 GIUGNO Juni	10 OTTOBRE Oktober
3 MARZO März	7 LUGLIO Juli	11 NOVEMBRE November
4 APRILE April	8 AGOSTO August	12 DICEMBRE Dezember

Daten & Feiertage

Datum

Apropos: Beim Datum wird nur der erste Tag des Monats als Ordinalzahl angegeben: *Il primo maggio* (= 1.5.). Ansonsten werden die Kardinalzahlen verwendet: *Il due maggio* (= 2.5.) etc.

Der wievielte ist heute?	Che giorno è oggi?
• Il cinque dicembre.	Der 5. Dezember.
• Quando è nato/a?	Wann sind Sie geboren?
Am 13. September 1962.	Il tredici settembre del millenovecentosessantadue.

1

Fest- & Feiertage

Außer den nationalen Feiertagen begeht jede Region, jede Stadt und jedes Dorf den Namenstag des Schutzpatrons mit großen Festlichkeiten, – ein zusätzlicher Feiertag, an dem meist nur einige Geschäfte vormittags geöffnet sind und andere ganz geschlossen bleiben.

Nationale Feiertage

01.01.	Capodanno	Neujahr
06.01.	Epifania	Heilige Drei Könige
	Pasqua	Ostersonntag
	Lunedì dell'Angelo	Ostermontag
25.04.	Giorno della Liberazione	Tag der Befreiung vom Faschismus
01.05.	Festa dei Lavoratori	Tag der Arbeit
15.08.	Ferragosto/Assunzione	Mariä Himmelfahrt
01.11.	Festa di tutti i Santi	Allerheiligen
08.12.	Festa dell'Immacolata	Mariä Empfängnis
25.12.	Natale	1. Weihnachtstag
26.12.	Santo Stefano	2. Weihnachtstag (Stephanus)

Regionale Feste (eine Auswahl)

25.04.	S. Marco	Markus	VENEDIG
1.–4.05.	S. Efisio	Efisius	CAGLIARI
24.06.	S. Giovanni Battista	Johannes der Täufer	FLORENZ
29.06.	SS. Pietro e Paolo	Peter und Paul	ROM
10.–15.07.	S. Rosalia	Rosalia	PALERMO
19.09.	S. Gennaro	Januarius	NEAPEL
07.12.	S. Ambrogio	Ambrosius	MAILAND

► Kap. 7, Volksfeste S. 211

Wetter & Jahreszeiten

1

Italien bedeutet für viele »Sonne, Sand und Meer«. Daß es aber zu Ostern auch regnerisch und kühl sein kann, sollten wir aus den alljährlichen Übertragungen des Papstsegens *Urbi et orbi* wissen, wo fröstelnde Gläubige auf dem Petersplatz ausharren.

Jahreszeiten

Frühling	primavera	frühlingshaft	primaverile
Sommer	estate, l'	sommerlich	estivo
Herbst	autunno, l'	herbstlich	autunnale
Winter	inverno, l'	winterlich	invernale

Übers Wetter reden

Wie ist das Wetter?	Che tempo fa?
Was für ein schöner Tag!	Che bella giornata!
Es ist schönes Wetter.	Fa bel tempo.
Heute ist es aber heiß / kalt / frisch!	Che caldo / freddo / fresco fa oggi!
Die Sonne scheint.	C'è il sole.
Heute ist es windig / schwül.	C'è vento / afa oggi.
Es ist ziemlich windig.	Tira vento.
Es ist neblig.	C'è la nebbia.
Es gewittert.	C'è il temporale.
Es regnet / schneit.	Piove / Nevica.
Es ist schwül / naßkalt.	È umido.
Es sind 38° C.	(Ci) Sono trentotto gradi.

Das aktuelle Wetter bietet stets gern genutzten Anlaß zu Kommentaren: *Che tempo!* (= Was für ein Wetter!) oder *Insopportabile!* (= Nicht auszuhalten!). Apropos: *Ho fretta* heißt „ich habe es eilig", *ho freddo* hingegen „mir ist kalt".

Wettervorhersage

Wie wird das Wetter morgen?	Che tempo farà domani?
Was sagt der Wetterbericht?	Che dicono le previsioni (meteorologiche)?
• Rimarrà bel tempo.	Es bleibt schön.
• Farà brutto tempo!	Das Wetter wird schlecht.

Glossar: Wetterbericht

caldo	Hitze, heiß
sereno	heiter
sole, il	Sonne

freddo	Kälte, kalt
gelo	Frost
grandine, la	Hagel
neve, la	Schnee
nebbia	Nebel

pioggia	Regen
temporale, il	Gewitter
tuono	Donner
fulmine, il	Blitz

	cielo	Himmel
	coperto	bedeckt
	(poco) nuvoloso	(heiter bis) wolkig
	nuvola	Wolke
	temperature	Temperaturen
	~ massime	Höchst~
	~ minime	Tiefst~
	vento	Wind
	~ debole	schwacher ~
	~ moderato	mäßiger ~
	~ forte	starker ~
	tempesta	Sturm
	mare, il	See
	~ calmo	ruhige ~
	~ (molto) mosso	(hoher) Seegang
	~ agitato	stürmische ~
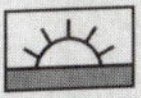	alba, l'	Sonnenaufgang
	tramonto	Sonnenuntergang
	luna piena	Vollmond
	luna nuova	Neumond

Winde

Italiener klagen mehr über den Wind als über den Regen; zum Beispiel über den *scirocco*, einen heißen Sommerwind, der die Halbinsel mit feinem afrikanischen Sand bedeckt und gewöhnlich drei Tage am Nervenkostüm wetterfühliger Menschen zerrt. Aus dem Norden kommt der schneidende Wind *tramontana*, vom Nordwesten der *maestrale*, und im Golf von Triest wütet gewaltig die *bora*.

Himmelsrichtungen

Norden	il nord
Süden	il sud
Westen	l'ovest
Osten	l'est
Nordosten	il nord-est
Südwesten	il sud-ovest

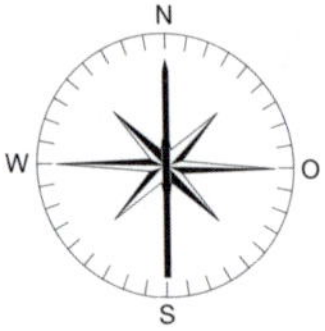

Farben

beige	beige
blau	azzurro, blu
hellblau	celeste
dunkelblau	blu (scuro)
braun	marrone
gelb	giallo
golden	dorato
grau	grigio
grün	verde
orange	arancione
rosa	rosa
rot	rosso
schwarz	nero
silbern	argentato
türkis	turchese
violett	viola
weiß	bianco

▶ Wörterbuch

KONTAKTE: TÄGLICHES & NÜTZLICHES

2

Das Allernotwendigste

2

Schließen Sie bitte nicht vom Rauhbein Adriano Celentano, von Pavarottis pathetischen Bühnenauftritten oder von Sofia Lorens heißblütigen Leinwandaffären auf die italienischen Umgangsformen schlechthin. Weil Italiener so offen und lebendig wirken, bemerken wir oft gar nicht, daß der Umgangston in Italien äußerst höflich ist und sehr formell sein kann. Viel Sympathie haben Sie schon gewonnen, wenn Sie Ihren Fragen und Wünschen ein freundliches *per piacere* oder *per favore* (= bitte) hinzufügen und an das Wort *grazie* (= danke) die Anrede *signora* oder *signore* hängen.

Ja.	Sì.
Nein.	No.

Bei Verständigungsschwierigkeiten

Italienisch wird meist sehr schnell gesprochen. Die regional unterschiedliche Aussprache erschwert außerdem das Verständnis. In jedem Fall hilft ein freundlich-verzweifeltes *Più lentamente, per favore!* (= Etwas langsamer, bitte!)

Wenn Sie nichts oder wenig verstehen ...

Ich verstehe leider nicht.	Non capisco, mi dispiace.
Ich spreche leider kein Italienisch.	Mi dispiace, non parlo l' italiano.
Ich spreche nur ein wenig Italienisch.	Parlo l'italiano solo un po'.
Sprechen Sie Deutsch?	Parla tedesco?

2

Gibt es hier jemanden, der ... spricht?	**C'è qualcuno qui che sappia ...?**
Englisch	l'inglese
Französisch	il francese
Spanisch	lo spagnolo
Ich brauche einen deutschen Übersetzer / Dolmetscher.	Ho bisogno di un traduttore / interprete tedesco.

Wenn Sie das eine oder andere nicht verstanden haben ...

Wie bitte?	Come dice? / Prego?
Ich habe nicht (richtig) verstanden.	Non ho capito (bene).
Würden Sie / Würdest du das bitte wiederholen?	Potrebbe / Potresti ripetere, per favore?
Würden Sie / Würdest du es mir bitte aufschreiben?	Potrebbe / Potresti scrivermelo, per favore?
Wie sagt man »Tisch« auf italienisch?	Come si dice »Tisch« in italiano?
Was bedeutet das?	Che cosa vuol dire (questo)?
Wie spricht man dieses Wort aus?	Come si pronuncia questa parola?

Die Aufmerksamkeit auf sich lenken

Entschuldigen Sie (, meine Dame)!	Mi scusi (, signora)!
Entschuldige!	Scusa!
Hören Sie / Hör mal, bitte!	Senta / Senti, per favore!

Apropos: Unter Arbeitskollegen und jüngeren Leuten ist in Italien das Du üblich. Älteren Menschen und Amtspersonen gegenüber ist das formale *lei* (= Sie) angebracht.

Begrüßung & Verabschiedung

Begrüßungen unter Freunden und Bekannten gehen meist über das Händeschütteln hinaus, mit Schulterschlag unter befreundeten Männern, mit beidseitigem Wangenkuß (= *baci*) unter Frauen und im Freundeskreis. Im formalen Umgang wird durchaus Wert auf den akademischen Titel *Dottore* bzw. *Dottoressa* gelegt.

Sich begrüßen

Guten Tag / Morgen, Frau ...!	Buongiorno, signora!
Guten Abend, Herr Doktor ...!	Buona sera, dottore!
Hallo!	Ciao!
Viele Grüße von Maria.	Tanti saluti da Maria.

Wie geht es Ihnen? Come sta? Wie geht es dir? Come stai? / Come va?	Danke, und *Ihnen / dir*? Bene, grazie, e *lei / tu*? (Sehr) *Gut / Schlecht* . (Molto) *Bene / Male*. Es geht. Non c'è male. Wie immer. Come sempre.

2

Wie war *die Reise / der Flug*? Come è stato il *viaggio / volo*?	Sehr *schön / angenehm*. Molto *bello / piacevole*. Es ging. Così così. Anstrengend. Faticoso. Schrecklich. Orrendo.

Sich vorstellen

Ich heiße Peter Voss. — Mi chiamo Peter Voss.

Darf ich Ihnen vorstellen? Das ist … . — **Le presento … .**

Herr / Frau Martini — il signor / la signora Martini
meine Frau / mein Mann — mia moglie / mio marito
Paolo, ein Freund von mir — Paolo, un mio amico
Frau Seel, eine Kollegin — la signora Seel, una collega

- Piacere. — Freut mich.
- Benvenuto/a a Roma / in Italia! — Willkommen in Rom / Italien!

Wollen wir uns nicht duzen? — Ci diamo del tu?

Apropos: Spricht man vom festen Freund, sagt man *il mio ragazzo*, die feste Freundin stellt man mit *la mia ragazza* vor; seltener hört man die Bezeichnung *il mio fidanzato* (= mein Verlobter).

▶ Wörterbuch (Verwandtschaftsbezeichnungen)

Sich verabschieden

2

Auf Wiedersehen!	Arrivederci!
Tschüs!	Ciao!
Bis nachher / später / bald!	A dopo / più tardi / presto!
Bis morgen!	A domani!
Bis zum nächsten Mal!	Alla prossima!
Gute Reise!	Buon viaggio!
Gute Nacht!	Buona notte!
Ein schönes Wochenende!	Buon fine settimana! / Buon weekend!
(Ich wünsche dir) Alles Gute!	(Ti auguro) Tante belle cose!
Viel Spaß!	Si diverta! [Sie] / Divertiti! [du]
• È stato un piacere averla conosciuta.	Ich habe mich gefreut, Sie kennenzulernen.
Ganz meinerseits.	Il piacere è mio.
Grüßen Sie bitte Frau Polidori von mir!	Saluti la signora Polidori da parte mia!
Grüß bitte Claudia von mir!	Salutami Claudia!
Es ist schon spät.	È già tardi!
Ich muß jetzt leider gehen.	Mi dispiace, devo proprio andare.
Es war wirklich ein schöner Abend.	È stata una serata molto piacevole.

Angaben zur Person

Auskunft geben

• Come si chiama / ti chiami?	Wie heißen Sie / heißt du?
• Il suo nome, prego!	Ihr Name, bitte!
Ich heiße Ines Kortmann.	Mi chiamo Ines Kortmann.
• Di dov'è lei / dove sei?	Woher kommen Sie / kommst du?
Ich komme aus / wohne in Berlin.	Sono di / Abito a Berlino.
Ich bin ... . Deutsche/r Schweizer/in Österreicher/in	**Sono ... .** tedesca/o svizzero/a austriaco/a
• Dove abita / abiti?	Wo wohnen Sie / wohnst du?
Ganz in der Nähe, in der Via Roma.	Qui vicino, in via Roma.
• Quando / Dove è nato/a?	Wann / Wo sind Sie geboren?
Ich bin am 4. Dezember 1958 geboren.	Sono nato/a il quattro dicembre del millenovecentocinquantotto.
• Quanti anni ha / hai?	Wie alt sind Sie / bist du?
Ich bin 32.	Ho trentadue anni.
• Da quando è in Italia?	Seit wann sind Sie in Italien?

▶ Kap. 1, Datum S. 29

2

Glossar: Personalien

Cognome, Nome	Name, Vorname
Indirizzo	Adresse
Via	Straße
(Viale / Vicolo / Corso / Piazza / Piazzale)	andere Straßenbezeichnungen
Numero civico	Hausnummer
Codice di avviamento postale	Postleitzahl
Domicilio	Wohnsitz
Provincia	Provinz
Stato	Land
Cittadinanza	Staatsangehörigkeit
Data di nascita / nato il	Geburtstag / geboren am
Età	Alter
Luogo di nascita / nato a	Geburtsort / geboren in
Numero di telefono	Telefonnummer
Professione	Beruf
Residenza / residente a	Erster Wohnsitz / wohnhaft in
Sesso	Geschlecht
maschile / femminile	männlich / weiblich
Stato civile	Familienstand
celibe / nubile	ledig (Frau) / ledig (Mann)
coniugato/a	verheiratet
separato/a	getrennt
divorziato/a	geschieden
vedovo/a	verwitwet
Documento	Ausweis
Passaporto	Reisepaß
Carta d' identità	Personalausweis
Numero di ...	... -nummer

Data di rilascio / rilasciato il	Ausstellungsdatum / ausgestellt am
Data di scadenza / valido fino al	gültig bis

Berufstätigkeit

• Che lavoro fa / fai?	Was machen Sie / machst du beruflich?
Ich bin … .	**Sono … .**
Angestellte/r	impiegata/o
Arbeiter/in	operaio/a
Auszubildende/r	apprendista
Beamter / Beamtin	funzionario/a di stato
freiberuflich tätig	libero/a professionista
Handwerker/in	artigiano/a
Hausfrau	casalinga
Rentner/in	pensionato/a
Student/in	studente / studentessa
Unternehmer/in	imprenditore

▶ Wörterbuch (Berufe)

Ich arbeite … .	**Lavoro … .**
bei …	presso …
in einer Bank	in banca
im Büro	in ufficio
in einer Fabrik	in fabbrica
im Öffentlichen Dienst	nel servizio pubblico
in einem Krankenhaus	in un ospedale
bei der Post	alla posta

Ich bin arbeitslos.	Sono disoccupato/a.
Ich gehe noch zur Schule.	Vado ancora a scuola.
Ich bin »beim Bund«.	Sto facendo il militare.

2

▶ Wörterbuch (Branchen)

Studium

Ich habe 2 Jahre in Bonn studiert.	Ho studiato due anni a Bonn.
Ich studiere	**Studio ... .**
Archäologie	archeologia
Architektur	architettura
Geographie	geografia
Kunstgeschichte	storia dell'arte
Medizin	medicina
Musik	musica
Pharmazie	farmacia
Sprachen [Pl]	lingue [Pl]

▶ Wörterbuch (Studienfächer)

Höflichkeitsformeln

Sehr viel mehr als bei uns neigt man in Italien dazu, andere zu loben und Komplimente zu machen. Geizen Sie daher nicht mit positiven Superlativen, und äußern Sie – wo immer möglich – Kritik als Lob.

Komplimente machen

Wie schön, ...! dieses Bild Ihr / dein / euer Haus	**Che bello/a ...!** questo quadro la sua / tua / vostra casa
Wie ...! angenehm bequem eindrucksvoll freundlich / nett gut hübsch / niedlich interessant originell sympathisch	**Che ...!** piacevole comodo impressionante gentile buono/a carino/a interessante originale simpatico/a
Was für ein herrlicher Tag!	Che stupenda giornata!
Das steht dir (besonders) gut!	Ti sta (particolarmente) bene!
(Das ist) Wirklich nicht schlecht!	(Non è) Mica male!
Das ist etwas Besonderes!	È una cosa particolare!

Es ist durchaus üblich, das Äußere der Erscheinung zu kommentieren. Wenn Ihnen die schicke Kleidung, die neue Brille oder die elegante Frisur Ihres Gegenübers gefällt, sagen Sie ruhig *Le / Ti sta veramente bene!* (= Das steht Ihnen / dir aber gut!)

Sich bedanken

Danke!	Grazie!
Vielen Dank!	Molte grazie! / Grazie molte!
Ich danke Ihnen / dir.	La / Ti ringrazio.

2

Das ist wirklich nett (von Ihnen), danke.	È molto gentile (da parte sua), grazie.
Bitte sehr.	Prego.
Nichts zu danken.	Non c'è di che. / Di niente.

Anfragen & etwas erbitten

Darf ich? / Gestatten Sie?	Posso? / Permesso?
Darf ich Sie / dich um einen Gefallen bitten?	Posso chiederle / chiederti un favore?
Eine letzte Frage (, danach halte ich Sie nicht länger auf).	Un'ultima domanda (, poi non la disturbo piú) .
Könnten Sie / Kannst du mir bitte helfen?	Potrebbe / Potresti aiutarmi, per favore?
Könnten Sie mich / uns bitte fotografieren?	Potrebbe farmi / farci una foto, per favore?
• Come no! / Certamente!	Aber natürlich.
• Con piacere! / Volentieri!	Gern.

Sich entschuldigen

Entschuldigung!	Mi scusi! [Sie] / Scusa! [du]
Es tut mir (wirklich) leid!	Mi dispiace (veramente)!
Es war nicht meine Absicht!	Non era mia intenzione!
Das ist ein Mißverständnis!	C'è un equivoco!
Es war meine Schuld!	Era colpa mia!

Das macht nichts! Fa niente!

Es ist doch nichts passiert! Non è successo niente!

Bedauern, Freude & Begeisterung ausdrücken

Es tut mir sehr leid! Mi dispiace molto!

Wie schade! / Schade, daß …! Che peccato! / Peccato che …!

Was für ein Glück / Pech! Che fortuna / sfortuna!

Was für eine Freude! Che gioia!

Wie schön! Che bello! / Bellissimo!

Klasse! Splendido! / Fantastico!

Glückwünsche

Auguri! – dieser Wunsch paßt immer; denjenigen, die abergläubisch sind, wünscht man vor einer entscheidenden Situation – zum Beispiel einer Prüfung – *In bocca al lupo!* Der Leidgeprüfte antwortet dann mit *Crepi!* (= Er möge sterben!), womit besagter Wolf (= *lupo*) gemeint ist, in dessen Rachen sich der Prüfling wähnt.

Herzlichen Glückwunsch! Auguri!

Viel Glück! Buona fortuna!

Schöne Feiertage! Buone feste!

Frohes Neues Jahr! Buon anno (nuovo)!

Frohe Weihnachten / Ostern! Buon Natale! / Buona Pasqua!

Herzlichen Glückwunsch zum Geburtstag! Buon compleanno!

Gute Besserung!	Le auguro di guarire presto! [Sie] / Guarisci presto! [du]

2

Apropos: *Salute!* (= Gesundheit!) wünscht man dem anderen sowohl beim Anstoßen als auch beim Niesen.

Verabredungen

Gastfreundschaft wird in Italien groß geschrieben; die Feste sind überschwenglich und herzlich, und bei privaten Esseneinladungen gibt man sich außerordentliche Mühe. Kleinere Einladungen zu einem Getränk oder Snack sind an der Tagesordnung; separates Bezahlen gilt dabei als kleinlich.

Sich verabreden

• Ha / Hai già qualche impegno per domani?	Haben Sie / Hast du morgen schon etwas vor?
• Ci vediamo (que)sta sera?	Wollen wir uns heute abend treffen?
• Che ne pensa / pensi di … (+ Infinitiv) ?	Was halten Sie / hältst du davon, wenn …?
• Potremmo andare insieme al cinema.	Wir könnten zusammen ins Kino gehen.
Einverstanden.	D'accordo.
Gern.	Volentieri.
Vielleicht ein andermal.	Forse un'altra volta.

2

Es tut mir leid, aber ... .
es geht nicht
ich kann nicht
heute habe ich keine Zeit
ich habe schon etwas vor

Mi dispiace, ma ... .
non è possibile
non posso
oggi non ho tempo
ho già un altro impegno

- A che ora / Dove ci incontriamo?

Um wieviel Uhr / Wo treffen wir uns?

Um sieben Uhr in der Bar *Da Mario*, einverstanden?

Alle sette al bar *Da Mario*, d'accordo?

- **La / Ti passo a prendere ..., d'accordo?**
a casa
alle otto

Ich hole Sie / dich ... ab, einverstanden?
zu Hause
um acht Uhr

Gut, danke.

Va bene, grazie.

Eingeladen werden

Die Einladung nach Hause ist stets ein Ausdruck besonderer Wertschätzung. Sind Sie zum Essen eingeladen, stellen Sie sich besser auf ein üppiges Mahl ein, und vergessen Sie dann nicht, die Köchin ausgiebig zu loben. Apropos: *Spumante* (= Sekt), *dolci* (= Süßes) oder feines Kleingebäck (= *mignon*) sind eine angebrachte Aufmerksamkeit, – noch besser wäre eine süße Spezialität aus Ihrem Land!

- Vorrei invitarla / ti / vi (venerdì tre marzo) a casa mia.

Ich würde Sie / dich / euch gern (am Freitag, den 3.3.) zu mir nach Hause einladen.

Danke für die Einladung.
Das ist sehr freundlich.

Grazie per l'invito.
È molto gentile.

Ich komme gern.

Vengo volentieri / con piacere!

2

•**Rimanga / Rimani ...!**	**Bleiben Sie / Bleib doch ...!**
a pranzo	zum Mittagessen
a cena	zum Abendessen
ancora un po'	noch ein bißchen
Gern (, wenn es nicht zu viele Umstände macht)!	Grazie, accetto con molto piacere (, se non disturbo)!
Bringen Sie auch Ihre Frau mit!	Porti anche sua moglie!
Kann ich einen Freund / eine Freundin mitbringen?	Posso portare un amico / un' amica?

Empfang & Bewirtung

•Entri / Entra / Entrate, prego!	Kommen Sie / Komm / Kommt bitte herein!
•Si accomodi! / Accomodati! / Accomodatevi!	Nehmen Sie / Nimm / Nehmt doch Platz!
•Che cosa prende / prendi / prendete? – Un aperitivo?	Was kann ich Ihnen / dir / euch anbieten? – Einen Aperitif?
Ja, gern. / Nein, danke.	Sì, volentieri. / No, grazie.
Nichts, vielen Dank.	Niente, grazie.
•Buon appetito!	Guten Appetit!
Danke, gleichfalls!	Grazie, altrettanto!
Wie gut das riecht!	Che buon profumo!
(Dieses Gericht ist) Ausgezeichnet / Köstlich!	(Questo piatto è) Ottimo (auch: Squisito) / Delizioso!
•Ancora un po' d'insalata?	Möchten Sie / Möchtest du noch etwas Salat?

• Prego!	Bitte (nehmen Sie / nimm noch)!
Danke, nein, wirklich nicht!	No, grazie, davvero / veramente.

▶ Kap. 2, Begrüßung & Verabschiedung S. 38
▶ Kap. 5, Essen & Trinken S. 115 ff

Small talk

Im Bus, am Kiosk oder in der Bar, – ein Anlaß zum Gespräch ist schnell gefunden: die Unbilden des Wetters, die Reden von Politikern, Erfolge von Sportlern, Klatsch über die Reichen ...

Meinungen äußern

Ja. / Nein.	Sì. / No.
Genau!	Esattamente! / Infatti! / Appunto!
Sie haben / Du hast recht!	Ha / Hai ragione!
Das ist wahr.	È vero.
Wahrscheinlich.	Probabilmente.
Sicherlich.	Certamente.
Vielleicht.	Forse.
Ich weiß nicht.	Non lo so.
Ich glaube nicht.	Non credo.
Das bezweifle ich.	Ho i miei dubbi. / Ne dubito.

2

Das stimmt doch nicht!	Ma non è vero!
Ich denke / glaube / finde, daß …	Penso / Credo / Trovo che …
Meiner Meinung nach …	Secondo me …
Ich habe den Eindruck, daß …	Ho l'impressione che …

Ausrufe

Außer dem geläufigen *Mamma mia!* und vielen religiösen Aussprüchen wie *Dio mio!* oder *Madonna santa!* kennt die italienische Sprache zahlreiche derb-vulgäre Kraftausdrücke wie *Cazzo!* oder *Che palle!*, die ihren Tabu-Charakter bereits teilweise verloren haben und meist von Männern ohne Rücksicht auf ihre konkrete Bedeutung eingesetzt werden. Harmloser sind folgende Ausrufe:

•Oh Dio!	Oh je!
•Accidenti!	Verflixt! / Donnerwetter!
•Incredibile!	Unglaublich!
•Figurati!	Aber nein! / Stell dir (das) vor!

Gefallen äußern

Um ein Geschmacksurteil zu äußern, steht Ihnen mit *piacere* ein sehr vielseitiges Verb zur Verfügung. Es bedeutet sowohl »schmecken, gern haben« als auch »gefallen« und ist als Frage und als Antwort immer eindeutig.

Gefällt Ihnen / dir die/das …?	**Le / Ti piace …?**
Auto	la macchina
Museum	il museo
Stadt	la città

Er / Sie / Es ist (sehr) … .	**È (molto) … .**
schön	bello/a
interessant	interessante
wunderbar	meraviglioso / fantastico
eindrucksvoll	impressionante
Ich mag / liebe … .	**Mi piace / Amo … .**
Italien	l' Italia
die Toskana	la Toscana
das italienische Essen	la cucina italiana

Kontakte knüpfen

Was Mitteleuropäern bisweilen als mittleres Verhör anmutet, ist im Süden oft nur Ausdruck von Interesse am Gegenüber und entspricht dem Wunsch, irgendwie ins Gespräch zu kommen.

• Che cosa fa / fai qui?	Was machen Sie / machst du hier?
Ich mache Urlaub.	Sono in vacanza.
Ich bin geschäftlich hier.	Sono qui per affari.
• È la prima volta che viene / vieni in Italia?	Sind Sie / Bist du zum ersten Mal in Italien?
• Le / Ti piace l'Italia?	Gefällt Ihnen / dir Italien?
• Per quanto tempo si ferma / ti fermi?	Wie lange bleiben Sie / bleibst du noch hier?
• Conosce / Conosci …?	Kennen Sie / Kennst du …?
• È / Sei solo/a qui?	Sind Sie / Bist du allein hier?
• Mi piacerebbe rivederla / rivederti.	Ich würde Sie / dich gern wiedersehen.

Annäherungen zurückweisen

2

Tip: In der mediterranen Variante des Spiels der Geschlechter versucht der Mann, durch möglichst blumige Komplimente und Zurufe die Frau zu einer Reaktion zu bewegen. Wenn dies gelingt, so hat er gewonnen. Lästigen und aufdringlichen Annäherungen begegnen Sie daher am besten mit völliger Gleichgültigkeit, oder wehren Sie sich durch lautes und dezidiertes Sprechen, in welcher Sprache auch immer!

Ich möchte mich nicht unterhalten!	Non mi va di parlare!
Lassen Sie / Laß mich bitte in Ruhe!	Mi lasci / Lasciami in pace, per piacere!
Jetzt reicht's aber!	Adesso basta!
Lassen Sie das!	La smetta!

Apropos: Unangenehmes Drängeln im Bus oder am Eingang zu einer Ausstellung erwidern Sie am besten durch den Ausruf *Non spinga!* (= Drängeln Sie nicht!).

UNTERWEGS: VON A NACH Z

3

Allgemein

Weiße Schilder verweisen im allgemeinen auf gemeinnützige Einrichtungen am Ort, gelbe und braune sind von touristischem Interesse (Sehenswürdigkeiten, Übernachtungsmöglichkeiten).

3

(zu Fuß) gehen	andare a piedi
mit dem ... fahren	andare in ...
Auto / Bus	macchina / autobus, l'
Fahrrad / Motorrad	bicicletta / moto, la
Schiff	nave, la
Zug	treno
Flugzeug	aereo, l'
trampen	fare l'autostop

Wegbeschreibungen

Wo ist / sind ...?	Dov'è / Dove sono ...?
Ich suche	Cerco ... .
Wie komme ich am schnellsten ...?	**Qual è la strada più breve per ...?**
zur Autobahn	l'autostrada
zum Bahnhof	la stazione
zum Flughafen	l'aeroporto
zum Krankenhaus	l'ospedale
ins Zentrum	il centro
dorthin	arrivarci
•Mi dispiace, non sono di qui.	Tut mir leid, ich bin nicht von hier.

• **Vada ...!**	**Gehen / Fahren Sie ...!**
sempre dritto	immer geradeaus
fino al ponte / all' incrocio	bis zur Brücke / Kreuzung
e lì a sinistra / destra	und dann links / rechts
• **Giri ...!**	**Biegen Sie ... ab!**
a sinistra / destra	nach links / rechts
al secondo semaforo a destra	an der zweiten Ampel rechts
alla prossima traversa a sinistra	an der nächsten Querstraße links
• **Il museo è ... .**	**Das Museum ist ... .**
lì / di là	dort drüben
qui, subito all'angolo	gleich hier an der Ecke
vicino alla stazione	in der Nähe des Bahnhofs
di fronte alla posta	gegenüber der Post
• Mi segua, la guido io!	Folgen Sie mir, ich führe Sie hin!
• Prenda l'autobus numero sedici fino a »Piazza Venezia«!	Nehmen Sie den Bus Nr. 16 bis »Piazza Venezia«!
• Segua le indicazioni (»centro« fino alla chiesa ...)!	Folgen Sie der Beschilderung (»Zentrum« bis zur Kirche ...)!
• Chieda di nuovo lì!	Fragen Sie dort noch einmal!
(Ist das hier) Der Weg zum / Die Straße nach ...?	(È questa) La strada per ...?
Bin ich hier richtig nach Perugia?	Va bene questa strada per Perugia?
• Ha sbagliato, deve tornare indietro.	Sie sind hier falsch, Sie müssen umkehren.
• Questa strada porta ad Assisi.	Diese Straße führt nach Assisi.

▶ Kap. 4, Orientierung: Wo ist ...? S. 103

3

attraversare	überqueren
girare	abbiegen
andare	gehen, fahren
seguire	weitergehen, folgen
tornare indietro	zurückfahren
prendere	nehmen
salire	einsteigen, hochgehen
scendere	aussteigen, hinuntergehen
a destra / sinistra	nach rechts / links
(sempre) dritto	(immer) geradeaus
indietro	zurück
semaforo	Ampel
incrocio, l'	Kreuzung
traversa	Querstraße
rotonda	Kreisverkehr
piazza	Platz

3

Ortspräpositionen

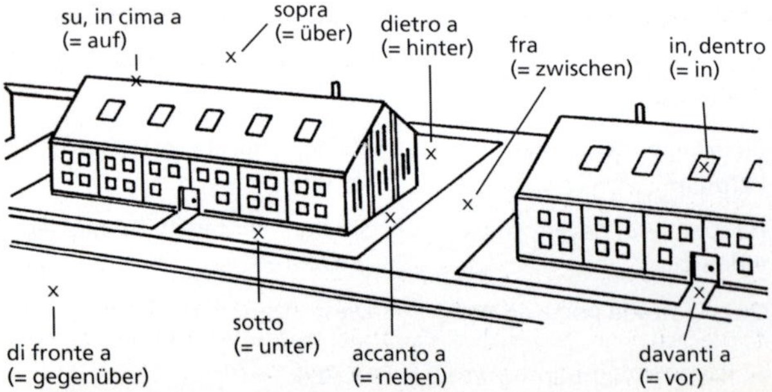

Entfernungen erfragen

Wie weit ist es (bis Assisi)?	Quanto è distante (Assisi)?
Wie lange braucht man bis zum Hafen?	Quanto ci vuole per il porto?
• Circa quindici minuti.	Etwa 15 Minuten.
Ist es noch weit bis zum Zentrum?	C'è ancora molto per il centro?
Ist er / sie / es hier in der Nähe?	È qui vicino?

Verkehrsverbindungen erfragen

Wann / Wo **geht / fährt ... nach Cagliari?**	Quando / Dove **parte ... per Cagliari?**
der nächste Bus	il prossimo autobus
die erste Fähre	il primo traghetto
das Flugzeug	l'aereo
das letzte Schiff	l'ultima nave
der Zug	il treno
Wie lange dauert die Fahrt?	Quanto dura il viaggio?
Wann kommt er / sie / es in Cagliari an?	Quando arriva a Cagliari?

An der Grenze

Zur Einreise (= *entrata*) nach Italien ist für EU-Mitglieder ein gültiger Personalausweis (= *carta d'identità*) bzw. Paß (= *passaporto*) erforderlich. Wer länger als drei Monate bleibt, braucht eine Aufenthaltsgenehmigung (= *permesso di soggiorno*).

Personalausweis	carta d'identità
Reisepaß	passaporto
Visum	visto
Kinderausweis	carta d'identità per minorenni
verzollen	sdoganare
zollfrei	esente da (dazio) dogana(le)
zollpflichtig	soggetto a (dazio) dogana(le)
Spirituosen	bevande superalcoliche
Tabakwaren	tabacchi

3

► Wörterbuch

Paßkontrolle

• I suoi documenti, per favore!	Ihre Papiere, bitte!
• Il suo passaporto è scaduto.	Ihr Paß ist abgelaufen.
• Quanto tempo starà in Italia?	Wie lange bleiben Sie in Italien?
Ich weiß es noch nicht.	Non lo so ancora.
Ich bleibe ein paar Tage.	Mi fermerò qualche giorno.
• Qual è il motivo della sua visita?	Was ist der Grund Ihrer Reise?
Ich bin ... . (nur) auf der Durchreise auf Geschäftsreise auf Urlaubsreise	**Sono ... .** (solo) di passaggio qui per motivi di lavoro qui in vacanza
Ich mache einen Sprachkurs.	Faccio un corso di lingua.

► Kap. 2, Angaben zur Person S. 41

Zollangelegenheiten

Für den privaten Reiseverkehr gelten innerhalb der EU praktisch keine Warenbeschränkungen mehr. Bei größeren Mengen sollten Sie sich jedoch vor Ort nach möglichen Höchstgrenzen erkundigen.

• Ha qualcosa da dichiarare?	Haben Sie etwas zu verzollen?
Nein, nichts.	No, niente.
Ich habe ... dabei. eine Stange Zigaretten 20 Flaschen / Liter Wein	**Ho con me ... .** una stecca di sigarette venti bottiglie / litri di vino
• Apra il portabagagli / questa valigia, per favore!	Öffnen Sie bitte den Kofferraum / diesen Koffer!
• Per questo dovrà pagare i diritti di dogana / doganali.	Das ist zollpflichtig.

Unterwegs mit Tieren

• Il certificato veterinario ufficiale, per favore!	Das amtstierärztliche Gesundheitszeugnis, bitte!
• Ha il certificato di vaccinazione antirabbica?	Haben Sie eine Tollwutimpfbescheinigung dabei?

Mit dem Auto oder Motorrad

Zur Einreise nach Italien reicht der nationale Führerschein (= *la patente*); die grüne Versicherungskarte (= *carta verde*) hilft bei Schadensfällen.

Straßen

Autostrada, l' (A) (a pedaggio)	Autobahn (A) (gebührenpflichtig)
Superstrada	Schnellstraße (ausgebaut, oft zweispurig)
Strada statale (SS)	Bundesstraße
Circonvallazione, la	Ringstraße, Umgehungsstraße
Tangenziale, la	Autobahnring, Umgehungsstraße

▶ Kap. 3, Wegbeschreibungen S. 56

Apropos: Auf den italienischen Straßen bewegen Sie sich am sichersten, wenn Sie sich die ungeschriebenen Regeln des italienischen Fahrstils zu eigen machen: Vorschriften werden i.a. flexibel interpretiert, und Hupe und Bremse finden häufiger Verwendung. Grünes Licht an Ampelkreuzungen gilt nicht unbedingt als Freifahrtschein.

Fahrzeuge	**veicoli**
Auto	auto, l' / macchina
PKW	autovettura, l'
Motorrad	moto, la
Anhänger	rimorchio
Wohnwagen	roulotte, la
Wohnmobil	autocaravan, l' / camper, il
LKW	camion, il
Lieferwagen	furgone, il

Die legendären Fahrzeuge der 50er Jahre, die *Ape* (= Kastenwagen auf drei Rädern), der *Fiat Cinquecento* und die *Vespa*, bewähren sich auch heute noch im engen Straßengewühl.

Auf der Autobahn

Auf italienischen Autobahnen ist ein Tempolimit von 130 km/h einzuhalten. Fahrverbot haben dicke Brummer von Samstag 12.00 Uhr bis Sonntagabend 24.00 Uhr; in den Hauptferienzeiten gelten weitere Einschränkungen. Privates Abschleppen ist auf Autobahnen verboten; Pannenhilfe übernimmt der italienische Automobilclub *ACI*. Die Bedienungsanleitung auf Notrufsäulen *SOS* ist auch auf deutsch angegeben. Italienweit erreichen Sie außerdem Rettungs- und Abschleppdienste unter der Nr. 116.

Hinweise

A pedaggio	gebührenpflichtig
Alt stazione 1000 m	Mautstelle, Halt 1000 m
Area di servizio, Autogrill	Servicebereich / Raststätte
~ successiva	nächste Raststätte
Autostrada	Autobahn
Coda	Stau
~ in galleria	~ im Tunnel
~ alla dogana	~ am Zoll
Diramazione	Verzweigung
Parcheggio (incustodito)	(Unbewachter) Parkplatz
Servizio di assistenza	Pannendienst
Solo Viacard	Ausfahrt nur mit »Viacard«
Tangenziale	Autobahnring, Umgehungsstraße
Uscita	Ausfahrt
prossima ~	nächste ~
ultima ~	letzte ~
~ obbligatoria	vorgeschriebene ~
Velocità massima	Höchstgeschwindigkeit
~ limitata: 90 km	~ von 90 km

Autobahnen sind in Italien bis auf wenige Ausnahmen mautpflichtig. Mit der *Viacard,* die bei den Automobilclubs und in Italien an Raststätten, in Banken und an Mautschaltern zu erwerben ist, können Sie bargeldlos bezahlen. Die Karte erspart Ihnen langes Warten vor den Mautstellen.

Viacard-Automat

Introdurre il biglietto	Geben Sie das Autobahnticket ein
Introdurre la tessera	Geben Sie die Viacard ein
Ritirare la tessera	Entnehmen Sie die Viacard
Arrivederci	Auf Wiedersehen

Tankstelle: Tanken

Apropos: Selbstbedienung ist an Tankstellen noch eher die Ausnahme, – es sei denn, Sie bedienen sich am Tankautomaten.

Wo ist die nächste Tankstelle?	Dov'è il distributore più vicino?
Volltanken, bitte!	Il pieno, per favore!
Für 30 000 Lire, bitte!	Trentamila Lire, per favore!

Super bleifrei	super senza piombo
Super (verbleit)	super (con piombo)
Diesel	diesel
Gas	gas
Gemisch (Motorräder)	miscela

Am Tankautomaten

Pagare l'importo desiderato!	Bezahlen Sie den von Ihnen gewünschten Betrag!
A pagamento compiuto premere il pulsante:	Nach Bezahlung drücken Sie den Knopf:
Diesel Super Super senza piombo	Diesel Super Super bleifrei
Staccare la pistola e rifornirsi di benzina!	Den Einfüllstutzen aus der Halterung nehmen und Benzin einfüllen!

Serviceleistungen

• **Vuole che controlli ...?**	**Soll ich nach ... schauen?**
il livello dell'olio	dem Ölstand
l'acqua del radiatore	dem Kühlwasser
la pressione dei pneumatici	dem Reifendruck

Ja, bitte.	Sì, per favore.
Danke, das ist nicht nötig.	No, grazie, non ce n'è bisogno.
Könnten Sie bitte ...?	**Potrebbe ..., per favore?**
das Öl / Wasser kontrollieren	controllare l'olio / l'acqua
die Scheiben reinigen	pulire i vetri
die Batterie aufladen	caricare la batteria
die Birnen austauschen	cambiare le lampadine

▶ Kap. 9, Autopanne S. 234

Autofficina	**Autowerkstatt**
Cambio olio	Ölwechsel
Gommista	Reifenservice
Autolavaggio	Autowäsche
Lavaggio automatico	Waschanlage
Aspirapolvere	Staubsauger

Waschanlage

abbassare l'antenna	Antenne einziehen
chiudere i finestrini	Fenster schließen
mettere in folle	Leerlauf einlegen
spegnere il motore	Motor abstellen
togliere il freno (a mano)	(Hand) Bremse lösen

Parken

Gelb markierte Felder sind für Busse und Taxen reserviert. Suchen Sie möglichst einen bewachten Parkplatz (= *parcheggio custodito*). Beachten Sie den Hinweis *Pagare alla cassa prima di ritirare la macchina* (= Zahlen Sie an der Kasse, ehe Sie den Wagen abholen).

Kann man das Auto hier / dort stehenlassen?	Si può lasciare la macchina qui / lì?
Wo kann ich meinen Wagen sicher parken?	Dove posso parcheggiare la mia macchina senza problemi?
Ist hier in der Nähe ein bewachter Parkplatz?	C'è qui vicino un parcheggio custodito?
Wie hoch ist die Gebühr pro Stunde / Tag?	Quanto costa all'ora / al giorno?
Ist das Parkhaus / der Parkplatz die ganze Nacht geöffnet?	Il parcheggio resta aperto tutta la notte?
Wo bezahlt man?	Dove si paga?

parcheggiare	parken
parcheggio	Parkplatz
~ coperto	Parkhaus
~ sosta breve	Kurzparkzone
~ sosta lunga	Dauerparkzone
sosta vietata	Parkverbot
disco orario	Parkscheibe
parchimetro	Parkuhr

Autovermietung

In Italien sind die Mietwagenpreise überdurchschnittlich hoch. Preisgünstiger ist es, den Mietwagen schon im voraus als Kombiticket mit Flug oder Bahn zu buchen. Bei Rückgabe (= *riconsegna*) in einer anderen Stadt werden meist Aufschläge berechnet. Eine *agenzia di autonoleggio* (= Autoverleiher) ist am einfachsten an Flughäfen und Bahnhöfen zu finden.

3

Wo kann man hier ein Auto mieten?	Dove si può noleggiare una macchina?
Hätten Sie einen Prospekt / eine Preisliste?	C'è un dépliant / un listino prezzi, per favore?
Ich möchte ein/en ... (für eine Woche) mieten.	**Vorrei noleggiare ... (per una settimana).**
Auto (PKW)	una macchina (autovettura)
~ mit Automatik	~ con cambio automatico
~ mit Klimaanlage	~ con aria condizionata
~ mit Radio	~ con la radio
~ mit Autotelefon	~ con il radiotelefono
~ mit Gepäck- / Skiträger	~ con il portapacchi / portasci
~ mit Schneeketten	~ con le catene da neve
~ mit Kindersitz	~ con seggiolino per bambini
Kabrio	una cabriolet
Kombi	un combi
Motorrad	una moto
Wieviel kostet dieses Modell pro Tag / Woche?	Quanto costa questo tipo di macchina al giorno / alla settimana?
• **Le tariffe includono ... .**	**In den Tarifen ist eine / die ... inbegriffen.**
un chilometraggio illimitato	unbegrenzte Kilometerzahl
la copertura danni (auto)	Unfallversicherung
la copertura furto	Diebstahlversicherung
la protezione infortuni	Personenhaftpflicht
l' IVA	Mehrwertsteuer
• Vuole un'assicurazione aggiunta?	Möchten Sie eine Zusatzversicherung?
Wo / Wann muß ich den Wagen abgeben?	Dove / Quando devo consegnare la macchina?

• La patente e la carta d'identità, per favore!	Ihren Führerschein und Ihren Personalausweis, bitte!
• Firmi qui!	Unterschreiben Sie hier!

Wichtige Verkehrshinweise

3

Signale

Alt	Stop
Bambini	Kinder
Chiuso al traffico	Für den Verkehr gesperrt
Coda	Stau
Curva pericolosa	Gefährliche Kurve
Dare la precedenza	Vorfahrt beachten
Deviazione	Umleitung
Divieto d'accesso	Zufahrt verboten
Divieto di transito	Durchfahrt verboten
Galleria	Tunnel
In caso di nebbia	Bei Nebel
Lavori in corso	Straßenbauarbeiten
Passaggio a livello (senza barriere)	(Unbeschrankter) Bahnübergang
Pericolo	Gefahr
Rallentare	Langsam fahren
Senso unico	Einbahnstraße
Strada dissestata	Straßenschäden
Traffico	Verkehr
~ a rilento	schleppender ~
~ molto intenso	sehr dichter ~
Transito solo con catene	Durchfahrt nur mit Schneeketten

Tutte le direzioni	Alle Richtungen
Uscita	Ausfahrt
Vietato il / Divieto di sorpasso	Überholverbot
Zona pedonale	Fußgängerzone

3

Apropos: Verkehrsnachrichten empfangen Sie auf UKW, RAI 3 (*Onda Verde*).

► Verkehrszeichen, Abb. 4 im Anhang

Verkehrskontrolle

Ob Geschwindigkeitsbegrenzungen (= *limiti di velocità*), Gurt- und Helmpflicht (= *cinture di sicurezza / casco obbligatorio*) oder Alkohol am Steuer: die Regelungen entsprechen den europäischen Normen. Entgegen der Vorstellung von italienischer Lässigkeit sind die Strafen (= *multe*) der Verkehrspolizei (= *polizia stradale*) drastisch.

• I documenti, per favore!	Ihre Papiere, bitte!
• **Lei non ha rispettato ... .**	**Sie haben ... nicht beachtet.**
il divieto di sorpasso	das Überholverbot
il limite di velocità	die Geschwindigkeitsbegrenzung
• Lei non ha dato la precedenza.	Sie haben die Vorfahrt nicht beachtet.
• Lei è passato/a con il semaforo rosso.	Sie sind bei Rot über die Ampel gefahren.
• Deve pagare una multa di cinquantamila Lire.	Sie müssen 50 000 Lire Strafe bezahlen.

libretto di circolazione	Fahrzeugpapiere
conducente, il / la	Fahrer/in
multa	Strafzettel
patente, la	Führerschein
targa	Nummernschild
titolare della macchina, il	Fahrzeughalter

Mit dem Zug

Ferrovie dello Stato
SOCIETÀ DI TRASPORTI E SERVIZI PER AZIONI

Züge (= *treni*) und Überlandbusse (= *corriere*) sind relativ preiswert, aber nicht sehr komfortabel. Bei längeren Strecken sollte man für die chronisch überfüllten Züge Platzkarten reservieren. Private Fernreisebusse sind in Mittel- und Süditalien eine echte Alternative.

Wo ist der Bahnhof?	Dov'è la stazione?

Zugverbindungen erfragen

Wann fährt der nächste Zug nach Rom?	Quando parte il prossimo treno per Roma?
Welchen Zug könnte ich morgen ... nach Rom nehmen?	**Che treno mi conviene prendere domani ... per Roma?**
früh	mattina
abend	sera
Ich möchte gegen 10.00 Uhr (abends) in Zürich sein.	Vorrei essere a Zurigo verso le dieci (di sera).
Wann kommt dieser Zug in Florenz an?	Quando arriva questo treno a Firenze?

Gibt es noch ...?	**C'è ...?**
einen früheren / späteren Zug	un altro treno prima / più tardi
eine andere Möglichkeit	un'altra possibilità
Hält dieser Zug in Padua?	Questo treno si ferma a Padova?
Fährt der Zug über Pisa?	Il treno passa per Pisa?
• Deve cambiare treno a Milano.	Sie müssen in Mailand umsteigen.
Gibt es in Mailand einen Anschlußzug nach Verona?	A Milano c'è la coincidenza per Verona?
Was für ein Zug ist das?	Che tipo di treno è?
Kann man in diesem Zug auch ein Fahrrad mitnehmen?	È possibile trasportare una bicicletta in questo treno?

Fahrplaninformationen

P	Pendolino	Hochgeschwindigkeitszug
IC	Intercity	Intercity
EC	Eurocity	Eurocity
EN	Euronight	Euronight
IR	Interregionale	Interregio
Expr	Espresso	Eilzug, der in allen größeren Städten hält
Dir	Diretto	hält fast an jedem Bahnhof
Reg	Regionale (treno locale)	Nahverkehrszug
	Treno auto accompagnate	Autoreisezug

Supplementi (= Zuschläge) müssen für den P, IC, EC und EN gelöst werden. Die jeweiligen Preise bemessen sich nach der Länge der Strecke (= *percorso*) und fallen bei Einlösung im Zug erheblich höher aus. Für den *pendolino* und den EN sind Platzreservierungen obligatorisch. Sie sind im Preis für den Zuschlag inbegriffen und bis zu drei Stunden vor Abfahrt des Zuges erhältlich. Oft sind die Plätze aber schon vorher ausgebucht.

arrivo, l'	Ankunft
binario	Gleis
orario (in vigore dal ...), l'	Fahrplan (gültig ab ...)
partenza	Abfahrt

Fahrkarten kaufen

Tip: Fahrkarten und Platzreservierungen kaufen Sie i. a. schneller und streßfreier in einer *agenzia di viaggi* (= Reisebüro) oder aber bereits zu Hause (internationale Tickets sind 2 Monate gültig!). Wenn Sie dennoch den Schalterdienst der italienischen Eisenbahngesellschaft *Ferrovie dello Stato (FS)* in Anspruch nehmen, achten Sie auf die Beschilderung:

Abbonamenti	Abonnements
Biglietti	Fahrkarten
~ ferroviario-marittimi	FS Schiffskarten
~ internazionali	Auslands~
~ ordinari e ridotti	Normale und ermäßigte ~
~ per l'aeroporto	~ zum Flughafen
Informazioni [Pl]	Information
Prenotazioni	Reservierungen
Reclami	Beschwerden
Rimborsi	Rückerstattungen

Sportello, lo	Schalter
~ fuori servizio	~ außer Betrieb
~ 1. classe	~ 1. Klasse
~ carte di credito	~ Kreditkarten

3

Tip: Kinder reisen bis zu 4 Jahren gratis, bis zu 12 Jahren zum halben Preis. Ermäßigungen (= *riduzioni*) bieten die *FS* für Gruppenreisende (6 Personen und mehr!), für Jugendliche unter 26 Jahren sowie für Senioren. Apropos: Inländische Bahntickets müssen (!) vor Fahrtantritt an den dafür vorgesehenen gelben Entwertern gestempelt werden.

Eine Fahrkarte ... nach Rom, bitte!
1. / 2. Klasse
einfach
hin und zurück
für heute / morgen
mit Zuschlag für ...

Un biglietto ... per Roma, per favore!
di prima / seconda classe
di sola andata
di andata e ritorno
per oggi / domani
con supplemento ...

Und eine / zwei Platzkarte/n ..., bitte!
für den Zug um zehn Uhr nach Rom
für den 15. Mai
im (Nicht-) Raucherabteil
am Fenster

E la prenotazione per un / due posto/i ..., per favore!
per il treno delle dieci per Roma
per il quindici maggio
(non) fumatori
vicino al finestrino

Und einen Zuschlag für den Transport eines (mitgeführten) Fahrrades.

Ed un supplemento per il trasporto di una bicicletta (al seguito).

Eine Liegewagenreservierung, bitte!

Una prenotazione cuccetta, per favore!

Fahrkarte	biglietto
Gruppenfahrkarte	~ di gruppo
Monatskarte	abbonamento mensile, l'
Nichtraucher	non fumatori
Klasse	classe (Cl.)
Platzkarte	prenotazione posto
Liegewagen	cuccetta
oben	superiore
in der Mitte	media
unten	inferiore
Schlafwagen	wagons-lits, carrozze letti [Pl]
1- / 2- / 3-Bettkabine	cabina letto singola / doppia / tripla

Am Fahrkartenautomaten

Toccare lo schermo	Berühren Sie den Bildschirm
Toccare il video	Berühren Sie Gewünschtes auf dem Bildschirm
Effettuare il pagamento	Bezahlen Sie!
Ritirare il biglietto / resto	Entnehmen Sie die Fahrkarte / das Restgeld

Am Bahnhof: Orientierung

Wo ist / sind ...?	**Dov'è ...?**
die Gepäckaufbewahrung	il deposito bagagli
die Schließfächer	il deposito bagagli a cassette
der Wartesaal	la sala d'attesa
der Fahrkartenschalter	la biglietteria
die Toilette	la toilette
der Informationsschalter	lo sportello informazioni

Von welchem Bahnsteig fährt der Zug nach Mailand ab?	Da che binario parte il treno per Milano?
Auf welchem Bahnsteig / Gleis kommt der Zug aus Neapel an?	A che binario arriva il treno da Napoli?
Ist das der Zug nach Bari?	È questo il treno per Bari?
Hat der Zug nach / aus Ancona Verspätung?	Il treno per / da Ancona è in ritardo?

Schilder & Durchsagen

AI BINARI Zu den Gleisen	**SOTTOPASSAGGIO** Unterführung

• Treno intercity 530 proveniente da Napoli è in arrivo sul binario due anziché sul binario tre!	Der Intercity 530 aus Neapel fährt auf Gleis 2 statt auf Gleis 3 ein!
• l'Intercity per Milano è in partenza dal binario otto.	Der Intercity nach Mailand fährt aus Gleis 8 ab.
• Il treno da Firenze viaggia con venti minuti di ritardo.	Der Zug aus Florenz hat 20 Minuten Verspätung.
• Il treno numero 530 oggi è soppresso per motivi di sciopero.	Der Zug Nr. 530 fällt heute wegen Streik aus.

Im Zug

Apropos: Etwas vom mitgeführten Proviant anzubieten gilt vor allem im Süden als selbstverständliche Geste. Der monotone Singsang »*aranciata-birra-coca-panini*« kündigt den »fliegenden Händler« an, der Limonade, Bier, Cola und Brötchen verkauft.

Entschuldigung, wo ist der Wagen Nummer 17?	Mi scusi, dov'è la carrozza numero diciassette?
Ist der Platz besetzt?	Questo posto è occupato?
• No, è libero.	Nein, er ist frei.
Ich glaube, das ist mein Platz. Ich habe reserviert.	Credo che questo posto sia mio. Ho la prenotazione.
Stört es Sie, wenn ich das Fenster öffne / schließe?	Le [Sg] / Vi [Pl] dispiace, se apro / chiudo il finestrino?
• I biglietti, per favore!	Die Fahrkarten, bitte!
Wann kommen wir in Mailand an?	Quando arriviamo a Milano?
Wieviel Minuten Verspätung hat der Zug?	Quanti minuti di ritardo ha il treno?
Bekomme ich noch den Anschlußzug nach Basel?	C'è ancora la coincidenza per Basilea?

► Kap. 2, Small talk S. 51, Höflichkeitsformeln S. 44

acqua (non) potabile, l'	(Kein) Trinkwasser
freno di emergenza	Notbremse
libero / occupato	frei / besetzt
Non sporgersi!	Nicht hinauslehnen!
spingere / tirare	drücken / ziehen
uscita di emergenza, l'	Notausstieg
WC, il / gabinetti, i	Toiletten

3

Gepäck

bagaglio	Gepäck
carrello	Gepäckwagen
accettazione bagagli	Gepäckannahme
deposito bagagli	Gepäckaufbewahrung
~ a cassette	Schließfächer
ritiro bagagli	Gepäckausgabe
ufficio spedizione bagagli, l'	Gepäckabfertigung
Si paga al ritiro	Man bezahlt beim Abholen

Wo ist die Gepäckaufbewahrung? — Dov'è il deposito bagagli?

• Paga, per ogni singolo bagaglio, duemilacinquecento Lire al giorno. — Sie zahlen für jedes Gepäckstück und jeden Kalendertag 2500 Lire.

Ich möchte ... aufgeben / abholen. — **Vorrei spedire / ritirare ... .**

ein Fahrrad — una bicicletta
meine/n Koffer / Tasche — la mia valigia / borsa
meinen Rucksack — il mio zaino
Skier — degli sci

Gepäckträger! — Portabagagli / Facchino!

Brauchen Sie den Kofferkuli noch? — Ha ancora bisogno del carrello?

Kann ich mein Gepäck (einen Moment / bis 12.00 Uhr) hierlassen? — Posso lasciare qui (un attimo / fino alle dodici) il mio bagaglio?

▶ Kap. 9, Diebstahl & Verlust S. 237

Mit dem Bus

Die blauen Überlandbusse (= *corriere*) der staatlichen Betriebe enden leider an den regionalen Grenzen. Schneller und komfortabler ist der private Liniendienst (= *Autolinea*), der Sie in vollklimatisierten Fernreisebussen (= *autopullman*) zuverlässig über lange Strecken befördert.

autostazione, l'	Busbahnhof
fermata	Haltestelle
linea diretta	Direktverbindung
punti vendita biglietti	Fahrkarten-Verkaufsstellen
proviene da ...	kommt aus ...
inizia a/parte da ...	fährt ab von ...
prosegue per ...	fährt weiter nach ...
termina a ...	endet in ...

Gibt es eine Busverbindung von Rom nach Pompeji? — C'è un pullman da Roma a Pompei?

Welche Busgesellschaft fährt nach Syrakus? — Qual è la società di autotrasporti che va a Siracusa?

Wo kann ich die Tickets nach Palermo lösen? — Dove posso comprare i biglietti per Palermo?

• Dal tabaccaio / A bordo. — Im Tabakladen / Bus.

Gibt es noch freie Plätze im nächsten Bus nach Lucca? — Ci sono ancora posti nel prossimo pullman per Lucca?

• Purtroppo è completo. Ma ce n'è un altro alle (ore) dieci. — Er ist leider besetzt. Aber es gibt noch einen um zehn (Uhr).

Von wo fährt der Bus nach Palestrina ab?	Da dove parte l'autobus per Palestrina?

▶ Kap. 3, Fahrkarten kaufen S. 73

Mit dem Flugzeug

3

Entschuldigung, wie komme ich zum Flughafen?	Mi scusi, per andare all'aeroporto?
Gibt es einen Bus / Zug zum Flughafen?	C'è un autobus / treno per l'aeroporto?

Flug	volo
Fluggesellschaft	linea aerea
Flugticket	biglietto aereo
Flugnummer	numero di volo
Bordkarte	carta d'imbarco
Passagier	passeggero
Pilot	pilota, il
Stewardeß	assistente di volo, l'

Orientierung

Wo ist der Alitalia-Schalter?	Dov'è il check-in dell'Alitalia?
Hat die Maschine aus / nach Frankfurt Verspätung?	È in ritardo l'aereo da / per Francoforte?
Ist die Maschine aus München schon gelandet?	È già atterrato l'aereo proveniente da Monaco di Baviera?

Accettazione, l'	Check-in
Arrivo, l'	Ankunft
Controllo	Kontrolle
~ dei passaporti	Paß~
~ di sicurezza	Sicherheits~
Dogana	Zoll
Partenza	Abflug
Ritiro bagagli	Gepäckausgabe
Uscita d'imbarco, l'	Flugsteig, Gate
Voli internazionali	Internationale Flüge
Voli nazionali	Inlandsflüge
Noleggio autovetture	Mietwagenverleih
Riconsegna autovetture	Leihwagen-Rückgabe
Parcheggio	Parkplatz

▶ Kap. 9, Diebstahl & Verlust S. 237

Buchungen & Stornierungen

Wann geht der nächste Flug nach Berlin?	Quando parte il prossimo volo per Berlino?
Ist es ein ...?	**È un ...?**
Charterflug	volo charter
Direktflug	volo diretto
Was kostet der Flug in der Business- / Economy- Class?	Quanto costa un volo in business-class / classe economica?
Ich möchte einen Hin- und Rück- / einfachen Flug nach Mailand buchen.	Vorrei prenotare un volo di andata e ritorno / sola andata per Milano.

3

3

Ich möchte diesen Flug ... . stornieren umbuchen bestätigen	**Vorrei ... questo volo.** cancellare / annullare cambiare confermare
Um wieviel Uhr startet die Maschine?	A che ora parte l'aereo?
Wann muß ich am Flughafen sein?	Quanto tempo prima devo essere all'aeroporto?

Einchecken

• Il suo biglietto, per favore!	Ihr Flugticket, bitte!
• Quanti bagagli ha?	Wie viele Gepäckstücke haben Sie?
Kann ich das als Handgepäck mitnehmen?	Posso portare questo/a come bagaglio a mano?
• Fumatori o non fumatori?	Raucher oder Nichtraucher?
Ich möchte gern ... sitzen. am Fenster in der Mitte am Gang	**Preferirei un posto ... .** vicino al finestrino al centro verso il corridoio
• Prego, la carta d'imbarco!	Ihre Bordkarte, bitte!

Lautsprecherdurchsagen

• Imbarco all'uscita numero otto alle ore diciassette e quaranta-cinque.	Einstieg am Flugsteig 8 um 17.45 Uhr.

- Preghiamo i signori passeggeri del volo LH dodici con destinazione Berlino di dirigersi all'uscita numero quattro.
  Die Passagiere des Fluges LH 12 nach Berlin werden gebeten, sich zum Flugsteig 4 zu begeben.
- Ultima chiamata per il volo LH centoquarantatré.
  Letzter Aufruf für den Flug LH 143.

3

An Bord

- **Vi preghiamo ... .**
  Wir bitten Sie, ...
  di allacciare le cinture
  sich anzuschnallen
  di non fumare
  nicht zu rauchen
  di tenere lo schienale della poltrona in posizione verticale
  die Rückenlehne des Sitzes senkrecht zu stellen
- **Signore e signori, il capitano informa ... .**
  Meine Damen und Herren, der Flugkapitän teilt mit, ...
  che a causa di uno sciopero ci dirigiamo all'aeroporto di Milano
  daß wir infolge eines Streiks den Flughafen von Mailand anfliegen
  che non verrà effettuato scalo a Genova, causa avverse condizioni atmosferiche
  daß wir wegen schlechter Wetterverhältnisse nicht in Genua landen

▶ Kap. 5, Getränke S. 118, Bestellen S. 123

Mit Schiff & Fähre

Entschuldigung, wie komme ich am schnellsten zum Hafen?
Mi scusi, qual è la strada più veloce per andare al porto?

COLLEGAMENTI CON TRAGHETTO	**SOLO FERIALE/FESTIVO**
Fährverbindungen	nur an Werktagen/ Feiertagen

3

Hafen	porto
Schiffahrtsgesellschaft	compagnia di navigazione
anlaufen	fare scalo
Schiff	nave, la
Boot	barca / lancia
Luftkissen~	aliscafo, l'
Motor~	motoscafo
Fähre	traghetto
Kreuzfahrt	crociera
Rettungsboot	scialuppa di salvataggio
Rettungsring	salvagente, il

Informationen erfragen

Wann / Wo fährt das nächste Schiff nach Livorno / zu den Inseln ab?	Quando / Da dove parte la prossima nave per Livorno / le isole?
Welche Häfen werden angelaufen?	In quali porti si fa scalo?
Wie lange dauert die Überfahrt?	Quanto tempo dura il viaggio?

Apropos: Die Abfahrtszeiten der Schiffe (= *orari di navigazione*) sind stark saisonabhängig.

Schiffskarten

Schiffskarten (= *biglietti per la nave*) kann man auch im Büro der jeweiligen Reederei (= *biglietteria della compagnia navale*) lösen.

Karten für eine Überfahrt für zwei Personen und ein Auto (Typ ...), bitte! — Biglietti per due persone e per una macchina (tipo ...), per favore!

Ich hätte gern eine/n ... . — **Vorrei un / una ... .**
Einzel- / Zweipersonenkabine — cabina singola / doppia
Kabine in der 1. Klasse — cabina di prima classe
Außenkabine — cabina esterna
Kabinenplatz in der 2. Klasse — posto letto di seconda classe

• **Ci sono ... .** — **Es gibt nur noch ... .**
posti solo in cabine da quattro — Plätze in 4-Bett-Kabinen
solo posti poltrona — Liegesessel
posti solo nelle cabine interne — Innenkabinen
solo passaggi ponte — Plätze auf Deck

Mit dem Fahrrad

In den alten Städten der Poebene sind Radfahrer eine Selbstverständlichkeit. Im übrigen Italien ist man weniger auf den Fahrradverkehr eingestellt. Fahrradwege sind daher selten.

Fahrrad	bicicletta (*auch* bici, la)
Rennrad	bicicletta da corsa
Mountainbike	mountain bike, la

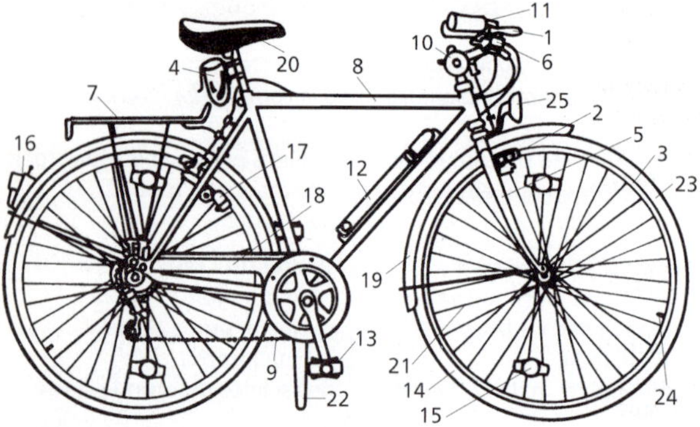

1	Bremse	freno
2	Dynamo	dinamo, la
3	Felge	cerchione, il
4	Flickzeug	corredo per riparazione di forature
5	Gabel	forcella
6	Gangschaltung	cambio
7	Gepäckträger	portabagagli, il
8	Gestell / Rahmen	telaio
9	Kette	catena
10	Klingel	campanello
11	Lenkstange	manubrio
12	Luftpumpe	pompa
13	Pedal	pedale, il
14	Rad	ruota
15	Reflektor	catarifrangente, il
16	Rücklicht	luci posteriori, le
17	Schloß	lucchetto
18	Schutzblech (Kettenabdeckung)	lamiera di protezione / copricatena, il
19	Schutzblech	parafango
20	Sattel	sella
21	Speiche	raggio
22	Ständer	appoggiabiciclette, l'
23	Reifen (Mantel / Schlauch)	pneumatico (copertone / camera d'aria)
24	Ventil	valvola
25	Vorderlicht	faro

An meinem Fahrrad ist die Bremse kaputt.	Mi si è rotto il freno.
Ist hier in der Nähe ein/e ...?	**C'è ... qui vicino?**
Fahrradladen	un negozio di biciclette
Fahrradwerkstatt	un'officina per biciclette
Fahrradverleih	un noleggio di biciclette

Öffentliche Verkehrsmittel vor Ort

In touristischen Hochburgen wie etwa Rom warnen Aufkleber in den Bussen vor Taschendiebstahl (= *scippo*). Vor allem im Gedränge haben Taschendiebe (= *borseggiatori*) freie Hand.

autobus, l'	Bus
metro, la	U-Bahn
tram, il	Straßenbahn
taxi, il	Taxi
mezzo pubblico	öffentliches Verkehrsmittel
capolinea, il	Endhaltestelle
fermata	Haltestelle
entrata, salita	Einstieg
uscita	Ausstieg

IL BIGLIETTO DEVE ESSERE VIDIMATO

Das Ticket muß selbst entwertet werden

PREMERE PER APRIRE LA PORTA

Knopf drücken, um die Tür zu öffnen

Informationen erfragen

3

Entschuldigung, wo ist die nächste ... -haltestelle? Bus- Metro-	**Mi scusi, dov'è la prossima fermata ...?** dell' autobus della metro
Welcher Autobus fährt zum Kolosseum?	Quale autobus va al Colosseo?
Wie komme ich zur »Piazza Navona«?	Come faccio ad arrivare a Piazza Navona?
• Prenda la metro linea B in direzione Rebibbia e cambi a Termini.	Nehmen Sie die Metro Linie B in Richtung Rebibbia, und steigen Sie in Termini um.
Ist das der Bus nach Roma Termini / zum Vatikan?	È questo l'autobus per Roma Termini / il Vaticano?
Wo muß ich aussteigen / umsteigen?	Dove devo scendere / cambiare?
Können Sie mir signalisieren, wann ich aussteigen muß?	Mi può indicare quando devo scendere?

Apropos: Dem ankommenden Busfahrer müssen Sie durch Handzeichen kundtun, daß Sie einsteigen möchten. Fahrgäste, die aussteigen wollen, drücken den Knopf *fermata prenotata* (= Bus hält). Mit der Frage *Scende?* (= Steigen Sie aus?) bahnen Sie sich auch im überfülltesten Bus den Weg zum Ausstieg.

Fahrkarten kaufen

Im allgemeinen müssen Busfahrkarten vor Antritt der Fahrt (in einer Bar oder direkt am Schalter der Verkehrsbetriebe) gekauft werden. Sind Sie mal ohne Ticket, können Sie auch jemanden an der Haltestelle ansprechen: *Ha un biglietto da vendermi?* (= Können Sie mir eine Fahrkarte verkaufen?)

Ein/e ..., bitte!	**Un ..., per favore!**
(Bus- / Metro-) Fahrkarte	biglietto (per l'autobus / la metro)
einfache Fahrt	biglietto di corsa semplice
Tageskarte	biglietto giornaliero
Carnet (Fahrkartenblock)	carnet
Wochen- / Monatskarte	abbonamento settimanale / mensile

Am Fahrkartenautomaten

Toccare lo schermo per iniziare	Um zu beginnen, berühren Sie den Bildschirm
Toccare il video sull'opzione richiesta	Berühren Sie auf dem Bildschirm die gewünschte Option
Language / Lingua	Sprache
Tedesco	deutsch
Selezione del tipo di biglietto	Fahrkartentyp wählen
Numero biglietti	Anzahl der Karten
Importo	Betrag
Monete / Banconote da inserire	Hartgeld / Scheine eingeben
Ritirare il biglietto e il resto	Fahrkarte & Wechselgeld entnehmen
Annullamento	abbrechen
in servizio / fuori servizio	betriebsbereit / außer Betrieb

Taxis

Die italienischen Taxen, jetzt in weißer Farbe, warten an Taxiständen oder halten auf Handzeichen. Für Nachtfahrten (22.00–7.00

Uhr) und an Sonn- und Feiertagen gelten höhere Tarife. Zuschläge pro Gepäckstück werden aufgerechnet. Bei längeren Fahrten sind viele Fahrer (= *tassisti*) bereit, einen Festpreis auszuhandeln. Informieren Sie sich vorab!

3

Wieviel würde mich eine Fahrt ... kosten?	**Quanto mi costerebbe andare ...?**
zum Flughafen / Hotel ...	all' aeroporto / hotel ...
zum Bahnhof	alla stazione
ins Zentrum	in centro
ans Meer	al mare
in die Dantestraße	in via Dante
Können Sie mir ein (Funk-) Taxi bestellen?	Mi può chiamare un (radio)·taxi?
Zum Bahnhof, bitte!	Alla stazione, per favore!
Ich habe es sehr eilig.	Ho molta fretta.
Können Sie hier bitte anhalten?	Si fermi qui, per favore!?
Warten Sie bitte hier, ich bin gleich zurück.	Mi può aspettare qui un attimo? Torno subito.
Was macht das?	Quanto le devo?
Könnten Sie mir bitte eine Quittung ausstellen?!	Mi può fare la ricevuta, per favore?

UNTERKUNFT 4

Allgemein

Jedes Jahr wird die Qualität der italienischen Unterkünfte staatlich geprüft und ihr Preis dem Komfort entsprechend festgelegt: 1 Stern für eine einfache Ausstattung, 5 Sterne für die Luxusklasse. Campingplätze erhalten bis zu 4 Sterne. Das staatliche italienische Fremdenverkehrsamt *E.N.I.T.* gibt im Ausland Auskunft; die Touristeninformationsbüros *Ufficio del Turismo* und *PRO-LOCO* beraten vor Ort.

4

CAMERE LIBERE	**COMPLETO**
Zimmer frei	belegt

Unterkunftsmöglichkeiten erfragen

Apropos: Für die Oster- und Sommerferien ist es ratsam, die gewünschte Unterkunft frühzeitig im voraus zu buchen. Die Preise in den bekannten Ferienzielen am Meer sind dann hoch und die Großstädte leergefegt. Kulminationspunkte: *Ferragosto* (= der 15. August, in Italien ein Feiertag) und das letzte Augustwochenende.

Unterkünfte

Agriturismo, l'	Ferienunterkünfte auf italienischen Bauerngehöften
Albergo, l'	Hotel, Gasthof, Unterkunft
Alloggio (privato), l'	(Privat-) Unterkunft
Appartamento (da affittare), l'	(Ferien-) Apartment
Campeggio	Campingplatz
Casa (da affittare)	(Ferien-) Haus

Hotel, l'	Hotel
Locanda	Lokal mit wenigen einfachen Zimmern
Motel, il	Motel
Ostello della gioventù, l'	Jugendherberge
Pensione, la	Pension
Posto letto	einfache Schlafgelegenheit in einem Mehrbettzimmer
Villaggio turistico	Feriendorf

Könnten Sie mir ein/e ... empfehlen?	**Mi potrebbe consigliare ...?**
preiswerte Unterkunft	un alloggio economico
Hotel der Mittelklasse	un hotel di media categoria
Hotel im Zentrum	un hotel in centro
ruhige Pension	una pensione tranquilla
Wie komme ich dorthin?	Come faccio ad arrivarci?
Gibt es hier (in der Nähe) ...?	**C'è qui vicino ...?**
eine Jugendherberge	un ostello della gioventù
einen Campingplatz	un campeggio
Wo ist ...?	**Dov'è ...?**
das Hotel »Bella Vista«	l'hotel »Bella Vista«
der nächste Campingplatz	un campeggio qui vicino
Haben Sie noch ...?	**Ci sono ancora ...?**
Zimmer frei	delle camere libere
freie Stellplätze	dei posti liberi
Ferienapartments zu vermieten	appartamenti da affittare
Wir suchen ein Zimmer	**Cerchiamo una camera ... .**
für eine Nacht	per una notte
mit Dusche & WC	con doccia e WC
für drei Personen	per tre persone

• **Mi dispiace, … .**	**Tut mir leid, … .**
siamo al completo	wir sind ausgebucht
è tutto esaurito	es ist alles belegt
è già tutto affittato	es ist alles vermietet

Tip: Mitwohnzentralen (z. Z. nur in Rom und Florenz) bieten für Lang- und Kurzaufenthalte attraktive Wohnalternativen jeder Preislage. Wohnungstausch-Agenturen wie z. B. *Intervac Italia* (Riola/BO) oder *Casa nostra* (Berlin) bieten ebenfalls die Möglichkeit, das Gastland ganz privat kennenzulernen. Wer's spartanisch liebt, wähle eines der vielen katholischen Pilgerhäuser.

Fragen zum Preis

Was kostet ein …?	**Quanto costa …?**
Doppelzimmer mit Bad & WC	una camera doppia con servizi
Ferienhaus in der Hauptsaison	una casa in alta stagione
Das ist der Preis für …, nicht wahr?	**Questo è il prezzo per …, vero?**
zwei Personen	due persone
eine Übernachtung	una notte
Was ist im Preis inbegriffen?	Che cosa comprende il prezzo?
Ist der Preis inklusive …?	**Questo prezzo include …?**
Frühstück	la prima colazione
Halbpension	la mezza pensione
Vollpension	la pensione completa
Ist / Sind … im Preis inbegriffen?	**Il prezzo comprende anche …?**
ein Zusatzbett	un letto aggiunto
die Endreinigung	la pulizia finale
die Nebenkosten	le spese accessorie

Gibt es Preisreduktionen / Preisaufschläge ...?	**C'è una riduzione / Si devono pagare dei supplementi ...?**
am Wochenende	per il weekend
zu Weihnachten / Ostern	per Natale / Pasqua
in der Vor- / Nachsaison	per la bassa stagione
bei längerem Aufenthalt	se si rimane più a lungo
für Kinder	per i bambini
• Quanto può costare la camera?	Wie teuer darf das Zimmer sein?
Bis zu ... Lire.	Fino a ... Lire.

acconto, l'	Anzahlung
alta stagione	Hochsaison
bassa stagione	Vor- / Nachsaison
pagamento anticipato	Bezahlung im voraus
prezzo per persona	Preis pro Person
riduzione	Ermäßigung

▶ Kap. 1, Rund ums Geld S. 19

Aufenthaltsdauer festlegen

giorno d'arrivo	Anreisetag
giorno di partenza	Abreisetag
soggiorno	Aufenthalt
dal ...	vom ...
al ...	bis zum ...

Ich möchte ein Zimmer (vom 1. bis zum 20. August) reservieren / mieten.	Vorrei prenotare / affittare una camera (dal primo al venti agosto).

• (Da) Quando? (Ab) Wann? • Per quando? Für wann?	Vom 2. bis (zum) 4. März. Dal due fino al quattro marzo. Für morgen und übermorgen. Per domani e dopodomani. *Für den / Ab dem* 2. August. *Per il / Dal* due agosto.

4

• Quanto tempo *rimane [Sg] / rimangono [Pl]*? Wie lange bleiben Sie?	Nur *eine / diese* Nacht. Solo *una / questa* notte. Zwei *Tage / Wochen*. Due *giorni / settimane*. Wir wissen es noch nicht. Non lo sappiamo ancora.

• Quando arrivano [Pl]?	Wann kommen Sie an?
Wir kommen am 12. Mai / gegen 17.00 Uhr an.	Arriviamo il dodici maggio / verso le cinque.
• Quando parte [Sg]?	Wann reisen Sie ab?
Ist es möglich, den Aufenthalt zu verlängern?	È possibile prolungare il soggiorno?

► Kap. 1, Zeiten S. 21, Datum S. 29

Art der Unterkunft

Ist das Hotel …?	**Questo / L'hotel è …?**
modern	moderno
preiswert	economico / a buon prezzo
einfach	semplice
komfortabel	confortevole
Ich möchte ein Zimmer mit Blick …	**Vorrei una camera con vista …**
auf das Meer / den See	sul mare / lago
auf die Berge	sui monti
Liegt / Ist die Unterkunft …?	**Questo / L'alloggio è …?**
in Strandnähe	vicino alla spiaggia
im Zentrum	in centro
in der Nähe des Bahnhofs	vicino alla stazione
hier in der Nähe	qui vicino
ruhig	tranquillo
Haben Sie / Gibt es …?	**C'è [Sg] / Ci sono [Pl] …?**
einen Lift	un ascensore
eine Garage	un garage
eine Diskothek	una discoteca
einen Swimmingpool	una piscina
einen Tennisplatz	un campo da tennis
eine Liegewiese	un prato per sdraiarsi
einen (Privat-) Strand	una spiaggia (privata)
eine Terrasse	una terrazza
einen Transferservice	un servizio di collegamento
einen …-Verleih	un noleggio di …
(spezielle) Aktivitäten	(un programma d') animazione
~ für Erwachsene / Kinder	~ per adulti / bambini
Einrichtungen für Behinderte	strutture per i disabili

▶ Wörterbuch

Beanstandungen

Übertriebene Forderungen finanzieller oder anderer Art erwidern Sie zunächst am besten mit einem *Ma scherziamo?* (= Wir scherzen wohl!) und einem Augenzwingern. Sind Sie entrüstet, trifft ein deutlich vernehmbares *Che vergogna!* (= Welche Schande!) häufig tiefer als der Eintrag ins Beschwerdebuch (= *libro dei reclami*). Kleinere Beanstandungen hingegen leiten Sie am besten mit einem freundlichen *Mi scusi!* (= Entschuldigung!) ein!

Ich hatte ... reserviert.	**Avevo prenotato ... .**
ein Zimmer mit Meerblick	una camera con vista sul mare
ein ruhiges Zimmer	una camera tranquilla
... funktioniert nicht.	**... non funziona.**
Der Fernseher	Il televisore
Die Dusche	La doccia
Das Warmwasser	L'acqua calda
Der Schlüssel geht nicht.	La chiave non va.
Die Tür / Das Fenster läßt sich nicht richtig öffnen / schließen.	La porta / finestra non si apre / chiude bene.
Das Licht brennt nicht.	La luce non funziona.
Der Wasserhahn tropft.	Il rubinetto gocciola.
Der Abfluß ist verstopft.	Lo scolo è intasato.
Die Matratze ist zu	**Il materasso è troppo ... .**
weich	morbido
hart	duro
Der / Die / Das ... ist	**Il / La / Lo ... è ... .**
dreckig	sporco/a
(zu) kalt	(troppo) freddo/a
kaputt	rotto/a

Es ist unerträglich laut / heiß hier.	Qui c'è un rumore / caldo insopportabile.
Es riecht schlecht.	C'è cattivo odore.
• Ci scusi! Lo facciamo riparare subito.	Entschuldigen Sie bitte! Wir lassen es sofort reparieren.

▶ Wörterbuch

Sollten Sie unberechtigterweise beschuldigt werden, etwas kaputt gemacht zu haben, können Sie dies durch folgende Antwort zurückweisen: *No, questo non l'abbiamo fatto noi.* (= Nein, wir haben das nicht gemacht.)

4

Hotels & Pensionen

Apropos: Die aktuelle Preisliste (= *il listino prezzi*) muß an der Rezeption/Information und im Zimmer aushängen!

Glossar: Zimmer & Betten

Doppelzimmer	camera doppia
Dreibettzimmer	camera a tre letti
Einzelzimmer	camera singola
Zimmer für Nichtraucher	camera per non fumatori
Zimmer für Rollstuhlfahrer	camera per persone sulla sedia a rotelle
2 Zimmer mit Verbindungstür	due camere con la porta di comunicazione

Doppelbett	letto matrimoniale
französisches Bett	grand lit
getrennte Betten	letti separati
Kinderbett	lettino
Zusatzbett	letto aggiunto

Einrichtung & Ausstattung

4

Hat das Zimmer (ein/e/n) ...?	**La camera ha ...?**
Dusche & WC	la doccia e il WC
Minibar	il frigobar
Telefon	il telefono
(Farb-)Fernseher	il televisore (a colori)
Klimaanlage	l'aria condizionata
Heizung	il riscaldamento
Safe	una cassaforte

▶ Wörterbuch

Telefonische Reservierung

Bin ich mit dem Hotel »Bella Vista« verbunden?	Pronto, parlo con l' hotel »Bella Vista«?
Ich möchte gern ein Doppelzimmer ... reservieren.	**Vorrei prenotare una camera doppia ... .**
auf den Namen ...	a nome (di) ...
(für die Zeit) vom ... bis zum ...	(per il periodo) dal ... al ...
Haben Sie (für heute nacht / morgen) noch ein Zimmer frei?	C'è ancora una camera libera (per stanotte / domani)?

• A nome di chi?	Auf welchen Namen?
• Come si scrive?	Wie schreibt man das?
• Mi fa lo spelling, per favore?	Buchstabieren Sie bitte!
• Per quando / quanto tempo?	Für wann / wie lange?
Wieviel kostet das Zimmer pro Nacht?	Quanto viene la camera per una notte?
Was ist im Preis inbegriffen?	Che cos'è compreso nel prezzo?
Ist es möglich, ein Zusatzbett zu bekommen?	È possibile avere un letto aggiunto?
Kann ich auch einen Garagenplatz reservieren?	Posso riservare anche un posto in garage?
• Vengono con la loro macchina?	Kommen Sie mit dem eigenen Wagen?
Nein, wir kommen mit dem Zug / Flugzeug.	No, veniamo in treno / aereo.
• **Vuole che venga qualcuno a prenderla ...?** all'aeroporto alla stazione	**Möchten Sie vom ... abgeholt werden?** Flughafen Bahnhof
Kann man einen Hund / eine Katze mitbringen?	È possibile portare un cane / un gatto?
• Può lasciare un recapito / numero di telefono?	Können Sie mir eine Adresse / Telefonnummer angeben?
• Mi potrebbe mandare una conferma per fax?	Könnten Sie mir eine Bestätigung per Fax schicken?

▶ Kap. 4, Allgemein S. 92 ▶ Kap. 8, Am Telefon S. 226

4

Zimmersuche vor Ort

Haben Sie noch ein Doppelzimmer mit Bad?	C'è ancora una camera doppia con bagno?
• Quanto tempo vuole rimanere?	Wie lange möchten Sie bleiben?
Was kostet das Zimmer?	Quanto costa la camera?
Kann ich das Zimmer ansehen?	Potrei vedere la camera?
Haben Sie noch andere Zimmer?	Avete ancora altre camere?
Gut, wir nehmen das Zimmer!	Va bene, prendiamo questa camera!

▶ Kap. 4, Allgemein S. 92, Telefonische Reservierung S. 100

4

Ankunft: Check-in

Ich habe / Wir haben ein Zimmer (auf den Namen …) reserviert.	Ho / Abbiamo prenotato una camera (a nome (di) …).
• Com'era il cognome, prego?	Wie war der Name, bitte?
• Sì, stanza numero dodici.	Ja, Zimmer Nr. 12.
• Ecco la chiave!	Hier der Schlüssel, bitte!
• La camera non è ancora pronta.	Das Zimmer ist noch nicht fertig.
• La stanza è disponibile alle (ore) dieci.	Das Zimmer steht Ihnen um 10.00 Uhr zur Verfügung.
• Nel frattempo possono lasciare le valige qui.	In der Zwischenzeit können Sie das Gepäck hierlassen.

• I documenti, per favore!	Ihre Papiere, bitte!
• La prego di compilare questo modulo.	Ich bitte Sie, dieses Formular auszufüllen.
• Ci occupiamo noi delle valige.	Wir kümmern uns um das Gepäck.
Kann ich meine Wertsachen im Hotelsafe hinterlegen?	Posso lasciare i miei valori in deposito nella vostra cassaforte?
Wo kann ich den Wagen abstellen?	Dove posso parcheggiare la macchina?

Apropos: *La Sua firma, prego!* heißt: Ihre Unterschrift, bitte!

▶ Kap. 2, Angaben zur Person S. 41

Orientierung: Wo ist ...?

Wo ist / befindet sich ...?	**Dov'è / Dove si trova ...?**
die Rezeption	la reception
der Lift	l'ascensore
die Hotelbar	il bar-caffetteria
der Speisesaal	la sala da pranzo
das Restaurant	il ristorante
der Konferenzraum	la sala delle conferenze
das WC	la toilette
der Swimmingpool	la piscina
das Telefon	un telefono
das Faxgerät	un fax
das Nebenhaus	la dépendance

▶ Wörterbuch

Nachrichten hinterlassen

Ich möchte eine Nachricht für Frau / Herrn Rossi hinterlassen.	Vorrei lasciare un messaggio per la signora / il signor Rossi.
Hat jemand eine Nachricht für mich hinterlassen?	C'è un messaggio per me?
Ist ein Fax oder Post für mich gekommen?	Sono arrivati fax o lettere per me?
Hat jemand für mich angerufen?	Ha chiamato qualcuno per me?

Fragen & Wünsche

Meinen Schlüssel, bitte!	La mia chiave, per favore!
• Quale numero, prego?	Welche Zimmernummer, bitte?
Wann wird das ... serviert?	**A che ora viene servita/o ...?**
Frühstück	la prima colazione
Mittagessen	il pranzo
Abendessen	la cena
Ist es möglich, hier ...?	**È possibile ...?**
Geld zu wechseln	cambiare dei soldi qui
Wertgegenstände zu hinterlegen	depositare degli oggetti di valore qui
ein Auto zu mieten	noleggiare una macchina qui
Ich brauche (noch) (ein/e/n)	**Mi serve / servono (ancora) ... .**
Kleiderbügel [Pl]	delle stampelle [Pl]
Bademantel / Handtuch	un accappatoio / asciugamano
etwas gegen Mücken	qualcosa contro le zanzare
Nähzeug	l'occorrente per cucire

Könnten Sie mich morgen früh um 7.00 Uhr wecken? — Mi potrebbe svegliare domattina alle sette?

Könnten Sie mir ...? — **Mi potrebbe ...?**
das Frühstück aufs Zimmer bringen — portare la colazione in camera
ein Taxi bestellen — chiamare un taxi
die Schuhe putzen lassen — far pulire le scarpe
diese Kleidungsstücke reinigen / bügeln lassen — far lavare / stirare questi abiti
Karten fürs Konzert besorgen — procurare dei biglietti per il concerto

▶ Kap. 5, Frühstück auf italienisch S. 125
▶ Kap. 4, Nachrichten hinterlassen S. 104

Zimmertelefon

Tip: Erkundigen Sie sich besser vorsorglich, wie viele Lire eine Telefoneinheit vom Hotel aus kostet: *Quanto costa uno scatto?* (= Was kostet eine (Telefon-) Einheit?)

Wie funktioniert das Telefon? — Come funziona il telefono?

Welche Nummer muß ich vorwählen, um ...? — **Che numero devo comporre per fare ...?**
direkt durchwählen zu können — una telefonata diretta
ein Ferngespräch zu führen — una chiamata interurbana
ein hausinternes Gespräch zu führen — una chiamata all'interno dell'hotel

• Deve comporre / selezionare prima il numero zero (e poi ...). — Sie müssen die Nummer 0 vorwählen (und dann ...).

▶ Kap. 8, Telefonieren S. 223

4

Abreise

Waren Sie mit dem Zimmerservice zufrieden, wird man Ihren Dank und ein Trinkgeld gewiß schätzen. Am besten lassen Sie einige Lirescheine im Hotelzimmer liegen.

Ich reise / Wir reisen morgen ab.	Parto / Partiamo domani.
Machen Sie mir bitte die Rechnung fertig!	Mi prepara il conto, per favore?!
Ich möchte mit Kreditkarte zahlen.	Vorrei pagare con la carta di credito.
Hier, der Schlüssel!	Ecco, la chiave!
Kann ich das Gepäck noch bis 12.00 Uhr hier abstellen?	Posso lasciare le mie valige qui fino alle dodici?
Könnten Sie mir bitte ein Taxi bestellen?	Potrebbe chiamarmi un taxi, per favore?
Bis zum nächsten Mal!	Alla prossima!
Vielen Dank und auf Wiedersehen!	Grazie ed arrivederci!

▶ Kap. 1, Bezahlen S. 20

Ferienwohnungen

Reservierung

Ich möchte eine Ferienwohnung (vom … bis zum …) mieten / reservieren.	Vorrei affittare / prenotare un appartamento (dal … al …).

• (Per) Quando?	(Für) Wann?
• A nome di chi, prego?	Auf welchen Namen, bitte?
• Mi dispiace. È già tutto affittato.	Tut mir leid. Es ist schon alles vermietet.
Wann ist das Haus noch frei?	Quando sarà libera la casa?
Haben Sie noch andere Apartments zu vermieten?	Ci sono altri appartamenti liberi?
Haben Sie noch ein … Apartment?	**C'è un appartamento …?**
größeres	più grande
preiswerteres	più economico
Wie viele Schlafplätze sind vorhanden?	Quanti posti letto ci sono?
Hat das Apartment (ein/e/n) …?	**Nell'appartamento c'è …?**
Fernseher	una TV / un televisore
Telefon	un telefono
Waschmaschine	una lavatrice
Wie hoch ist der Mietpreis für einen Monat inklusive Nebenkosten?	Quant'è l'affitto per un mese incluse le spese accessorie?
Gut, ich nehme es.	Va bene, lo prendo.
Wir kommen am 4. April gegen Abend an.	Arriviamo il quattro aprile verso sera.
Wo können wir die Schlüssel abholen?	Dove possiamo ritirare le chiavi?

4

▶ Kap. 4, Allgemein S. 92

Bei der Ankunft

Ich habe eine Ferienwohnung gemietet / reserviert.	Ho preso in affitto / prenotato un appartamento.
Von wem bekomme ich die Schlüssel?	A chi mi devo rivolgere per le chiavi?
Wann / Wo finde ich den ...?	**Quando / Dove trovo ...?**
Hausmeister	il portiere
Hausverwalter	l'amministratore
Vermieter	il locatore
Wo ist / sind ...?	**Dov'è / Dove sono ...?**
die Gebrauchsanweisung für ...	le istruzioni per l'uso di ...
die Mülltonnen	i bidoni / cassonetti delle immondizie
Können Sie mir zeigen, wie die Spülmaschine funktioniert?	Mi può mostrare come funziona la lavastoviglie?

4

Glossar: Räumlichkeiten & Einrichtung

Allgemein	
Fenster	finestra
Flur	corridoio
Keller	cantina
Rolläden [Pl]	persiane, le [Pl]
Treppe	scala
Tür	porta
Bad	**bagno**
Abfluß	scolo, lo
Badewanne	vasca da bagno

Bidet	bidè, il
Boiler	scaldaacqua / scaldabagno, lo
Dusche	doccia
Waschbecken	lavandino
Wasserhahn	rubinetto
WC	toilette, la
Küche	**cucina**
Herd	cucina, fornello
Kühlschrank	frigorifero
Spülmaschine	lavastoviglie, la
Waschmaschine	lavatrice, la
Schlafzimmer	**camera da letto**
Bett	letto
Decke	coperta
Kopfkissen	cuscino
Schrank	armadio, l'
Wohnzimmer	**soggiorno**
Couch, Sofa	divano
Regal	scaffale, lo
Sessel	poltrona
Stuhl	sedia
Tisch	tavolo
Haushaltswäsche	**biancheria**
Bettbezug	fodera del piumino
Bettlaken [Sg/Pl]	lenzuolo, il / lenzuola, le
Geschirrtuch	canovaccio
Handtuch, Badetuch	asciugamano, l' (auch: telo)
Kissenbezug	federa
Geschirr	**stoviglie [Pl]**
Glas	bicchiere, il

4

Tasse	tazza
Teller	piatto
Suppen~	~ fondo
Kaffeekanne	caffettiera
Teekanne	teiera
Topf	pentola
Pfanne	padella
Salatschüssel	insalatiera, l'
Sieb	setaccio
Besteck	**posate [Pl]**
Messer	coltello
Gabel	forchetta
Löffel	cucchiaio
Kaffee~	cucchiaino
Dosenöffner	apriscatole, l'
Flaschenöffner	apribottiglie, l'
Korkenzieher	cavatappi, il

▶ Wörterbuch

Wasser, Gas & Strom

Zähler	contatore
Gas	**gas**
~flasche	bombola del ~
~leitung	tubo del ~
Strom	**corrente elettrica, la**
Adapter	adattatore, l'
Glühbirne	lampadina

4

Schalter	interruttore, l'
Sicherung	valvola
Steckdose	presa
Stecker	spina
Wasser	**acqua, l'**
Wasserhahn	rubinetto
Wasserleitung	tubo dell' acqua

Die Stromspannung (= *voltaggio*) beträgt zumeist 220 Volt. Vor allem in älteren Häusern gibt es verschiedene Steckdosensysteme. Im Elektrogeschäft (= *negozio d'elettrodomestici*) finden Sie entsprechende Adapter (= *adattatori*).

Glossar: Bedienungsanleitung

leva	Hebel
maniglia	Griff
manopola, la / pulsante, il	Knopf
tasto	Taste
accendere / acceso	einschalten / an
spegnere / spento	abschalten / aus
girare (manopola)	drehen (Knopf)
a destra / sinistra	nach rechts / links
verso l'alto / il basso	nach oben / unten
aprire / aperto	aufdrehen / auf
chiudere / chiuso	zudrehen / zu
premere (il tasto)	drücken (Taste)
tirare	ziehen

Abreise

Wo soll ich die Schlüssel hinterlegen?	Dove lascio le chiavi?
Soll ich das ... abstellen?	**Devo chiudere ...?**
Wasser	l'acqua
Gas	il gas
Leider ist ... kaputtgegangen.	Purtroppo si è rotto ... .
Könnten Sie mir die Post nachschicken?	Mi potrebbe mandare la posta a casa?
Wir würden (nächstes Jahr) gern wiederkommen.	Ci piacerebbe ritornare (l'anno prossimo).

4

▶ Kap. 1, Bezahlen S. 20
▶ Kap. 4, Fragen zum Preis S. 94, Beanstandungen S. 98

Camping

Wild campen ist in Italien verboten. Privat können Sie aber jederzeit fragen, ob Sie Ihr Zelt aufschlagen oder Ihren Camper über Nacht stehen lassen können.

Kann man den / das ... hier stehen lassen?	**Si può lasciare ... qui?**
Auto	la macchina
Caravan / Wohnwagen	la roulotte
Wohnmobil	l'autocaravan / il camper
Kann man hier campen?	Si può campeggiare qui?
Ist es gefährlich?	È pericoloso?

Anmeldung

Haben Sie noch einen Stellplatz für ein/en …?	**C'è ancora un posto per …?**
Wohnwagen	una roulotte
Zelt	una tenda
Könnten wir einen Platz … haben?	**Potremmo avere un posto …?**
am Rand	un po' appartato
in der Nähe von …	vicino a …
im Schatten	all'ombra
Wie teuer ist eine Übernachtung …?	**Quanto costa un pernottamento …?**
für zwei Personen	per due persone
mit Wohnwagen	con la roulotte

▶ Kap. 4, Allgemein S. 92

Einrichtungen vor Ort

Wo ist / sind ein / die …?	**Dov'è / Dove sono …?**
Duschen / Toiletten	le docce / i gabinetti
Waschplätze / -räume	i lavatoi
Supermarkt	un supermercato
Kinderspielplatz	il campo di giochi
Wo kann man …?	**Dov'è che …?**
einkaufen	si può fare la spesa
sich waschen	ci si può lavare
telefonieren	si può telefonare
Wäsche waschen	si può fare il bucato
Duschmarken kaufen	si possono comprare i gettoni per la doccia

Ausrüstung

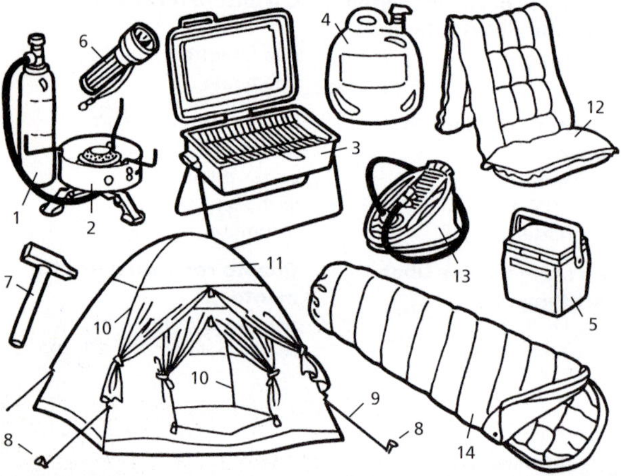

1	Campinggas	bombola del gas
2	Gaskocher	fornello a gas
3	Grill	griglia
4	Kanister	tanica
5	Kühltasche	borsa termica
6	Taschenlampe	lampadina tascabile
7	Hammer	martello
8	Heringe	picchetti per la tenda, i
9	Zeltschnur	laccio da tenda
10	Zeltstange	palo da tenda
11	Zelt	tenda
12	Luftmatratze	materassino
13	Blasebalg	soffietto / mantice, il
14	Schlafsack	sacco a pelo

▶ Wörterbuch

ESSEN & TRINKEN 5

Allgemein

Genüsse aus Küche und Keller werden in Italien mindestens so hoch geschätzt wie die Kunstreichtümer des Landes. Klima und Küsten tun das übrige, um aus einem einfachen Gericht und Landwein ein dionysisches Fest zu machen. Dabei sind weniger Einrichtung und Ausstattung des Lokals als die Zahl der Gäste ein Indikator für die Qualität der Zubereitung.

ORARIO	**RIPOSO SETTIMANALE**
Öffnungszeiten	Wöchentlicher Ruhetag

Wann & Wo?

Frühstück
la prima colazione

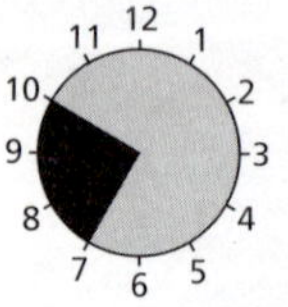

Aperitif/Snack
l'aperitivo/lo spuntino

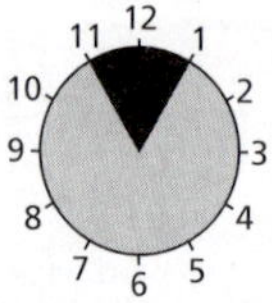

Mittagessen
il pranzo

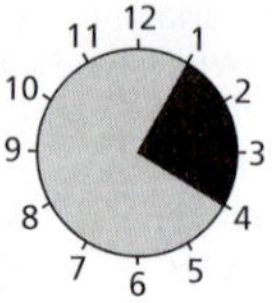

Nachmittagssnack
la merenda

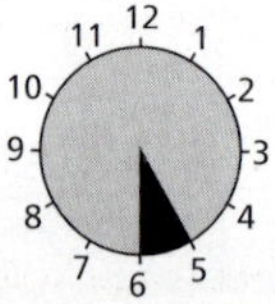

Abendessen
la cena

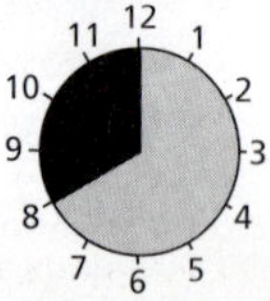

Wenn Sie nicht im Hotel frühstücken, gehen Sie am besten wie die Italiener morgens in eine *Bar*. Mittags können Sie sich zwischen einem leichten Snack im Stehen in einer *Snack-Bar* oder einem kompletten Menü im *Ristorante* oder in der meist preiswerteren *Trattoria* entscheiden. Der Nachmittagskaffee mit Kuchen ist nicht üblich, aber in einer *Bar-Pasticceria* möglich, oft allerdings nur im Stehen. Abends trifft man sich gerne zu einem Eis in der *Gelateria* oder, insbesondere in Norditalien, zu einem Glas Wein in einer *Osteria*; eine reichhaltige Auswahl an Biersorten wird in der *Birreria* gezapft.

Lokalitäten

Bar	Stehcafé mit langer Theke und zumeist wenigen Tischen, wo man frühstückt, Kleinigkeiten zwischendurch ißt, sich zum Aperitif trifft, auf die Schnelle einen Espresso trinkt u. a. m.
Birreria	Bierlokal, Kneipe
Enoteca	Weinstube, Weinhandlung
Gelateria	Eisdiele
Hostaria	meist feines Restaurant
Osteria	zumeist einfaches Weinlokal, das oft auch kleinere Gerichte anbietet
Paninoteca	moderne Snack- und Brötchenbar
Pasticceria	Konditorei
Pizzeria	Pizza-Lokal
Ristorante	Restaurant
Rosticceria	Grillstube, oft mit regionalen Spezialitäten
Snack-Bar	Bar mit reichhaltigem Angebot an kalten Snacks
Tavola calda	Imbißlokal mit warmen Speisen, auch zum Mitnehmen
Trattoria	einfaches, familiäres Restaurant, in Städten z. T. schick und teuer
Vinoteca	moderner Ausdruck für *Enoteca* (= Weinlokal)

Wo ist das Restaurant »Il Cuoco«?	Dove si trova il ristorante »Il Cuoco«?
Können Sie mir sagen, wo man hier gut essen kann?	Mi sa indicare un posto dove si mangia bene, qui vicino?
Gibt es in der Nähe ein/e ...?	**C'è qui vicino ...?**
einfaches Restaurant	una trattoria
Weinstube	un'enoteca
gute Eisdiele	una buona gelateria

Getränke

Ich habe Durst.	Ho sete.
Ein Mineralwasser, bitte!	Un'acqua minerale, per favore!
Ich nehme ein Glas Rotwein.	Prendo un bicchiere di vino rosso.

Mengen

1 Liter	un litro (di)
1/2 Liter	mezzo litro (di)
1/4 Liter	un quarto (di)
Becher	una coppa (di)
Dose	una lattina (di)
Flasche	una bottiglia (di)
Glas	un bicchiere (di)
Karaffe	una caraffa (di)
Tasse	una tazza (di)

Kaffee & andere heiße Getränke

caffè (seltener: espresso), il	italienischer Kaffee, Espresso
~ americano	~ mit viel Wasser (dem deutschen Kaffee ähnlich)
~ corretto (al cognac, al whisky, alla grappa)	~ mit einem Schuß Alkohol (Kognak, Whisky, Grappa)
~ decaffeinato	koffeinfreier ~
~ Hag lungo	koffeinfreier ~ mit viel Wasser
~ macchiato	~ mit etwas Milch (wörtlich: befleckt)
~ lungo	mit Wasser verlängerter ~
~ ristretto	sehr starker ~ mit ganz wenig Wasser
caffellatte, il	Milchkaffee
~ senza schiuma	~ ohne Schaum
cappuccino, cappuccio	typisch italienischer Kaffee mit geschäumter Milch
camomilla	Kamillentee
cioccolata calda	heiße Schokolade
~ con panna	~ mit Sahne
infusi vari [Pl]	verschiedene Kräutertees
latte caldo, il	heiße Milch
punch, il	Punch
tè, il	Tee

5

Jeder Italiener schwört auf seine Bar und findet, der Cappuccino dort sei der allerbeste. Individualität und Geschmack beweist er durch eine besonders präzise Bestellung des Kaffees. Ob die Kaffeesorte, die Röstung, frische Vollmilch oder letztlich das Wasser über seine Qualität entscheiden, bleibt ein Geheimnis.

Erfrischungsgetränke

acqua minerale, l'	Mineralwasser
~ naturale	natürliches ~
~ gassata	kohlensäurehaltiges ~
aranciata, l'	Orangenlimonade
caffè freddo, il	Espresso, gekühlt und leicht gesüßt
frappè, il	Eismixgetränk
frullato	(Milch-)Mixgetränk
~ di fragole	~ mit Erdbeeren
gassosa	klarer Zitronensprudel
granita di caffè	halbgefrorener, gestoßener Kaffee
latte di mandorla, il	Mandelmilch
limonata	Zitronenlimonade
sciroppo, lo	Sirup
~ di lamponi	~ mit Himbeergeschmack
~ alla menta	~ mit Pfefferminzgeschmack
spremuta	Fruchtsaft, frisch ausgepreßt
~ di agrumi	~ aus Zitrusfrüchten
~ d'arancia	Orangensaft
~ di pompelmo	Pampelmusensaft
succo di frutta	Fruchtsaft
succo di mela	Apfelsaft
succo di pomodoro	Tomatensaft
tè freddo, il	Eistee, leicht gesüßt

Italiener bevorzugen stilles Mineralwasser. Möchten Sie kohlensäurehaltiges, bestellen Sie *acqua minerale gassata*. Auch kalter schwarzer Tee mit Zitrone oder mit Pfirsichgeschmack (= *tè freddo al limone/alla pesca*) ist eine wunderbare Erfrischung.

Alkoholische Getränke

Es mag überraschen, daß Italiener zur Pizza normalerweise Bier trinken. Überhaupt wird das Bier im traditionellen Weinland Italien immer beliebter. Alkoholfreie Sorten sind allerdings in vielen Lokalen noch nicht zu haben.

amaro, l'	Bitter
aperitivo, l'	Aperitif
birra	Bier
~ piccola / media / grande	kleines / mittelgroßes / großes ~
~ alla spina	~ vom Faß
~ analcolica	alkoholfreies ~
~ chiara	helles ~
~ estera	ausländisches ~
~ in lattina	Dosen~
~ scura	dunkles ~
brandy, il	Branntwein
cognac, il	Kognak
distillati vari [Pl]	verschiedene Obstbranntweine
grappa	Tresterschnaps
liquore, il	Likör
prosecco	Prosecco-Wein
spumante, lo	italienischer Sekt
vino	Wein
~ bianco	Weiß~
~ frizzante	moussierender Weiß~
~ rosso	Rot~
~ rosato / rosé	Rosé

▶ Kap. 5, Osteria & Enoteca: Weine genießen S. 150

5

Beliebte Aperitifs sind *Bitter, Martini, Punt* e *Mes* und nicht zuletzt der *Campari*, der in Mailand erfunden wurde. Nach dem Essen wird oft ein Magenbitter (z. B. Amaro Lucano, Montenegro, Averna, Fernet Branca, Ramazzotti), ein Kognak (z. B. Vecchia Romagna, Branca Stravecchia) oder aber ein Likör (z. B. Amaretto, Cynar, Sambuca) getrunken. Die erlesenen *grappe* werden aus Traubenrückständen nur einer Rebsorte gewonnen und in feinsten mundgeblasenen Flaschen abgefüllt. Ihr Alkoholgehalt (= *gradazione*) liegt zwischen 42% und 50%.

Geschmäcker und Zubereitungsarten

amaro	bitter
dolce	süß
semisecco	halbtrocken
secco	trocken
con ghiaccio	mit Eiswürfeln
con soda	mit Soda
liscio	pur

Apropos: In Italien wird seltener angestoßen. Bei gegebenem Anlaß sagt man *Cin cin!, (Alla) Salute!* oder *Alla vostra!*

Il bar: Frühstück & Snacks

Die Bar ist einer der wichtigsten italienischen Treffpunkte, wo man sich zum Frühstück im Stehen, zu einem kleinen Snack zwischendurch, zum Aperitif und nach dem Essen einfindet. Im Vorbeigehen kauft man hier Zigaretten (= *un pacchetto di sigarette*), Briefmarken (= *francobolli*), Telefonkarten (= *schede telefoniche*) oder Bustickets (= *biglietti per l'autobus*) und telefoniert mit der *mamma*.

Apropos: Das Schild *WC* oder *Bagno* (= Toilette) fehlt häufig in Lokalen, oder es steht *guasto – non funziona* (= kaputt) an der Tür. Oft sind die Toiletten nicht zu empfehlen; manchmal müssen sich beide Geschlechter mit ein und demselben WC begnügen. Seltener geworden sind Stehklos. Fragen Sie am besten an der Theke *Dov'è la toilette?* (= Wo ist die Toilette?). Eventuell gibt man Ihnen daraufhin einen Schlüssel: *Aspetti, le do la chiave!* (= Einen Moment, ich gebe Ihnen den Schlüssel.)

SIGNORE / DONNE	**SIGNORI / UOMINI**
Damen / Frauen	Herren / Männer

Bestellen

• Lei, che cosa prende?	Was nehmen Sie?
Zwei Cappuccino, bitte!	Due cappuccini, per piacere!
Ich hätte gern / nehme einen Espresso und ein Hörnchen.	Vorrei / Prendo un caffé ed un cornetto.
Ich möchte dies, bitte!	Vorrei questo, per piacere!
• Questo qui?	Das da?
Nein, das andere – daneben!	No, quell'altro – lì accanto!
Könnte ich ... haben?	**Potrei avere ...?**
(noch) ein wenig Milch	(ancora) un po' di latte
ein Tütchen Süßstoff	una bustina di Dietor
(noch) einen Cappuccino	un (altro) cappuccino

▶ Kap. 5, Kaffee & andere heiße Getränke S. 119, Kuchen & Gebäck S. 148

Bezahlen

Verzehrt man etwas an der Theke, zahlt man normalerweise im voraus an der Kasse und legt den Kassenbon (= *lo scontrino*) mit etwas Hartgeld – als Zeichen der Wertschätzung – auf die Theke.

SI PREGA DI RITIRARE LO SCONTRINO ALLA CASSA – GRAZIE

Bitte holen Sie (zuerst) einen Bon an der Kasse – Danke

Ein Brötchen zu 2500 Lire und einen Cappuccino!	Un panino da 2500 Lire ed un cappuccino!
Was macht das?	Quanto le devo? / Quant'è?

Apropos: »Das Tischesitzen bedarf der bedinung« stand in Neapels Bahnhofsbar. Damit wollte man auf die landesweite Regelung hinweisen, daß beim Sitzen ein unter Umständen saftiger Aufpreis fällig wird. Die Preisübersicht (= *listino prezzi*) in der Bar schützt Sie vor unangenehmen Überraschungen. Wenn Ihnen Ausblick und Ambiente gefallen, kann der Sitzplatz den Mehrpreis aber durchaus wert sein.

listino prezzi	Preisübersicht
al banco	an der Theke
al tavolo	am Tisch

Frühstück auf italienisch

5

Es gibt in Italien keine Tradition, ausführlich und gemütlich zu frühstücken. Italiener trinken morgens, quasi im Vorbeigehen, in der Bar nur einen *caffè* oder *cappuccino* und essen ein frisches Hefegebäck (= *un cornetto*). Da den Italienern dieser Ritus sacrosanto ist, werden Hotelzimmer häufig ohne Frühstück angeboten. In der Mittelklasse wird zumeist – mit kräftigem Preisaufschlag – ein italienisches oder ein kleines kontinentales Frühstück offeriert. In der oberen Kategorie sind Frühstücksbuffets Standard.

Buffet – Frühstücksliste	
Aufschnitt	affettato, l'
Brot	pane, il
Brötchen	panino
Vollkornbrot	pane integrale
Butter	burro
Croissant	cornetto (*auch:* brioche, la)

Diätkonfitüre	marmellata dietetica
Ei / Eier	uovo, l'/uova, le
Rühreier	uova strapazzate
Spiegelei	uovo al tegamino / all'occhio di bue
weich / hart gekochtes ~	uovo alla coque / sodo
Honig	miele, il
Joghurt	yogurt, lo
Natur~	~ naturale
Frucht~	~ alla frutta
Käse	formaggio
Krapfen, Berliner	krapfen, il / bombolone, il
~ mit Puddingcreme	~ con la crema
Margarine	margarina
Marmelade	marmellata
Milch	latte, il
heiße ~	~ caldo
lauwarme ~	~ tiepido
kalte ~	~ freddo
Müsli	fiocchi d'avena, cereali [Pl]
Orangen- / Grapefruitsaft	succo d'arancia / di pompelmo
Quark	ricotta
Salami	salame, il
Salz	sale, il
Schinken	prosciutto
gekochter / roher ~	~ cotto / crudo
Schokolade	cioccolata
Süßstoff (Marke)	Dietor, il
Tee	tè, il
~ mit Zitrone	~ al limone
Zucker	zucchero, lo

Tip: Die Auswahl an frischem Gebäck ist in der Konditorei (= *Bar-Pasticceria*) am größten, und dort, wo es noch selbst hergestellt wird, am schmackhaftesten.

▶ Kap. 5, Kuchen & Gebäck S. 148 ▶ Kap. 6, Glossar: Käse & andere Milchprodukte S. 163, Glossar: Wurstwaren S. 164

Snacks & Sandwiches

Mittags zwischen 13.00–15.00 Uhr werden neben den traditionellen Bars immer häufiger Selfservice – Lokale aufgesucht, in denen man preiswert und auf die Schnelle ißt. Essen und Getränke werden entweder mitgenommen, im Stehen verzehrt oder an einigen modern eingerichteten Eßplätzen eingenommen. In der *Pizza al taglio* werden Pizzastücke nach Stück oder Gewicht verkauft und im Papier über die Theke gereicht. Ein handgroßes Stück von ca. 200 g (= *due etti*) stillt vorerst den Hunger.

5

▶ Kap. 5, Pizza S. 141

Ich möchte ein Brötchen / Sandwich mit … .	Vorrei un panino / tramezzino con … .

Garnierungen

bresaola e rucola	Rauchfleischart und Rauke (bitterer, aromatischer Salat)
formaggio	Käse
frittata	Omelett
funghi e mozzarella	Pilze und Mozzarella
insalata di pollo, l'	Hühnersalat
insalata russa, l'	russischer Salat

mortadella	italienische Fleischwurst
mozzarella	Mozzarella
prosciutto	Schinken
~ cotto	gekochter ~
~ crudo	roher ~
pomodoro e mozzarella / tonno / uovo	Tomatenscheiben und Mozzarella / Thunfisch / gekochtes Ei
roast beef, il	Roastbeef
salame, il	Salami
tacchino	Putenfleisch
tonno e carciofini	Thunfisch und eingelegte Artischockenherzen
torta rustica	herzhafte Gemüsetorte
vitello arrosto	Kalbsbraten
würstel, il	Knackwürstchen

5

Können Sie mir ... warm machen?	**Mi può riscaldare ...?**
ein Stück Pizza	un pezzo di pizza
ein Stück Focaccia-Brot	un pezzo di focaccia
ein Sandwich (in Dreiecksform)	un tramezzino

- Lo mangia qui, o lo porta via? — Essen Sie es hier, oder nehmen Sie es mit?

Italiener bestreichen ihre Brote i. a. nicht mit Butter, sondern mit Olivenöl (= *olio d'oliva*) oder Mayonnaise (= *maionese*). Als Klassiker unter den Brötchen gilt die Kombination mit Mozzarella und Tomaten. Allerdings wird der Mozzarella-Käse, ursprünglich Büffelkäse (= *mozzarella di bufala*) aus Kampanien, heute zumeist aus Kuhmilch hergestellt.

▶ Kap. 5, Vorspeisen – Antipasti S. 133

Warme Snacks

Alici fritte	frittierte Sardellen
Arancini	Reisbällchen
Bruschetta al pomodoro	geröstetes Knoblauchbrot mit Öl und Tomatenscheiben
Calzone	gefüllter Pizzateig, frittiert oder gebacken
Carciofi fritti	frittierte Artischocken
Cremini di pollo	Kroketten mit Hühnerfleisch
Crostini	geröstete Weißbrotscheiben mit Aufstrich
Filetto di baccalà	(frittiertes) Stockfischfilet
Melanzane e zucchine al forno	gebackene Auberginen und Zucchini
Minestrone	kräftige Gemüsesuppe mit Einlage
Mozzarella in carrozza	ausgebackenes Käsesandwich
Olive ascolane	gefüllte und frittierte grüne Oliven
Panzerotti	kleine gefüllte Calzoni
Pasta con piselli	Nudel-Erbsen-Eintopf
Pasticcio	Auflauf
Peperoni al forno	gebackene Paprika
Pollo arrosto	Brathähnchen
Riso e fagioli	Reis-Bohnen-Eintopf
Rustici	gefüllte Blätterteigröllchen
Salsiccia	Bratwurst
Scamorza	eine Art fester Weichkäse
Supplì	Reisbällchen mit Tomatenfleischsauce und Mozzarella
Verdura lessata	gekochtes Gemüse
Zuppa di verdura	Gemüsesuppe

Tip: Raffiniert zubereitete Snacks findet man sehr oft in der Nähe des Gerichts (= *Palazzo di Giustizia*). Anwälte lieben es stilvoll!

Il ristorante: Genüßlich essen gehen

Essen ist für Italiener sinnlicher und kulinarischer Genuß. Dabei guckt man nicht auf den Pfennig, sprich auf die Lira. Informieren Sie sich am besten anhand der ausgehängten Preisliste (= *il menù*) über das Preisniveau, und achten Sie darauf, ob Service und Mehrwertsteuer im Preis enthalten sind (= *IVA e servizio compreso*).

Reservieren & Platz nehmen

5

Ich möchte einen Tisch ... bestellen. für 20.30 Uhr für 4 Personen	**Vorrei riservare / prenotare un tavolo ... .** per le (ore) venti e trenta per quattro persone
• A nome di chi, prego?	Auf welchen Namen, bitte?
Auf den Namen »Becker«.	A nome (di) »Becker«.

▶ Kap. 1, Zeiten S. 21 ▶ Buchstabiertabelle S. 13

Apropos: In Italien ist es üblich, daß der Wirt den Gästen einen Tisch zuweist. Am Eingang wartend, bedeutet man dem Wirt, zu wie vielen Personen man essen möchte.

Guten Abend! Wir sind zu dritt.	Buona sera! Siamo in tre.
Wir haben einen Tisch auf den Namen »Rossi« reserviert.	Abbiamo riservato / prenotato un tavolo a nome (di) »Rossi«.
• Questo tavolo va bene?	Ist Ihnen dieser Tisch recht?
Ist noch ein Tisch ... frei? am Fenster draußen	**C'è un tavolo (libero) ...?** vicino alla finestra fuori

Die Speisekarte: Ein Überblick

Zum kompletten Essen gehören eine Vorspeise (= *antipasto*), ein Nudel- oder Reisgericht (= *primo piatto*) und danach ein Fleisch- oder Fischgericht (= *secondo piatto*), zu dem die Beilage (= *contorno*) extra bestellt wird. Abends bestellt man die Nachspeise (= *il dessert*), den Kaffee und den Absacker lieber auf der Strandpromenade oder an einem schönen Platz: *Buon appetito!* oder *Cin cin!*

Menù, il / Carta	**Speisekarte**
Piatto del giorno	Tagesgericht
Specialità della casa	Spezialität des Hauses
Menù turistico, il	Touristenmenü (meist preiswert)
Antipasti	Vorspeisen
Primi piatti / Minestre	erster Gang
pasta	Nudeln, Teigwarengerichte
riso, risotto	Reis, Reisgericht
Secondi piatti	zweiter Gang
carne, la	Fleisch
pesce, il	Fisch
Contorni	Beilagen
verdure	Gemüse
insalata, l'	Salat
Dessert, il / Dolci	Nachspeisen
Bevande	Getränke

Hinweise auf der Speisekarte	
artigianale, fatto in casa	von Hand gemacht, hausgemacht
IVA & servizio compreso	Mehrwertsteuer und Service inbegriffen

5

maggiorazione di prezzo	Aufpreis
per due persone	für zwei Personen
prezzo al chilo	Preisangabe pro kg
servizio non incluso (15%)	Bedienung nicht inbegriffen (15%)

Die genuine Küche verwendet wenige, aber hochwertige und frische Zutaten (= *ingredienti*): Bestes Olivenöl ersetzt hier Butter oder Sahne, die scharfen roten Peperoni-Schoten (= *peperoncini*) den Pfeffer (= *pepe*); Knoblauch (= *aglio*) und Petersilie (= *prezzemolo*) geben den Grundgeschmack und feine Kräuter wie *basilico* (= Basilikum), *origano* (= Oregano), *timo* (= Thymian), *rosmarino* (= Rosmarin), *salvia* (= Salbei) oder Kapern (= *capperi*) und Pinienkerne (= *pinoli*) die besondere Note.

5

▶ Wörterbuch (Zutaten)

Zubereitungsarten

affumicato	geräuchert
ai funghi	mit Pilzen
al cartoccio	in Folie
al forno	im Ofen gebacken
al tartufo, tartufato	mit Trüffeln
al vapore	gedämpft
all'arancia	in Orangensauce
alla diavola	teuflisch scharf
alla griglia	vom Grill
arrostito / arrosto	gebraten
assortito / misto	gemischt
ben cotto	durchgebraten, gar
bollito	gekocht
con cipolla	mit Zwiebeln

farcito / imbottito / ripieno	gefüllt
fritto	frittiert
gratinato / al gratin	gratiniert
impanato	paniert
in padella	in der Pfanne
in salsa di ...	in ...-Sauce
in umido	gedünstet
lesso / lessato	gekocht
macinato	gemahlen
marinato	mariniert, eingelegt
sott'olio / aceto	in Öl / Essig eingelegt
stufato	gedünstet, geschmort
tostato	geröstet

Apropos: Jedes Lokal führt wenigstens einen preiswerten Hauswein (= *vino della casa*). Haben Sie spezielle Wünsche, bestellen Sie am besten die Weinkarte (= *carta dei vini*). Italiener trinken Wein im allgemeinen nur zum Essen, und sie verlassen das Speiselokal, sobald sie gegessen haben.

▶ Kap. 5, Getränke S. 118, Osteria & Enoteca: Weine genießen S. 150

Vorspeisen – Antipasti

Antipasto misto	gemischter Vorspeisenteller
Buffet	Vorspeisenbuffet
Caprese	Tomatenscheiben, Mozzarella und Basilikum

Carpaccio con parmigiano	hauchdünnes, rohes Rindsfilet mit Parmesankäse
Fritto misto	frittierte Gemüse- und Fischstücke
Prosciutto e melone / fichi / mozzarella	roher Schinken mit Melone / Feigen / Mozzarella
Vitello tonnato	kaltes, gekochtes Kalbsfleisch in Kapern-Thunfisch-Remoulade

Vorspeisen aus dem Meer – Antipasti di Mare

Arselle	Venusmuscheln
Acciughe	Sardellen
Calamari	Tintenfische
Cocktail di gamberi	Krabbencocktail
Gamberi (surgelati)	Krabben (tiefgefroren)

Insalata di granchio e aragosta	Salat an Krebsfleisch und Languste
Insalata di frutti di mare	Meeresfrüchtesalat
Ostriche	Austern
Polpo	Krake
Ricci di mare	Seeigel
Sardine	Sardinen
Seppia	Tintenfisch
Sauté di vongole – cozze	Venus- und Miesmuscheln im Sud
Zuppa di pesce	Fischsuppe (auch als Hauptgericht)

▶ Kap. 5, Snacks & Sandwiches S. 127

Erster Gang – Primi piatti

Die traditionelle *pasta* (= Teigware) wird aus Hartweizen (= *grano duro*), die reichhaltigere Variante (*pasta all'uovo*) mit Eiern hergestellt. Beide werden *al dente* (= bißfest) gegessen, ebenso die sämigen Reisgerichte (= *risotti*). Apropos: Es ist durchaus üblich, beim ersten Gang nur eine halbe Portion (= *una mezza porzione*) zu bestellen, damit noch Platz für den zweiten Gang bleibt.

Agnolotti al ragù	gefüllte Nudeln mit Fleischsauce
Cannelloni	mit Käse oder Fleisch gefüllte Nudelrollen
Farfalle al radicchio	Schmetterlingsnudeln mit Radicchiosalat und Speck
Gnocchi di patate	aus Kartoffelmehl geformte kleine Klößchen

Lasagne al forno	geschichtete Nudelscheiben mit Tomaten- und Bechamelsauce
Linguine all'astice	dünne Bandnudeln mit Hummer
Polenta	Maisbrei
Penne all'arrabbiata	Röhrennudeln mit Tomatensauce und Peperoncino, scharf
Ravioli	gefüllte Nudeln
~ con ricotta e spinaci	~ mit Frischkäse und Spinat
~ con la zucca	~ mit Kürbiscreme
Risotto	Reisgericht
~ ai carciofi	~ mit Artischocken
~ alla milanese	~ mit Safran und Ochsenmark
~ alla pescatora	~ mit Meeresfrüchten
~ con funghi	~ mit Pilzen
Spaghetti	Spaghetti
~ ai crostacei	~ mit Krustentieren
~ al pesto	~ mit einer Masse aus geriebenem Käse, Basilikum, Knoblauch und Pinienkernen
~ al pomodoro e basilico	~ mit Tomaten und Basilikum
~ alla bolognese	~ mit Fleischsauce
~ al sugo	~ mit (Tomaten-) Sauce
~ all'amatriciana	~ mit Tomaten, Speck, Peperoncino, Pecorino-Käse
~ alla cacciatora	~ auf Jägerart (mit Zwiebeln, Knoblauch, Weißwein, Speck)
~ alla carbonara	~ mit Speckstreifen und Ei (in Italien ohne Sahne!)
~ alla pizzaiola	~ mit Tomatensauce
~ alle vongole veraci	~ mit Venusmuscheln
Paglia e fieno	Nudeln mit Erbsen, Speck, Champignons und Sahne

Tagliatelle	Bandnudeln
~ ai funghi porcini	~ mit Steinpilzen
~ al salmone	~ mit Lachs
Tortellini (in brodo)	gefüllte Nudeln (in Bouillon)

▶ Teigwaren, Abb. 1 im Anhang

Apropos: Saucen, die Käse, Meeresfrüchte oder Fisch enthalten, werden in der Regel nicht mit Parmesan-Käse serviert.

Zweiter Gang – Secondi piatti

Fleischgerichte – Secondi di carne

Agnello	Lamm
Anatra	Ente
Animelle di vitello	Kalbsbries
Arrosto	Braten
~ di abbacchio	Lamm~
Bistecca	Steak
~ alla fiorentina	dickes ~ vom Jungrind
~ alla griglia	~ vom Grill
Bocconcini di vitello	Kalbfleischbällchen
Bollito misto	gekochte Fleischplatte
Cacciagione	Wild
Cinghiale	Wildschwein
Coda alla vaccinara	Ochsenschwanz
Coniglio al vino bianco	Kaninchen in Weißwein
Costata di manzo	Rumpsteak
Costolette di agnello	Lammkoteletts

Cotechino	scharf gewürzte Schweinswurst
Fagiano	Fasan
Faraona	Perlhuhn
Fegato di vitello	Kalbsleber
Filetto	Filetsteak
~ alla griglia	~ vom Grill
Frattaglie	Innereien
Involtini	Rolladen
Lombatina di vitello	Kalbssteak
Manzo	Rind
Maiale	Schwein
Ossobuco	Kalbshaxe in Scheiben
Pernice	Rebhuhn
Petti di pollo al limone	Hähnchenbrust an Zitronensauce
Piccata di vitello	Kalbsschnitzel
Piccione	Taube
Piede di vitello	Kalbsfuß
Pollame	Geflügel
Pollo	Huhn
Polpette	Hackbällchen, Frikadellen
Porchetta	geröstetes Spanferkel
Petto / Punta di vitello	Kalbsbrust
Quaglie	Wachteln
Rognoni trifolati	gebratene Nieren
Saltimbocca alla romana	Kalbsschnitzel mit Salbei, Schinken und Marsalawein
Scaloppine di vitello ai capperi / funghi	Kalbsschnitzel mit Kapern / Pilzen
Spezzatino	Gulasch
Spiedino	Spieß
Straccetti con la rughetta	Rindfleischstreifen mit Rauke
Stracotto	Schmorbraten

Tacchino	Truthahn
Trippa alla romana	Kutteln in Tomatensauce
Vitello	Kalb
Zampone con lenticchie	Schweinsfuß mit Linsen (zu Silvester)

▶ Kap. 6, Glossar: Fleisch S. 165 ▶ Wörterbuch

Fischgerichte – Piatti di pesce

Anguilla	Aal
Aragosta	Languste
Astice	Hummer
Dentice	Zahnbrasse
Frittura mista	frittierte Fische und Meeresfrüchte
Grigliata mista di pesce	gemischte Fischplatte vom Grill
Mormora	Marmorbrasse
Mazzancolle	Riesengarnelen
Merluzzo	Kabeljau
Orata	Dorade
Persico	Flußbarsch
Pesce Spada	Schwertfisch
Rombo	Glattbutt
Salmone	Lachs
Spigola	Seebarsch
Sgombro	Makrele
Sogliola	Seezunge
Tonno	Thunfisch
Triglia	Rotbarbe
Trota	Forelle

▶ Kap. 5, Vorspeisen – Antipastí S. 133 ▶ Wörterbuch

Feiner Fisch, den Sie meist am Tisch aussuchen, wird nach Gewicht berechnet und ist in der Regel teurer als Fleisch. Bei der Zubereitung können Sie meist wählen zwischen *lesso* (= gekocht), *al burro* (= mit Butter), *alla mugnaia* (= auf Müllerinnen Art), *alla griglia* (= vom Grill) und *al forno* (= gebacken). Tip: *Orata* (= Dorade), in Salzkruste gekocht (= *in crosta di sale*), gilt als besondere Spezialität.

Beilagen – Contorni

Bieta / Bietole [Pl]	Mangold
Cardo	bittere Distelart
Cicoria	bitteres Zichoriengewächs
Fagiolini	grüne Böhnchen
Fiori di zucca ripieni	gefüllte Zucchiniblüten
Funghi	Pilze
Insalata	Salat
~ di rucola / rughetta	Rauke – feiner, bitterer ~
~ di pomodori	Tomaten~
~ mista	gemischter ~
Melanzane (alla parmigiana)	Aubergine (mit Parmesankäse und Tomaten überbacken)
Patate	Kartoffeln
~ al forno	gebackene ~
~ lesse	gekochte ~
Patatine fritte	Pommes Frites
Peperonata	geschmorte Paprikaschoten
Peperoni ripieni	gefüllte Paprika
Pomodori di riso	mit Reis gefüllte Tomaten
Purè di patate	Kartoffelpüree
Spinaci	Spinat
Verdure (cotte)	(gekochtes) Gemüse

Zucca	Kürbis
Zucchine (ripiene)	(gefüllte) Zucchini

▶ Kap. 6, Glossar: Gemüse S. 167 ▶ Wörterbuch

Pizza

Die besten Pizzen kommen aus dem Holzkohleofen (= *forno a legna*) und werden meist abends gegessen. Es ist eine Geschmacksfrage, ob man die ursprüngliche neapoletanische Pizza aus dickerem Teig oder die hauchdünne Variante vorzieht.

5

Pizza	Pizza, belegt mit:
~ 4 formaggi	4 Käsesorten
~ 4 stagioni	Tomaten, Käse, Schinken, Thunfisch, Paprika, Pilzen
~ bianca con la rucola	Käse und Rauke
~ capricciosa	Tomaten, Käse, Schinken, Ei, Artischocken, Oliven
~ carciofini	Tomaten, Käse, Artischocken
~ prosciutto e funghi	Tomaten, Käse, Pilzen, rohem Schinken
~ margherita	Tomaten, Käse
~ marinara	Tomaten, Knoblauch
~ napoletana	Tomaten, Käse, Sardellen
~ parmigiana	Tomaten, Käse, Auberginen
~ salame	Tomaten, Käse, Salami
~ vegetale	Gemüse
calzone	gefüllte Pizza

Desserts – Dolci

Babà al rum	in Rum eingelegtes Biskuitgebäck
Budino	Pudding
Crème caramel	Karamelcreme
Fragole con gelato	Erdbeeren mit Eis
Frutta fresca	frisches Obst
Gelato	Eis
Macedonia	Obstsalat
Mousse al cioccolato	Schokoladen-Mousse
Panna cotta	gekochte Sahnecreme
Sorbetto al limone	Zitronensorbet
Tartufo	Schokoladeneis mit Likör
Tiramisù	in Alkohol getränkte Biskuits mit Caffè, Schokolade, Mascarpone
Torta della nonna	Kuchen nach Großmutters Rezept
Torta di ricotta	Quarkkuchen
Zabaione	geschlagenes Eigelb mit süßem Marsala-Dessertwein
Zuppa inglese	in Rum getränkte Biskuits mit Vanille-Eiercreme

▶ Kap. 5, Gelateria & Pasticceria: Süße Köstlichkeiten S. 146
▶ Kap. 6, Glossar: Obst S. 168

Bestellen

Italiener lassen sich das aktuelle Angebot an Speisen meist aufzählen und folgen gerne den Ratschlägen des Wirts. Möchten Sie wissen, was am Nebentisch serviert wird, fragen Sie dezent: *Che cosa prendono i signori?* (= Was essen die Herrschaften?)

• Ecco il menù! Oggi abbiamo … .	Die Karte, bitte sehr! Heute gibt es … frisch.
• (Cosa desidera [Sg] / desiderano [Pl]) Da bere?	(Was wünschen Sie) Zu trinken?
• Nel frattempo volete / vogliono un aperitivo?	Möchten Sie vorher einen Aperitif?
• Avete / Hanno scelto qualcosa?	Haben Sie schon gewählt?
• Che cosa prendete / prendono?	Was nehmen Sie?
Was empfehlen Sie (uns)?	Che cosa ci consiglia?
Wie ist … zubereitet?	Com'è fatto …?
Haben Sie etwas …? Leichtes Vegetarisches	**Avete qualcosa di …?** leggero vegetariano
Sind die Nudeln hausgemacht?	La pasta è fatta in casa?
Welchen Fisch gibt es heute frisch?	Che pesce c'è oggi?
Wir nehmen … .	Prendiamo … .
Ich möchte / Für mich … .	Vorrei / Per me … .
Die Dame / Der Herr nimmt … .	La signora / Il signore prende … .
Als … nehme ich die Nummer 16. Vorspeise ersten Gang zweiten Gang	**Come … prendo il numero sedici.** antipasto primo secondo
Das Dessert wählen wir danach, ist das recht?	Per il dessert decidiamo dopo, va bene?
Haben Sie einen Kinderteller?	C'è un piatto per i bambini?

• **Come desidera la bistecca, ...?**	**Wie möchten Sie das Steak, ...?**
al sangue	englisch
normale	medium
ben cotta	gut durchgebraten
• Desiderano altro?	Wünschen Sie noch etwas?

▶ Kap. 5, Die Speisekarte: Ein Überblick S. 131, Getränke S. 118

Bitten & Beanstandungen

5

• È tutto a posto?	Ist alles recht so?
Das Fleisch ist etwas / zu	**La carne è un po' / troppo ... .**
fett	grasso/a
hart/zäh	duro/a
kalt	freddo/a
salzig	salato/a
scharf	piccante
Der Fisch / Das Fleisch ist nicht	**Il pesce / La carne non è ... .**
frisch	fresco/a
zart	tenero/a
Das hier habe ich nicht bestellt.	Questo non l'ho ordinato io.
Haben Sie die Tortellini vergessen?	Ha dimenticato i tortellini?
Hier fehlt noch ein Messer.	Qui manca ancora un coltello.
Könnten wir (noch) einen ... haben?	Possiamo avere un (altro) ...?

1	Tisch	tavolo	8	Messer	coltello
2	Stuhl	sedia	9	Gabel	forchetta
3	Kindersitz	seggiolone, il	10	Löffel	cucchiaio
4	Tischtuch	tovaglia	11	Pfeffermühle	macinino per il pepe
5	Serviette	tovagliolo	12	Salzstreuer	saliera
6	Teller	piatto	13	Zahnstocher	stuzzicadenti, lo
7	Glas	bicchiere, il	14	Aschenbecher	portacenere, il

▶ Wörterbuch

Bezahlen

In Italien ist es unüblich, getrennt zu zahlen. Brot und Gedeck (= *Pane e coperto*) werden immer extra berechnet, ganz gleich, was Sie verzehren. Wenn die Rechnung nicht stimmt, fragen Sie ruhig *È possibile che ci sia un errore!? Non avevo ...* (= Ist Ihnen hier möglicherweise ein Fehler unterlaufen? Ich hatte kein ...). Wenn Sie

Trinkgeld (= *la mancia*) (etwa 5–10%) geben wollen, lassen Sie es, nachdem Sie bezahlt haben, einfach auf dem Tisch liegen. Ein *Va bene così!* (= Stimmt so!) versteht man hier nicht.

Die Rechnung bitte!	Il conto, per favore!
• Le è piaciuto?	Hat es Ihnen geschmeckt?
Ja, es war ...!	**Sì, era ...!**
ausgezeichnet	squisito
sehr gut	molto buono
Ja, aber es war zu viel.	Sì, ma era troppo.

▶ Kap. 1, Bezahlen S. 20

5

Wurden Sie zum Essen eingeladen, revanchieren Sie sich am besten mit einer anschließenden Einladung in eine Bar oder Eisdiele.

Gelateria & Pasticceria: Süße Köstlichkeiten

Fast alle italienischen Nachspeisen und Früchte gibt es auch im gefrorenen Zustand. Grundsätzlich wird zwischen Fruchteis (= *gelato di frutta*) und Sahneeis (= *gelato a base di panna*) unterschieden.

In der Eisdiele

Ich möchte ein/en	**Vorrei ... .**
Eis zu 3000 Lire	un gelato da tremila Lire
großes / kleines Eis	un gelato grande / piccolo
gemischtes Eis	un gelato misto
Hörnchen / Becher Eis	un cono / una coppa

• Che gusti vuole?	Welche Sorten möchten Sie?

Affogato al caffè	Eiskaffee
Albicocca	Aprikose
Baci Perugina	Schokoladen-Nuß-Konfekt
Caffè	Kaffee
Cassata	Eisschnitte mit kandierten Früchten
Cioccolato (bianco)	(weiße) Schokolade
Crema	Vanillecreme
Fior di panna	Rahm
Fragola	Erdbeere
Frappé, gusti vari	verschiedene Eismixgetränke
Frullati di frutta	Mixgetränk mit Früchten
Granita	gestoßenes Eis mit Fruchtsaft oder Kaffee
Gianduia	Nougat
Lamponi	Himbeere

Limone	Zitrone
Malaga	Vanilleeis mit Rum und Rosinen
Marzapane	Marzipan
Melone	Melone
Mirtilli	Heidelbeeren
Nocciola	Haselnuß
Noce	Walnuß
Panna	Sahneeis
Pesca	Pfirsich
Pistacchio	Pistazien
Riso e fior di crema	Sahne-Reis
Semifreddo	Halbgefrorenes
Sorbetto alla frutta	Fruchtsorbet
Stracciatella	Sahneeis mit geraspelter Schokolade
Tartufo	mächtiges Schokoladeneis
~ all'amarena	~ mit kandierten Sauerkirschen
~ al cioccolato	~ mit Schokolade
Torrone	Nougat mit Mandeln und Honig
Torta gelato	Eistorte
Zabaione	Eierschaum mit süßem Marsala-Wein

▶ Kap. 5, Desserts – Dolci S. 142 ▶ Wörterbuch

Kuchen & Gebäck

Die süßen, gefüllten Teigwaren heißen *paste assortite*. Aus Hefegebäck werden die Frühstückshörnchen (= *cornetti*), der einfache Napfkuchen (= *pandoro*) und der traditionelle Weihnachtskuchen (= *panettone*) gemacht. Blätterteig (= *pasta sfoglia*) bildet die Grundmasse vieler Feingebäcke; für die *crostata* wird ein flacher Mürbeteigboden (= *pasta frolla*) verwendet. Zu Essenseinladungen gibt es *pasticcini mignon* (= Mini-Windbeutel gefüllt mit Zabaione, Sahne oder Vanillecreme), die zu *caffè* oder *spumante* (= Sekt) gereicht werden. In der Toskana bietet man auch *cantucci* (= mürbtrockenes Mandelgebäck) an, die in süßen Dessertwein (= *vinsanto*) getaucht werden.

Amaretti	Bittermandelgebäck
Bignè	Windbeutel
~ al cioccolato	~ mit Schokoladenfüllung
~ con la crema	~ mit Puddingcreme
~ con la panna	~ mit Sahne
Bombolone / Krapfen	Berliner, Krapfen
Cannoli	süße, gefüllte Teigröllchen
Cantucci	toskanisches Mandelgebäck
Ciambella	Kringel (Fettgebäck)
Crostata alla crema di limone	Zitronentorte
Crostata di ricotta	Käsetorte
Margherita	einfacher Sandkuchen
Maritozzi	Rosinenbrötchen
Panforte	›Brot‹ aus Mandeln, Honig und kandierten Früchten (aus Siena)
Pastiera	neapolitanischer Osterkuchen mit Ricotta-Käse
Sfogliatella	Blätterteigtaschen
Torta	Kuchen, Torte
~ al cioccolato	Schokoladen~
~ alla frutta	Obst~
~ di mele	Apfel~
~ di noci	Nuß~
~ di pinoli	~ mit Pinienkernen
Tortina alla frutta	Obsttörtchen

Osteria & Enoteca: Weine genießen

Im Land des größten Weinerzeugers beginnt das Verwirrspiel schon bei den Etiketten. Da gibt es gleichlautende Namen für Rot- und Weißweine. Sie sind bunt durcheinander, mal nach Rebsorten, mal nach Weinbergen oder nach Orts- und Eigennamen benannt, bei einer äußerst diffizilen geographischen Kennzeichnung. Auf der Weinkarte (= *carta dei vini*) stehen lokale Weine (= *vini locali*) vorn, gefolgt von denen anderer italienischer Regionen, meist nach ihrer geographischen Lage gegliedert, von Nord nach Süd. Apropos: Nicht jeder Tischwein (= *vino da tavola*) ist schlicht (= *semplice*). Auch ausgezeichnete und teure Weine tragen diese Bezeichnung, um höheren Steuern und staatlichen Normierungen auszuweichen.

▶ Regionen und Weinanbaugebiete Italiens, Abb. 2 im Anhang

vino	Wein
~ bianco	Weiß~
~ rosato / rosé	Rosé
~ rosso	Rot~
~ frizzante	spritziger, moussierender ~
~ da dessert	Dessert~
~ da tavola	Tisch~
~ della regione / ~ locale	~ aus der Gegend
~ della casa	~ des Hauses
~ sfuso	~ vom Faß
~ aperto	offener ~
prosecco	Prosecco-Wein (meist Schaumwein)
spumante, lo	Sekt
champagne, lo	Champagner

Wer Spätlesen bzw. Kabinettweine vorzieht, findet unter den Südtiroler Weinen und unter der Bezeichnung *vini aromatici* am ehesten das Richtige. Mit *vini da dessert* werden süße Dessertweine bezeichnet, u. a. *Vinsanto*, *Malvasia*, *Marsala* und *Moscato*. Apropos: Italienische Weißweine werden jung getrunken.

• Che cosa vi / le porto?	Was darf ich Ihnen bringen?
Ich möchte ein Glas / eine Flasche ...!	Vorrei un bicchiere / una bottiglia di ...!
Ich möchte einen ... Wein ...!	**Vorrei un vino ...!**
trockenen	secco / brut (frz.)
halbtrockenen	semisecco
lieblichen	amabile
süßen	dolce
kräftig-vollmundigen	corposo
prickelnden / moussierenden	frizzante
leichten	leggero
jungen / neuen	giovane / novello
aus dem Veneto	veneto
Chardonnay-	Chardonnay
des Hauses	della casa
Haben Sie auch offenen Wein?	Ha anche del vino sfuso?
Ich nehme diesen Wein.	Prendo questo vino.
• Abbiamo un ottimo Trebbiano del 1992.	Wir haben einen ausgezeichneten 92er Trebbiano.
Aus welchem Jahrgang ist dieser Wein?	Di quale annata è questo vino?

▶ Kap. 1, Zahlen & Maße S. 16

Apropos: Flaschen-Recycling ist auch in Italien angesagt.

5

Rund um den Wein

Annata, l'	Jahrgang
Azienda vinicola	Weingut
Cantina sociale	Genossenschaftskellerei
classico	bestimmtes Anbaugebiet einer Gegend
Col di / Colli	Hügel, Rebberge
Degustazione, la	Weinprobe
D.O.C.	staatlich kontrollierte Ursprungsbezeichnung (= *Denominazione di Origine Controllata*)
D.O.C.G.	staatlich kontrollierte und garantierte Ursprungsbezeichnung (= *Denominazione di Origine Controllata e Garantita*)
Fattoria	Weingut
Fermentazione, la	Gärung
~ in bottiglia	Flaschen~
~ in tino	Faß~
~ naturale	natürliche ~
Imbottigliato da	abgefüllt von
Prezzi al bicchiere	Preis pro Glas
Prezzi a bottiglia	Preis pro Flasche
Produzione propria	eigene Herstellung
Riserva	mit vorgeschriebener Lagerzeit, Qualitätsmerkmal
Sapore, il	Geschmack
Superiore	DOC-Weine, die höhere Qualitätsmerkmale als vorgeschrieben erreichen
Tenuta	Land-, Weingut
Uva, l'	Traube
Vendemmia	Weinernte, Jahrgang
Vigna	Weinberg, Weingarten
Vite, la	Weinrebe

EINKAUFEN 6

MOZZARELLA
FIOR DI LATTE
£ 8500 AL K
GRANA PADANO
STAGIONATO
£ 17000 AL K.
A. ETTI £ 1900
PARMA
offerta speciale
offerta speciale

Orientierung

Kaufhäuser (= *grandi magazzini*) und Supermärkte (= *supermercati*) sind zumeist durchgehend und z. T. auch sonntags geöffnet. Wochen- und Straßenmärkte (= *mercati*) bieten ihre Ware oft nur vormittags feil. Lohnenswert ist auch der Besuch der Flohmärkte (= *mercati delle pulci*) am Sonntagmorgen.

▶ Kap. 1, Öffnungszeiten S. 23

Ist hier in der Nähe ein Supermarkt?	C'è un supermercato qui vicino?
Wo kann man hier (günstig) Schuhe kaufen?	Dove si possono comprare delle scarpe (a buon mercato)?
Wo finde ich ein …-Geschäft?	Dove posso trovare un negozio di …?

6

Einkaufsartikel		**Geschäfte**
Antiquitäten	antichità	Antiquariato
Apotheke	medicinali	Farmacia
Bekleidung	abbigliamento	Abbigliamento
Blumen, Pflanzen	fiori, piante	Fiorista
Briefmarken	francobolli	Tabacchi, Posta
Bücher	libri	Libreria
Drogerieartikel	cosmetici, …	Profumeria, Supermercato
Eisenwaren	ferramenta	Ferramenta
Elektroartikel	elettrodomestici	Elettrodomestici
Fahrkarten	biglietti	Agenzia di viaggi, Stazione

Fahrräder und Zubehör	biciclette	Biciclette
Fotoartikel	articoli fotografici	Articoli fotografici
Geschenkartikel	articoli da regalo	Articoli da regalo
Getränke	bevande	Alimentari, Fruttivendolo, Supermercato
Glas- und Porzellanwaren	cristalli, porcellane, …	Cristallo & Porcellana
Kunstgewerbe	prodotti d'artigianato	Prodotti d'artigianato
Haushaltswaren	articoli per la casa	Casalinghi
Kosmetik	cosmetici	Profumeria
Kunst	opere d'arte	Galleria d'arte
Kurzwaren	articoli di merceria	Merceria
Lebensmittel	**alimentari**	**Alimentari, Supermercato**
Brot und Nudeln	pane e pasta	Panificio (forno) (= Bäckerei mit eigenem Ofen)
Fisch und Meeresfrüchte	pesce e frutti di mare	Pescheria
Fleisch	carne	Macelleria
Kräuter und Tee	erbe, tè	Erboristeria
Gebäck, Süßes	paste, dolciumi, …	Pasticceria, Bar
Milchprodukte	latte, formaggio, …	Latteria
Nudeln, frisch	pasta fresca	Pasta fresca
Obst, Gemüse	frutta, verdura	Fruttivendolo
Wein	vino	Enoteca
Wurst und Käse	salumi, formaggio	Salumeria
Lederwaren	articoli di pelle	Pelletteria, Valigeria
Modeschmuck	bigiotteria	(Reparto) Bigiotteria

Möbel und Design	mobili, …	Arredamenti
Kassetten und CDs	articoli musicali	Articoli musicali
Optik-Geräte	occhiali, …	Ottico
Schmuck	gioielli	Gioielleria, Oreficeria
Schreibwaren	articoli di cartoleria	Cartoleria
Schuhe	scarpe, …	Calzature
Spielwaren	giocattoli	Giocattoli
Sportartikel	articoli sportivi	Articoli sportivi
Tabakwaren	sigarette, …	Tabacchi, Tabaccaio
Teppiche	tappeti	Tappeti
Textilien	tessuti	Tessuti, Merceria
Uhren	orologi	Orologeria
Zeitungen	giornali, …	Edicola, Giornalaio

6

Verkaufsgespräche

Allgemein

• Posso aiutarla?	Kann ich Ihnen helfen?
• Che cosa desidera?	Was wünschen Sie?
Wo finde ich …?	Dove trovo …?

• A chi tocca? Wer ist dran?	Ich bin dran! Tocca a me!
• Chi è il / la prossimo/a? Wer ist *der / die* nächste?	Ich bin *der / die* nächste! Il / La prossimo/a sono io!

Geben Sie mir bitte ...!	Mi dia per favore ...!
Ich suche / brauche / möchte	Cerco / Ho bisogno di / Vorrei ... .
●(Occorre / Serve) Altro?	Möchten Sie sonst noch etwas?
Danke, das ist alles.	Grazie, basta così.
Ja, ich hätte noch gern	Sì, vorrei anche ... .
Haben / Führen Sie ...?	Avete / Vendete ...?
●No, purtroppo non l'abbiamo.	Nein, das haben wir leider nicht.
●Sì, al primo piano.	Ja, im ersten Stock.
●Lei è già servito/a?	Werden Sie schon bedient?
Ich möchte mich nur einmal umschauen.	Vorrei dare solo un'occhiata.
Ich habe ... im Schaufenster gesehen.	Ho visto ... in vetrina.
Könnte ich eine Tüte haben?	Potrei avere una busta?
Könnten Sie es mir einpacken / als Geschenk einpacken?	Mi potrebbe fare un pacchetto / una confezione regalo?

Die Ware beschreiben

Ich suche etwas / ein Geschenk / einen Pullover	**Cerco qualcosa / un regalo / un maglione ... .**
für eine/n Frau / Mann	per una donna / un uomo
für ein/en dreijähriges/en Mädchen / Jungen	per un bambino / una bambina di tre anni
zur Hochzeit	per un matrimonio

Es sollte … sein.	**Qualcosa di … .**
nicht zu teuer	non troppo costoso
bequem	comodo
modern	moderno
typisch italienisch	tipico italiano
Haben Sie nicht etwas …?	**Non ha niente di più …?**
Dunkleres / Helleres	scuro / chiaro
Größeres / Kleineres	grande / piccolo
Preiswerteres	economico
Ich hätte gern einen Rock … .	**Vorrei una gonna … .**
aus Wolle	di lana
in Rot	rossa
Woraus ist das?	(Di) Che materiale è?
• È (di) … .	Das ist (aus) … .

Materialien	
Glas	vetro
Holz	legno
Leder	cuoio, pelle
Metall	metallo
Plastik	plastica
Porzellan	porcellana
Formen	
rund	rotondo/a
oval	ovale
rechteckig	rettangolare

▶ Kap. 6, Stoffe, Muster & Schnitte S. 172
▶ Kap. 1, Farben S. 34
▶ Wörterbuch

Bewerten & sich entscheiden

Das nehme ich.	Lo prendo.
Das gefällt mir (besser).	Questo mi piace (di più).
Diese Farbe / Die Form gefällt mir (nicht)!	Questo colore / La forma (non) mi piace!
Ich bin mir nicht sicher, ob es mir gefällt.	Non sono sicuro/a che mi piaccia.
Ich muß es mir noch mal überlegen!	Devo pensarci su un attimo!
Haben Sie das auch noch in einer/m anderen ...?	**C'è anche in ...?**
Größe	un'altra taglia
Farbe	un altro colore
Stoff	un altro tessuto
Material	un altro materiale
• Purtroppo no.	Leider nicht.
• Forse ne abbiamo ancora nell'altro negozio. Vuole che chieda?	Vielleicht haben wir es noch im anderen Geschäft. Soll ich nachfragen?
• Questo è tutto quello che abbiamo.	Das ist alles, was wir haben.
• È esaurito / già venduto/a.	Das ist ausverkauft / schon verkauft.
Könnten Sie es mir bestellen?	Me lo potrebbe ordinare?
Könnten Sie es mir zurücklegen?	Me lo potrebbe mettere da parte?
• Fino a quando?	Bis wann?

Fragen zum Preis

Tip: Der Schlußverkauf (= *saldi / svendita*) findet offiziell zweimal jährlich vom 7.1.–7.3. und vom 10.7.–10.9. statt. Aber auch in der Zwischenzeit wird häufig ein *sconto* (= Rabatt) eingeräumt. Handeln gilt jedoch fast überall, insbesondere im Norden, als unüblich.

SCONTO DEL 30% 30% Rabatt	**LIQUIDAZIONE TOTALE** Geschäftsaufgabe

Wie teuer ist das?	Quanto costa?
• Quanto vuole spendere?	Wieviel möchten Sie ausgeben?
Nicht mehr als … Lire.	Non più di … Lire.

▶ Kap. 1, Bezahlen S. 20

Umtausch & Reklamation

Ich möchte das umtauschen / zurückgeben!	Lo vorrei cambiare / restituire!
Sehen Sie, das ist kaputt / auseinandergebrochen.	Vede, si è rotto/a / spezzato/a.
• La merce scontata non si cambia.	Reduzierte Ware ist vom Umtausch ausgeschlossen.
Ich möchte lieber das Geld zurück!	Preferirei avere indietro i soldi!

▶ Kap. 4, Beanstandungen S. 98

Lebensmittel

Tip: Italienische Märkte (= *mercati*) sind die reinsten Augenweiden und etwas für kulinarische Kenner. Wer etwas kaufen will, muß sich im Andrang gegebenenfalls gegen resolute Hausfrauen mit dem Ausruf *Tocca a me!* (= Ich bin dran!) durchsetzen. „Was darf es sonst noch sein?" heißt hier kurz *(Serve) Altro?*

Mengenangaben

• Quanto ne vuole?	Wieviel möchten Sie (davon)?
Ich möchte	**Vorrei ... .**
100g / 200g Salami	un etto / due etti di salame
1 Pfund Rindfleisch	mezzo chilo di manzo
1 kg Apfelsinen	un chilo di arance
1 l Milch	un litro di latte
Geben Sie mir bitte ...!	**Me ne dia ..., per piacere!**
etwas mehr / weniger	un po' di più / meno
die Hälfte	la metà
eine (halbe) Portion (...)	una (mezza) porzione (di ...)
Ich brauche ein/e/n	**Mi serve ... .**
Stück Käse	un pezzo di formaggio
Scheibe Bauchspeck	una fetta di pancetta
Bund Radieschen	un mazzo di ravanelli
Dose Bier	una lattina di birra
Packung Plätzchen	una confezione di biscotti
Flasche Mineralwasser	una bottiglia di acqua minerale
Das ist genug / zu viel!	Basta così! / È troppo!

▶ Kap. 1, Maß- & Mengeneinheiten S. 18

Glossar: Grundnahrungsmittel

Brot (= *pane*) ist in Italien zuallererst Weißbrot, wobei Formen und Arten der Zubereitung regional sehr stark variieren. Überregional bekannt ist das ungesalzene *pane toscano* (= toskanisches Landbrot). Vollkornbrot (= *pane integrale*) ist, wenn es überhaupt angeboten wird, sehr viel feiner gemahlen.

Brot	pane, il
Vollkorn~	~ integrale
Brötchen	panino
Butter	burro
Milch	latte, il
Eier	uova, le
Käse	formaggio
Wurst, Aufschnitt	salumi, i [Pl]
Fleisch	carne, la
Geflügel	pollame, il
Fisch	pesce, il
Obst	frutta
Gemüse	verdura
Kartoffeln	patate, le
Nudeln	pasta [Sg]
Reis	riso
Kaffee	caffè, il
Tee	tè, il
Zucker	zucchero, lo
Mehl	farina
Salz	sale, il

6

▶ Wörterbuch
▶ Teigwaren, Abb. 1 im Anhang

Glossar: Käse & andere Milchprodukte

Butter	burro
Käse	formaggio
Milch	latte, il
Voll~	~ intero
halbfette ~	~ parzialmente scremato
haltbare ~	~ a lunga conservazione
Joghurt	yogurt, lo
Sahne	panna
geschlagene ~	~ montata
~ zum Kochen	~ da cucina

Beim Käse unterscheidet man geräucherte (= *affumicato*), frische (= *fresco*) und ausgereifte (= *stagionato*) Sorten. Als *dolce* werden milde Käsesorten bezeichnet, als *saporito* die schmackhafteren.

Käsesorten

Asiago, l'	milder, halbfetter Käse, dem Tilsiter ähnlich
Bel Paese, il	milder Käse aus Kuhmilch (= *di mucca*)
Fontina	milder Käse aus dem Aosta-Tal
Gorgonzola, il	pikanter Edelpilzkäse; mit Mascarpone: süßlich-pikant
Mascarpone, il	sahniger Frischkäse, 85% Fett
Mozzarella	frischer, feuchter Weichkäse aus Büffelmilch (= *di bufala*) oder aus Kuhmilch, mit mildem Geschmack
Parmigiano	weltberühmter Hartkäse aus Kuhmilch, meist gerieben
Pecorino	Hartkäse aus Schafsmilch (= *di pecora*) mit kräftigem Geschmack, oft gerieben
Provolone, il	weicher, milder Käse aus Kuhmilch, gereift: pikant und mittelhart, in vielen Größen und Formen

Ricotta	quarkähnlicher Frischkäse
Scamorza	eine Art fester Weichkäse aus Kuhmilch, oft auf dem Grill erhitzt
Stracchino, lo	säuerlicher, kalorienarmer Weichkäse, meist in quadratischen Formen
Taleggio	delikater Vollfettkäse in quadratischen Formen
Tomino	Ziegenkäse (= *formaggio di capra*), in kleinen runden Formen, auch in Öl eingelegt, im Piemont aus Kuhmilch

Glossar: Wurstwaren

Tip: Berühmt ist außer der Mailänder auch die Salami (= *il salame*) aus Mantova, aus der Toskana, aus Norcia und Neapel. Apropos: Aufschnitt (= *affettato*) bekommt man in der Salumeria und nicht beim Metzger (= *macellaio*)!

6

salumi	**Wurstwaren**
bresaola	eine Art Rauchfleisch
lardo	fetter Speck
lonza (*auch:* capocollo)	Lendenstück vom Schwein
mortadella	Mortadella
pancetta	Bauchspeck
prosciutto	Schinken
~ cotto	gekochter ~
~ crudo	roher ~
~ di Parma	Parma~
salame, il	Salami
speck, lo	Schinkenspeck

▶ Kap. 5, Snacks & Sandwiches S. 127

Glossar: Fleisch

Rind	**Manzo**
1 Hals, Nacken	collo, collottola
2 Kamm	bistecca fracosta
3 Hochrippe	copertina di spalla
4 Schulter	polpa di spalla
5 Brust	petto
6 Querrippe	costato
7 Bauchlappen	pancia
8 Roastbeef,	roastbeef,
8a Filet	filetto
9 Hüfte	codino
10 Schwanzstück	muscolo
11 Kugel, Nuß	coscia, noce / rosa
12 Beinfleisch, Haxe	stinco

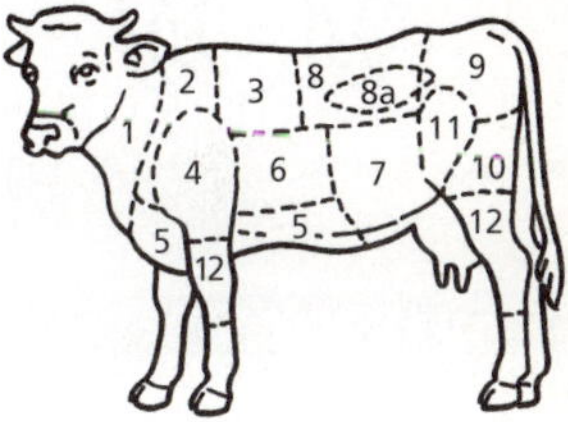

Kalb	**Vitello**
1 Hals, Nacken	collo
2 Brust	fiocco di petto
3 Schulter	codino
4a Rücken, Kotelettstück, Kamm	copertina di spalla, costolette, collottola
4b Filet, Lendenstück	filetto, lombata
5 Bauch	pancetta
6 Keule	coscia
7 Haxe	ossobuco

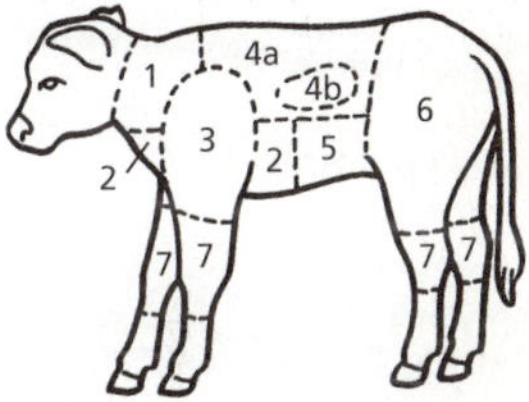

Schwein	**Maiale**
1 Kopf	testina
2 Rippenkoteletts: Lende, Filet	costate: lombata, filetto
3 Schulter	spalla
4 Keule, Schinkenstück	coscio
5 Brust, Bauchspeck	petto, pancetta
6 Schenkel	cosciotto
7 Schweinefuß	zampone

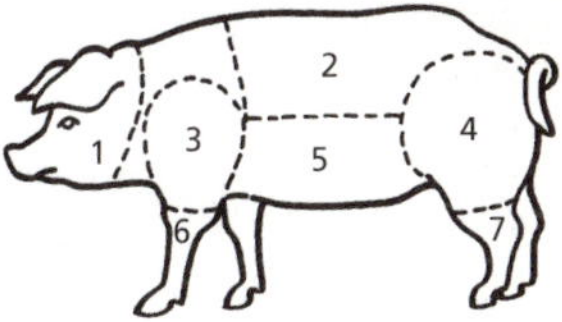

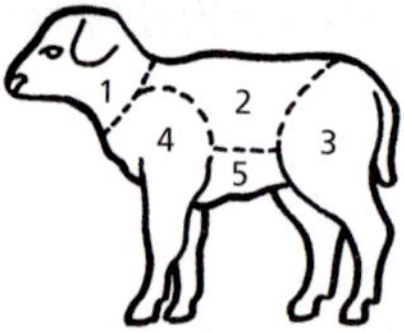

Lamm		**Abbacchio / Agnello**
1	Kopf, Hals	testina, collo
2	Rücken: Koteletts	sella: costolette
3	Keule	cosciotto
4	Schulter	spalla
5	Brust	petto

► Kap. 5, Fleischgerichte S. 137 ► Wörterbuch (Geflügel, Wild)

Glossar: Fisch

pesce	**Fisch**
acciughe (*auch:* alici), le	Sardellen
baccalà, il	Stockfisch
calamaro	Tintenfisch
carpa	Karpfen
coda di rospo	Seeteufel
cozze, le	Miesmuscheln
gamberetti	Krabben
merluzzo	Kabeljau
orata, l'	Dorade
passera	Scholle
pesce spada, il	Schwertfisch
salmone, il	Lachs
sardine, le	Sardinen
sogliola	Seezunge
trota	Forelle
vongole, le	Venusmuscheln

► Kap. 5, Vorspeisen – Antipasti S. 134, Fischgerichte S. 139
► Wörterbuch

Glossar: Gemüse

verdura	**Gemüse**
asparago/i, l' / gli	Spargel [Sg/Pl]
broccoli, i	Broccoli
carciofo/i	Artischocke/n
carota/e	Möhre/n
cavolfiore, il	Blumenkohl
cetriolo/i	Gurke/n
finocchio/i	Fenchel [Sg/Pl]
patata/e	Kartoffel/n
peperone/i, il / i	Paprika [Sg/Pl]
pomodoro/i	Tomate/n
sedano	Staudensellerie
spinaci, gli [Pl]	Spinat
insalata	**Salat**
~ (verde)	(grüner) Kopf~
cicoria	Chicorée
lattuga	grüner, länglicher Salatkopf
radicchio	violetter, bitterer Kopfsalat
rucola / rughetta	Rauke: bitterer, aromatischer Schnittsalat
funghi, i	**Pilze**
~ porcini	Stein~
champignon/s	Champignon/s
legumi, i	**Hülsenfrüchte**
fagiolo/i	Bohne/n
fava/e	dicke Bohne/n
lenticchia/e	Linse/n
pisello/i	Erbse/n

▶ Wörterbuch

Glossar: Obst

frutta	**Obst**
amarena/e	Sauerkirsche/n
anguria, l' / cocomero	Wassermelone
arancia/e	Orange/n
banana/e	Banane/n
cachi, il / i	Kaki
ciliegia/e	Kirsche/n
fico / fichi	Feige/n
fico d'India	Kakteenfrucht
fragola/e	Erdbeere/n
kiwi, il	Kiwi
mela/e	Apfel/Äpfel
melagrana	Granatapfel
melone, il	Honigmelone
mirtillo/i	Blaubeere/n
pera/e	Birne/n
pesca/che	Pfirsich/e
~ noce	Nektarine
pompelmo	Grapefruit
uva l'	Weintraube/n

▶ Wörterbuch

6

Kleidung & Textilien

Das Vergnügen, sich im Urlaub italienisch einzukleiden, endet meist bei der deutschen Damenkonfektionsgröße 42. Das gilt besonders für die figurbetonte Mode. Zierlichere Frauen finden allerdings ein eindrucksvolles Angebot an weiblich betonter Garderobe. Mailands Mode-Meile, die weitgehend vom Export profitiert, schneidert übrigens für ausländische Kollektionen anders zu.

▶ Wörterbuch (Kurzwaren, Bett- und Haushaltswäsche)

Größen

Apropos: Frauen müssen ca. 4 Punkte zur deutschen Konfektionsgröße hinzuaddieren, um auf die italienische Maßeinheit zu kommen. Männergrößen hingegen stimmen weitgehend mit den deutschen überein. Hochgewachsene Männer kommen allerdings nur mit Übergrößen (= *taglie forti*) zurecht. Kindergrößen werden meist in Altersstufen angegeben: *per un/a bambino/a di tre anni* (= für ein Kind von 3 Jahren).

6

• Che taglia porta / le serve?	Welche Größe tragen / benötigen Sie?
Ich trage (in Deutschland)	**Porto (in Germania) ... .**
Größe 40	la taglia quaranta
S / M / L	piccola / media / grande
Übergröße	una taglia forte

Anprobe

Wo kann ich das anprobieren?	Dove posso provarlo?
• Le sta benissimo!	Das steht Ihnen sehr gut!
Das ist zu ...!	**È troppo ...!**
eng / weit	stretto/a / largo/a
kurz / lang	corto/a / lungo/a

Das paßt mir nicht!	Non mi sta bene!
Was kann man dazu tragen?	Con che cosa si può abbinare questo?

▶ Kap. 6, Verkaufsgespräche S. 156

Glossar: Kleidungsstücke

Mantel	cappotto
Regen~	impermeabile, l'
Hut	cappello
Mütze	berretto
Schal	sciarpa
Handschuhe	guanti, i
Jacke	giacca
Strick~	giacchetta / golf, il
Blazer	blazer, il
Hose	pantaloni, i [Pl]
Jeans	jeans, i
Shorts	shorts, gli
Hemd	camicia
Pullover	maglione, il / pullover, il
Sweatshirt	felpa
T-Shirt	t-shirt, la
Jogginganzug	tuta
Pyjama	pigiama, il
Special: Frauenbekleidung	**abbigliamento donna**
Kleid	vestito
Kostüm	tailleur da donna, il / abito a giacca, l'
Hosenanzug	tailleur pantalone, il

6

Rock	gonna
Mini~	mini~
Bluse	camicetta
(Kopf-)Tuch	foulard, il
Leggings	fuseaux, i [Pl]
Strümpfe	calze, le
Feinstrumpfhose	collant, i [Pl]
Knie~	gambaletti, i
Seiden~	~ di nylon
BH	reggiseno
Slip	slip, lo
Top	top, il
Body	body, il
Nachthemd	camicia da notte
Special: Männerkleidung	**abbigliamento uomo**
Anzug	vestito / abito, l'
Einreiher / Zweireiher	abito a un / doppio petto, l'
Jackett	giacca
Weste	gilet, il
Oberhemd	camicia
Krawatte	cravatta
Kniestrümpfe	calzettoni, i
Socken	calzini, i
Unterhemd, ärmellos	canottiera
Unterhose	mutande, le [Pl]

▶ Wörterbuch

Apropos: Zu Silvester schenken sich junge Leute, auch zum Scherz, rote Dessous als Glücksbringer. Diese ›Mode‹ entstammt einem alten Brauch, der demjenigen Glück verheißt, der am ersten Tag des Jahres etwas Neues trägt.

Stoffe, Muster & Schnitte

Was ist das für ein Stoff?	(Di) Che stoffa è?
● È (di) … .	**Es ist (aus) … .**
cotone	Baumwolle
lino	Leinen
nylon / nailon	Nylon
seta (pura)	(reiner) Seide
lana	Wolle

▶ Wörterbuch

einfarbig	(a) tinta unita
in Gelb	in giallo
kariert	a quadretti
gestreift	a righe
Ärmel	maniche, le
mit kurzen / langen ~n	a manica corta / lunga
ohne ~	senza maniche
Ausschnitt	scollatura, la
mit rundem ~	con la ~ arrotondata
mit V-~	con la ~ a V
hochgeschlossen	a collo alto
mit großem ~	molto scollato/a
mit (seitlichen) Schlitzen	con gli spacchi (laterali)
mit (aufgesetzten) Taschen	con le tasche (applicate)
mit Falten	a pieghe
mit (schmalen) Trägern	con le bretelline

▶ Wörterbuch ▶ Kap. 1, Farben S. 34

Schuhe & Lederwaren

Schuhkauf

Apropos: Die deutschen und italienischen Schuhgrößen stimmen überein. Bei großen Schuhgrößen ist die Auswahl sehr begrenzt.

Ich suche ein Paar ... Schuhe.	**Cerco delle / un paio di scarpe da ... .**
Damen- Herren- Kinder-	donna uomo bambino
• Che numero (porta / porti)?	Welche Größe (tragen Sie)?
Größe 39.	Il (numero) trentanove.
• Che colore (desidera)?	Welche Farbe (wünschen Sie)?
• Del suo numero non ci sono più.	Die habe ich in Ihrer Größe nicht mehr da.
Haben Sie die eine halbe Nummer größer?	Queste le avete anche un mezzo numero più grandi?
Haben Sie die (auch) in Braun?	Ci sono (anche) in marrone?
Diese sind leider ... . unbequem zu eng / groß	**Purtroppo queste sono ... .** scomode troppo strette / grandi
Sie drücken mich ... . hier vorn / hinten an der Seite	**Mi fanno male ... .** qui davanti / dietro di lato

▶ Kap. 1, Farben S. 34

Schuhe	**scarpe, le**
Abend~	~ da sera
Halb~	~ basse
~ mit Absatz	~ con il tacco / coi tacchi
ein Paar ~	un paio di ~
Badeschlappen	ciabatte, le
Espadrils	espadrilles, le
Mokassins / Slipper	mocassini, i
Pantoffeln	ciabatte, le
Pumps	scarpe scollate, le
Sandalen / Sandaletten	sandali, i
Sportschuhe	scarpe da ginnastica, le
Stiefel	stivali, gli

▶ Kap. 7, Glossar: Sportgeräte & Ausrüstung S. 194–196

6

Glossar: Lederwaren

Leder	**cuoio, pelle**
echt ~	puro cuoio
Pelz, Fell	pelliccia
Nappaleder	nappa
Wildleder	pelle scamosciata, la
Lederwaren	**pelletteria**
Koffer	valigia
Reisetasche	borsa da viaggio
Rucksack	zaino, lo
Aktentasche	cartella
Handtasche	borsetta

Brieftasche	portafoglio
Portemonnaie	portamonete, il / borsellino
Schlüsselanhänger	portachiavi, il
Jacke	giacca
Gürtel	cintura
Handschuhe	guanti, i

▶ Wörterbuch (Schuhpflege, -reparatur)

Glossar: Körperpflegeartikel & Kosmetik

Körperpflegeartikel erhalten Sie außer in der *profumeria* (= Parfümerie) auch in der *farmacia* (= Apotheke), im Supermarkt, in einigen Bars und in der *erboristeria* (= Kräuterladen).

Bürste	spazzola
Kamm	pettine, il
Nagelschere	forbicine per (le) unghie, le [Pl]
Seife	sapone, il
Badegel / Duschgel	bagnoschiuma, il
Haarshampoo	shampoo, lo
~ für trockenes / fettiges Haar	~ per capelli secchi / grassi
~ mit Tönung	~ colorante
Haarspülung	balsamo / dopo shampoo, il
Zahnbürste	spazzolino da denti, lo
hart / mittel / weich	duro / medio / morbido

Zahnpasta	dentifricio
Reinigungstabletten *(Zahnprothese)*	pastiglie per la dentiera, le
Aftershave	lozione da barba, la / after shave, l' / dopobarba, il
Rasierklinge / schaum	lametta / schiuma da barba
Deo	deodorante, il
Parfum	profumo
~ mit Zerstäuber	~ con spruzzatore / vaporizzatore
Body Lotion	lozione per il corpo, la
Creme	crema
Feuchtigkeits~	~ idratante
~ für normale / fettige / trockene Haut	~ per pelli normali / grasse / secche
Tages~ / Nacht~	~ da giorno / notte
Sonnencreme / milch / öl	crema / latte, il / olio, l' solare
Special: Für Frauen	
Make-up	make-up, il
Lippenstift	rossetto
Eyeliner	eye liner, l'
Lidschatten	ombretto, l'
Wimperntusche	mascara, il
Puder	cipria
Rouge	fard, il / rouge, il
Nagellack	smalto, lo
~entferner	solvente per ~, il
Binden	assorbenti igienici, gli
Slipeinlagen	salvaslip
Tampons / OB	Tampax, i / OB, gli (Marken)

▶ Wörterbuch ▶ Kap. 9, In der Apotheke S. 240

Glossar: Babyartikel

Die meisten Pflegeartikel finden Sie in der Apotheke (= *farmacia*), Windeln und Babynahrung kauft man oft günstiger im Supermarkt.

Babynahrung	alimenti per lattanti, gli [Pl]
Plätzchen [Sg/Pl]	biscotto/i
Säuglingsmilch	latte per poppanti, il
Fencheltee	tè di finocchio, il
Fläschchen	biberon, il
Fläschchenwärmer	riscaldatore, il
Schnuller	ciuccio
Windeln	pannolini, i
Babycreme	crema per neonati
Kinderbekleidung	abbigliamento per bambini, l'
Babywäsche	biancheria per neonati
Lätzchen	bavaglino
Strampelhöschen	pagliaccetto
Kindersitz	seggiolino (*Eßsitz:* seggiolone)
Spielzeug	giocattolo/i

▶ Wörterbuch (Spielwaren) ▶ Kap. 9, In der Apotheke S. 240

Fotos & Film

Ich möchte einen 24/36er	**Vorrei ... da 24/36.**
Farb- / Schwarzweißfilm	un rullino a colori / in bianco e nero
Diafilm	un rullino per diapositive

6

SVILUPPO E STAMPA IN UN'ORA
Filmentwicklung in einer Stunde

Ich möchte … . — **Vorrei … .**
Blitzlichter — dei flash
Batterien (für …) — delle pile (per …)
Paßbilder machen lassen — fare una fototessera

Könnten Sie mir …? — **Mi potrebbe …?**
den Film einlegen / herausnehmen — mettere / togliere il rullino
die Batterie austauschen / überprüfen — sostituire / controllare la batteria
diesen Film entwickeln — sviluppare questo rullino

- Che formato? — Welches Format?
- La carta lucida od opaca? — Hochglanz oder matt?
- A che nome? — Auf welchen Namen?

▶ Wörterbuch

Tabakwaren

Tabakläden (= *tabacchi*) sind kleine ›Servicestationen‹, die außer ›blauem Dunst‹ auch Briefmarken, Schreibwaren, Steuermarken und Lotteriescheine verkaufen. Apropos: Zigarettenautomaten gibt es in Italien nicht. Da aber die meisten Bars auch Zigaretten führen, kommen Sie auch abends noch an Ihre Packung. Sonntags allerdings kann's Engpässe geben!

Ich möchte … .	**Vorrei … .**
eine Schachtel Zigaretten	un pacchetto di sigarette
eine Stange Marlboro light	una stecca di Marlboro light
eine Schachtel Streichhölzer	una scatola di fiammiferi / cerini
eine Packung (Pfeifen-) Tabak	una scatola di tabacco (da pipa)

Feuerzeug	accendino, l'
Streichholz / -hölzer	fiammifero/i
Zigarette	sigaretta
~ mit / ohne Filter	~ con / senza filtro
~npapier	carta / cartina da sigarette
Tabak	tabacco
Pfeife	pipa
~nreiniger	scovolino, lo
~nstopfer	curapipe, il
~tabak	tabacco da pipa
Zigarre	sigaro
Zigarillo	sigaretto

▶ Wörterbuch

Zeitungen, Bücher & Schreibwaren

Da die Zeitung hier meist nicht ins Haus kommt, ist der Gang zum Kiosk (= *chiosco / edicola*) so obligatorisch wie der Gang zur Bar. Die größten überregionalen Zeitungen heißen: *Il Corriere della Sera, La Repubblica* und *La Stampa.* Deutschsprachige Zeitungen und Zeitschriften finden Sie vor allem in touristischen Zentren und an Bahnhöfen.

6

Haben Sie deutsche ...?	**Avete ... in tedesco?**
Zeitungen	dei giornali
Zeitschriften	delle riviste
Bücher	dei libri
Führen Sie auch ...?	**Avete anche ...?**
Briefmarken	dei francobolli
Bücher über / von ...	libri di ...
Landkarten	carte geografiche
Stadtpläne	piante della città
Reiseführer	guide turistiche
Wörterbücher	dizionari
• **Il giornale ... .**	**Die Zeitung ... .**
non è (ancora) arrivato	ist (noch) nicht gekommen
arriva più tardi	kommt später
• Non ce l'abbiamo.	Das / Die haben wir nicht.

Schreibwaren	
Postkarte	cartolina
Briefpapier	carta da lettere
Briefumschlag (klein / groß)	busta (piccola / grande)
Heft	quaderno
(Bunt-)stift	matita (colorata)
Filzstift	pennarello
Füller	penna stilografica
Kugelschreiber	penna / biro, la

▶ Wörterbuch ▶ Kap. 10, Bürobedarf & Ausstattung S. 264

Musik

6

Führen Sie / Wo finde ich ...?	**Avete / Dove trovo della ...?**
(italienische) Rockmusik	musica rock (italiana)
(italienische) Volksmusik	musica popolare (italiana)
klassische Musik	musica classica
Was würden Sie mir empfehlen?	Che cosa mi consiglierebbe?
Welche italienischen Liedermacher führen Sie?	Quali cantautori italiani avete?
Ich suche eine ... von Gianna Nannini.	**Cerco ... di Gianna Nannini.**
CD	un compact disc
Kassette	un' audiocassetta
Langspielplatte / LP	un disco
Welche CD ist seine / ihre beste?	Quale dei suoi CD è il migliore?

Walkman	walkman, il
Radio	radio, la
Batterie	batteria / pila
Kopfhörer	cuffia

▶ Wörterbuch
▶ Kap. 7, Musik: Konzerte, Opern, Ballett S. 209

Souvenirs & Geschenke

6

Ob venezianische Masken (= *maschere*) oder Muranoglas, Florentiner Papier, Rosenkränze, Vatikanbriefmarken, Terracotta-Töpfe für den heimischen Garten, Keramik (= *ceramica*) aus Sizilien oder Holzschnitzereien aus dem Aostatal, für Sammler und Italienfans gibt's überall Interessantes. Ein beliebtes Mitbringsel sind auch die kulinarischen Spezialitäten des Landes: kalt gepreßtes Olivenöl (= *olio extra vergine d'oliva*), Wein oder Grappa, der *parmigiano* (= Parmesankäse) oder frische Nudeln (= *pasta fresca*).

▶ Wörterbuch ▶ Kap. 6, Lebensmittel S. 161

Antiquitäten, Kunst & Kunsthandwerk

Woher kommt das?	Da dove viene?
Aus welcher ... stammt das?	**Di che ... è?**
Zeit	epoca
Gegend	paese
Schule	scuola

• È del Seicento / Settecento / Ottocento.	Es ist aus dem 17./18./19. Jahrhundert.
Aus welchem Material ist das?	Di che materiale è? / Qual è il materiale usato?

▶ Wörterbuch
▶ Kap. 6, Die Ware beschreiben S. 157, Schmuck & Uhren S. 183

Schmuck & Uhren

Könnten Sie die …?	**Mi potrebbe …?**
Batterie austauschen / überprüfen	sostituire / controllare la batteria
Uhr reparieren	riparare l'orologio

Armband / Armreif	bracciale, il
Kette	collana
Gold~	~ d'oro
Perlen~	~ di perle
Ohrring/e	orecchino, l' / orecchini, gli
Ring	anello, l'
(Armband-) Uhr	orologio (da polso), l'
Uhrenarmband	cinturino
Brilliant	brillante, il
Diamant	diamante, il
(echt) Gold / vergoldet	oro (puro), l' / dorato
Silber / versilbert	argento, l' / argentato

▶ Wörterbuch

6

Brillen & mehr

Ich möchte eine	**Vorrei degli ... .**
Sonnenbrille	occhiali da sole
Lesebrille	occhiali da lettura
Schwimmbrille	occhialetti per nuotare
Das Gestell ist / Die Gläser sind kaputtgegangen.	La montatura si è rotta. / Si sono rotte le lenti.
Ich benötige Gläser mit 3 Dioptrien.	Ho bisogno di lenti da tre diottrie.
Ich bin kurzsichtig / weitsichtig.	Sono miope / presbite.

Brille	occhiali, gli [Pl]
Gläser	lenti, le
entspiegelte ~	~ antiriflesso
selbsttönende ~	~ fotosensibili
spiegelnde ~	~ a specchio
Kontaktlinsen	lenti a contatto, le
weich	morbide
hart	dure
~ flüssigkeit	liquido per ~
Fernglas	binocolo
Kompaß	bussola

ENTSPANNUNG, SPORT & KULTUR

7

Badeurlaub

Es gibt sie noch, die einsamen Traumstrände, die kleinen Buchten, aber auch die quirligen Familienstrände, zu denen komplette Großfamilien mit halbem Hausstand und unerschöpflichen Kühlboxen anrücken und wo Jugendliche sich ausgelassen tummeln.

Gibt es hier in der Nähe ein/e/n ... ?	**C'è nelle vicinanze ...?**
schönen Strand	una bella spiaggia
Strandbad (am Meer)	uno stabilimento balneare
See	un lago
Schwimmbad	una piscina
Bademöglichkeit	un posto dove si può fare il bagno
Wie kommt man zum Strand?	Per andare alla spiaggia?

Am Strand

7

An bewachten Strandabschnitten signalisiert die rote Fahne (= *bandiera rossa*) absolutes Badeverbot (= *divieto di balneazione*). Die Sitten am Strand sind übrigens weniger locker und ungezwungen als in den 80ern. Sich topless zu sonnen ist aber durchaus üblich. FKK-Strände (= *spiagge per nudisti*) gibt es offiziell nicht.

Ist es erlaubt zu ...?	**Si può ...?**
schwimmen	nuotare
surfen	fare windsurf
Ist der Strand (hier) ...?	**Questa spiaggia è ...?**
sandig	di sabbia
steinig / felsig	di sassi / rocce

Ist das Wasser …?	**L'acqua è …?**
kalt / warm	fredda / calda
sauber / schmutzig	pulita / sporca
tief	profonda
Ist es für Kinder gefährlich?	È pericoloso per i bambini?
Gibt es …?	**Ci sono …?**
starke Strömungen	correnti forti
Quallen	meduse
Wo sind die …?	**Dove sono …?**
Duschen	le docce
Umkleidekabinen	gli spogliatoi
Wo kann man eine/n … leihen / mieten?	**Dove si può noleggiare / affittare …?**
Liege	un lettino
Sonnenschirm	un ombrellone
Ich möchte gern ein … mieten.	**Vorrei noleggiare … .**
Tretboot	un pattino a pedali
Surfbrett	una tavola da surf
Wie hoch ist die Miete für eine Stunde / einen Tag?	Quanto costa il noleggio all'ora / al giorno?

7

▶ Kap. 7, Fragen zu Namen, Daten & Fakten S. 201
▶ Kap. 7, Glossar: Sportarten S. 192,
Glossar: Sportgeräte & Ausrüstung S. 194

Ich gehe ins Wasser / baden.	Vado in acqua / a fare il bagno.
Kommst du mit?	Mi accompagni?
Können Sie / Kannst du auf meine Sachen aufpassen?	Può / Puoi dare un'occhiata alle mie cose?

Könntest du die Musik bitte etwas leiser stellen?	Puoi abbassare un po' la musica, per favore?!

Oftmals betreuen die Strandlokale (= *chiosco*) auch die Toiletten. Fragen Sie ggf. an der Theke nach dem Schlüssel: *La chiave della toilette, per favore?!* (= Die Schlüssel für die Toilette, bitte!)

Im Schwimmbad

Öffentliche Hallenbäder gibt es nur wenige. In der warmen Jahreszeit sorgen Hotelpools und Strandbäder für Ausgleich.

VIETATO TUFFARSI

Hineinspringen verboten

Bademeister	bagnino
(öffentliches) Freibad	piscina (pubblica)
Hallenbad	piscina coperta
Thermalbad	bagno termale
Sprungbrett	trampolino

Wo sind die ...?	**Dove sono ...?**
Umkleidekabinen	gli spogliatoi
Schließfächer	gli armadietti
Duschen	le docce
Haartrockner	gli asciugacapelli
Gibt es hier ein/e ...?	**C'è qui ...?**
Sauna / Solarium	una sauna / un solarium

Kann man hier ... leihen? — **Si possono noleggiare ...?**
Badekappen — le cuffie da bagno
Schwimmflügel — dei bracciali salvagente

Glossar: Badeurlaub

Am Strand	
Strand	spiaggia, lido
Liege/n	lettino/i
Strandmatte (geflochten)	stuoia
Sonnenschirm	ombrellone, l'
Sonnenbrille	occhiali da sole, gli [Pl]
Sonnencreme	crema solare
Strandkiosk	chiosco
Umkleidekabine	spogliatoio, lo
Dusche	doccia
Badesachen	
Badeanzug	costume da bagno, il
Bikini	bikini, il
Badehose	pantaloncini da bagno, i [Pl]
Badekappe	cuffia da bagno
Badetuch / Handtuch	telo / asciugamano, l'
Bademantel	accappatoio, l'
Schwimmflügel	bracciale salvagente, il
Sport und Spiel	
Bootsverleih	noleggio (di) barche
Boot	barca
Motor~	motoscafo
Ruder~	barca a remi
Segel~	barca a vela
Tret~	pattino a pedali

7

Surfbrett	tavola da surf
Wasserski	sci acquatico / nautico, lo
Luftmatratze	materassino gonfiabile
Schnorchel	respiratore, il
Schwimmflosse	pinna
Schwimmring	salvagente, il
Taucherbrille	maschera subacquea
Ball	palla / pallone, il
Aktivitäten	
baden	fare il bagno
schwimmen	nuotare
sich sonnen	abbronzarsi
spielen	giocare

▶ Kap. 7, Sportarten S. 192 ▶ Wörterbuch

Sport

7

Alpine Kletterpartien und Skilauf im Norden, Vulkan- und Bergbesteigungen im Süden, radfahren und wandern kreuz und quer, baden, tauchen, segeln und surfen an den Küsten: Aktivurlauber kommen dank günstiger klimatischer und geographischer Bedingungen das ganze Jahr hindurch in Sachen Sport auf ihre Kosten.

Orientierung & Anmeldung

Wo kann man hier ...?	**Dove si può ...?**
surfen	praticare il windsurf
Golf / Squash spielen	giocare a golf / squash

Wo ist der nächste ...?	**Dov'è ... più vicino?**
Tennisplatz	il campo da tennis
Fußballplatz	il campo da calcio
Kann man hier ... leihen?	**Si può / possono affittare ...?**
ein Surfbrett	una tavola da surf
Skier	degli sci
Ich würde gern	**Vorrei ... .**
Schlittschuhe ausleihen	noleggiare un paio di pattini
segeln	andare a vela
Tennisstunden nehmen	prendere lezioni di tennis
Ich möchte mich / meine Tochter für einen Segelkurs anmelden.	Vorrei iscrivermi / iscrivere mia figlia ad un corso di vela.
• Un corso per principianti o un corso avanzato?	Ein Kurs für Anfänger oder Fortgeschrittene?
Gibt es hier ...?	**Ci sono ...?**
(markierte / gesicherte) Wanderwege	dei sentieri (segnati / ferrati)
Touren mit Führung	escursioni guidate
Wie lange dauert der/die ...?	**Quanto tempo dura ...?**
Wanderung / Tour	l'escursione
Aufstieg	la salita
Ab / Bis wann sind die Lifte in Betrieb?	Da / Fino a che ora partono le seggiovie?
Ist die ... gefährlich / schwierig?	**... è pericoloso/a / difficile?**
Piste	La pista
Route	Il percorso
Einen Skipaß für einen Tag, bitte!	Uno ski-pass giornaliero, per favore!

Glossar: Sportarten

	Sportart	sportliche Aktivität
Wassersport		
Fischen	pesca	pescare / andare a pesca
Hochsee~	~ d'alto mare	
Rudern	remare	remare
Schwimmen	nuoto	nuotare
Segeln	vela	practicare la vela
Surfen	windsurf, il	praticare il windsurf
Tauchen	nuoto subacqueo	fare sub / nuoto subacqueo
Wasserski	sci acquatico, lo	praticare lo sci acquatico
Wasserball	pallanuoto, la	giocare a pallanuoto
Mannschaftssportarten		
Basketball	pallacanestro, la	giocare a pallacanestro
Fußball	calcio	giocare a calcio
Handball	pallamano, la	giocare a pallamano
Hockey	hockey, l'	giocare a hockey
Feld~	~ su prato	
Volleyball	pallavolo, la	giocare a pallavolo
weitere Sportarten		
Bergsteigen	alpinismo, l'	fare alpinismo / scalare
Bodybuilding	body building	fare body building
Drachenfliegen	deltaplano	praticare il deltaplano
Golf	golf, il	giocare a golf
Gymnastik	ginnastica	fare ginnastica
Jagd	caccia	andare a caccia
Joggen	footing, il / jogging, il	fare footing / correre
Judo	judo, il	fare judo
Karate	karatè, il	fare karatè
Radfahren	ciclismo	andare in bicicletta

7

Reiten	equitazione, l'	cavalcare / andare a cavallo
Schießen	tiro a segno	tirare al bersaglio
Squash	squash, lo	giocare a squash
Tennis	tennis, il	giocare a tennis
Tischtennis	ping-pong, il	giocare a ping-pong
Wandern	trekking, il	fare escursioni a piedi

▶ Kap. 7, Glossar: Wintersport S. 195
▶ Wörterbuch

Apropos: Im Meer kann jeder fischen (= *pescare*), in Süßwassergewässern braucht man jedoch eine Lizenz (= *licenza*), ebenso zur Jagd (= *caccia*) in staatlichen Revieren (= *riserve*).

Glossar: Sportstätten & Einrichtungen

Fitneßcenter	palestra
Flugplatz	aerodromo, l'
Fußballplatz	campo da calcio
Golfplatz	campo da golf
Pferderennbahn	ippodromo, l'
Schwimmbad	piscina
Segelklub	club velico
Sporthafen	porto sportivo / turistico
Sportplatz	campo sportivo
Stadion	stadio, lo
Tennisplatz	campo da tennis

▶ Kap.7, Glossar: Wintersport S. 195
▶ Wörterbuch

Glossar: Sportgeräte & Ausrüstung

Wassersport	
Angel und Netz	canna da pesca e rete, la
Boot	barca
Ruder~	~ a remi
Segel~	~ a vela
Motor~	motoscafo
Kanu, kleines ~	canoa
Tret~	pattino a pedali
Ruder	remo
Surfbrett	tavola da surf
Neoprenanzug	muta (subacquea) di neoprene
Wasserski	sci nautico, lo
Wasserscooter	acqua scooter, l'
Tauchen	
Harpune	arpione, l'
Sauerstofflasche	bombola ad aria compressa
Schwimmflossen	pinne, le
Schnorchel	respiratore, il
Taucherbrille	maschera subacquea
Taucheranzug	muta (subacquea)
weitere Ausrüstungsgegenstände	
Fahrrad	bicicletta
Mountainbike	mountain bike, la
Rennrad	bicicletta da corsa
Fallschirm	paracadute, il
Fußball	pallone, il
Pferd und Sattel	cavallo e sella
Reitkappe und Reitstiefel	cappello e stivali da cavallerizzo, gli [Pl]
Pfeil und Bogen	freccia ed arco, l'

Schläger und Ball	racchetta e palla
Golfschläger	mazza da golf
Tennisschläger	racchetta da tennis
Tischtennisschläger	racchetta da ping-pong
Tennis- / Fußballschuhe	scarpe da tennis / calcio, le
Wanderschuhe	scarponi (da montagna), le
Tischtennisplatte	tavolo da ping-pong

▶ Wörterbuch

Glossar: Wintersport

Die Wintersportorte an der Alpensüdseite können sich durchaus mit ihren nördlichen Nachbarn messen. Und auch hier gilt: Vorsicht bei Lawinengefahr (= *pericolo di valanghe*).

	Sportart	**Aktivität**
Skifahren	sci, lo	sciare
Ski alpin	~ alpino	praticare lo sci alpino
Skilanglauf	~ di fondo	praticare lo sci di fondo
Monoski	monosci	praticare il monosci
Surf / Snowboard	surf, il / snowboard, lo	praticare il surf da neve / lo snowboard
Rodeln	slitta	andare in slitta
Eisschießen	curling, il	praticare il curling
Eishockey	hockey su ghiaccio, l'	fare hockey su ghiaccio
Schlittschuhlaufen	pattinaggio	pattinare

7

Sportgeräte und Ausrüstung

Bindung	attacco, l'
Schlittschuhe	pattini, i
Abfahrt- / Langlaufskier	sci da discesa / fondo, gli
Ski- / Langlaufschuhe	scarponi da sci / fondo, le
Skibrille	occhiali da sci, gli [Pl]
Skistöcke	racchette da sci, le
Skibob	bob, il
Snowboard	snowboard, lo
Schlitten	slitta / slittini, gli [Pl]

Sportstätten und Einrichtungen

Eisstadion	stadio del ghiaccio, lo
Eisbahn	pista di pattinaggio
Langlaufloipe	pista di fondo
Rodelbahn	pista per slittini / (le) slitte
Skipiste	pista
leicht / mittel / schwer	facile / media / difficile
blau / rot / schwarz	blu / rossa / nera
Tiefschneepiste	fuoripista
Liftanlagen	impianti di risalita
Seilbahn	funivia
Sessellift	seggiovia
Kabinenbahn	telecabina
Skischule	scuola di sci
(Kurs für) Anfänger/innen	(corso per) principianti
Kurs für Fortgeschrittene	corso avanzato
Skilehrer	maestro di sci
Skipaß	ski-pass, lo
Tageskarte	~ giornaliero
Wochenkarte (Erwachsene)	~ sette giorni (adulti)
Punktekarte	tessera a punti

Sportveranstaltungen

Sportveranstaltungen (= *manifestazioni sportive*) wie das Formel-1-Rennen (= *formula uno*) in Monza, das berühmte Radrennen (= *giro d'Italia*) oder der internationale Ruderwettbewerb (= *gara internazionale di canoa*) werden leidenschaftlich verfolgt.

Findet dieses Wochenende ein/e ... statt?	**C'è questo fine settimana ...?**
Autorennen	una corsa automobilistica
Pferderennen	una corsa di cavalli
Fußballspiel	una partita di calcio
Wer spielt?	Chi gioca?
Wo kann man die Eintrittskarten (für ...) kaufen?	Dove si possono comprare i biglietti (per ...)?
Zwei Karten für das Spiel ... !	Due biglietti per la partita ... !
Wer gewinnt / verliert?	Chi vince / perde?
Wie steht das Spiel?	A quanto stanno?
• Uno a zero per il Napoli. / Pari.	Eins zu null für Neapel. / Unentschieden.
Wer hat das Tor geschossen?	Chi ha segnato il gol?
Wer ist erster der Gruppe / Liga?	Chi è il primo in classifica?

▶ Kap. 7, Kartenverkauf & Einlaß S. 207

Glossar: Fußball

Nationalsport Nummer 1 ist und bleibt der Fußball (= *calcio*). Sonntagnachmittags, wenn die erste Liga (= *serie A*) antritt, zieht es

Zehntausende ins Stadion oder vors Radio. Wichtige Spiele wie das Endspiel (= *finale*) der Serie A um den *scudetto*, der UEFA Cup (= *coppa UEFA*) oder die Weltmeisterschaft (= *i mondiali*) fegen Städte und Straßen leer. Nach der Hochspannung feiern die Fußballfans ihre Mannschaft mit Hupkonzerten und Straßenfesten.

Fußball	**calcio**
Mannschaft	squadra
Spieler	giocatore, il
Torwart	portiere, il
Stürmer	attaccante, l'
Abwehrspieler	difensore, il
Trainer	allenatore, l'
Schiedsrichter	arbitro, l'
Fan / Zuschauer	tifoso / spettatore, lo
Stadion	stadio, lo
Spielfeld	campo
Tor	porta
(Fuß-) Ball	pallone, il
(Fußball-) Spiel	**partita (di calcio)**
Angriff	attacco, l'
Verteidigung	difesa
schießen / Schuß	tirare / tiro
(geschossenes) Tor	gol, il
Elfmeter	(calcio di) rigore, il
Abseits	fuori gioco, il
Foulspiel	fallo
gelbe / rote Karte	cartellino giallo / rosso
Eckball	calcio d'angolo
erste / zweite Halbzeit	primo / secondo tempo
Verlängerung	tempo supplementare
Ergebnis	risultato

7

Kirchen, Museen, Exkursionen

Italien besitzt mehr Kunstschätze als jedes andere Land der Welt. Die Kunst der Antike (= *antichità*) und der Renaissance (= *rinascimento*) zieht jährlich Millionen an. Größte und meistbesuchte Attraktion sind die Ausgrabungen (= *scavi*) in Pompeji.

Orientierung

Wo ist der/die/das ...?	**Dov'è ...?**
Fremdenverkehrsamt	l'ente del turismo
Dom	il duomo
Haben Sie einen ...?	**Avete ...?**
Veranstaltungskalender	un calendario delle manifestazioni
Reiseführer (von ...)	una guida turistica (di ...)
Was sollte man unbedingt besichtigen?	Cosa si deve assolutamente andare a vedere?
Können Sie mir eine interessante Route empfehlen?	Può consigliarmi un itinerario interessante?
Wann kann man die ... besichtigen?	**Quando si può visitare ...?**
Grotte	la grotta
Ausstellung	la mostra
Wie komme ich zu / nach ...?	**Per andare ...?**
den Ausgrabungen	agli scavi
den Tempeln von ...	ai templi di ...

▶ Kap. 7, Organisierte Fahrten S. 206,
Glossar: Kunst & Natur S. 202

7

An der Kasse

INGRESSO LIBERO	**VIETATO SCATTARE FOTOGRAFIE**
Eintritt frei	Fotografieren verboten

biglietto	Eintrittskarte
~ intero	~ ohne Ermäßigung
~ ridotto	ermäßigte ~
~ cumulativo	Ticket, gültig für mehrere Veranstaltungen / Museen
tessera annuale	Jahreskarte
ingresso gratuito	kostenloser Eintritt
riduzione, la	Ermäßigung
orario d'apertura, l'	Öffnungszeiten
chiuso	geschlossen

Was kostet der Eintritt?	Quanto costa il biglietto?
Gibt es eine Ermäßigung für ... ?	**C'è una riduzione per ...?**
Behinderte	i disabili
Gruppen	i gruppi
Kinder	i bambini
Senioren	i pensionati
Studenten	gli studenti
• Quanti biglietti?	Wie viele Eintrittskarten?
Gibt es eine deutschsprachige Führung?	C'è una visita guidata in tedesco?

Wieviel kostet die Führung?	Quanto costa la visita guidata?
Wann beginnt sie?	A che ora comincia?
Gibt es ein/e/n ... ?	**C'è ...?**
Katalog	un catalogo
Faltblatt (zur Ausstellung)	un dépliant (della mostra)
Poster	un manifesto / poster

Apropos: Bedenken Sie, daß bei Kirchenbesichtigungen auf angemessene Kleidung Wert gelegt wird.

▶ Kap. 1, Öffnungszeiten S. 23

Fragen zu Namen, Daten & Fakten

Wie heißt diese/r ...?	**Come si chiama ...?**
Fluß	questo fiume
Kirche	questa chiesa
Was ist das für ein ...?	**Che ... è?**
Berg	monte
Gebäude	edificio
Ist das / Wo befindet sich ...?	**È questo/a / Dov'è ...?**
das Geburtshaus von ...	la casa natale di ...
das Grab von ...	la tomba di ...
der Ort, an dem ...	il luogo, in cui ...
Von wem ist diese/s ...?	**Di chi è ...?**
Gemälde	questo quadro
Skulptur	questa scultura
Wer war der/die ...?	**Chi fu ...?**
Erbauer/in	il costruttore / la costruttrice
Künstler/in	l'artista

Wer hat das ...?	**Chi l'ha ...?**
gemalt	dipinto
errichtet	costruito
geschaffen	creato
Aus welcher Epoche ist das?	Di che epoca è?
• **È ... .**	**Das ist ... .**
preistorico	vorgeschichtlich
greco	griechisch
etrusco	etruskisch
romano	römisch
paleocristiano	frühchristlich
bizantino	byzantinisch
romanico	romanisch
gotico	gotisch
rinascimentale	aus der Renaissance
barocco	barock
del '700 / Settecento	aus dem 18. Jahrhundert
neoclassico	neoklassisch
liberty	Jugendstil

7

Apropos: Das 20. Jahrhundert (entsprechend 13.–19. Jh.) bezeichnet man im Italienischen entweder als *il Novecento* (abgekürzt: *'900*) oder als *il ventesimo secolo* (= *XX secolo* oder *20°*).

Glossar: Kunst & Natur

Malerei und Bildhauerei

(Kunst-) Ausstellung	mostra (d'arte)
Galerie	galleria
Museum	museo

Pinakothek,	pinacoteca
Bild, Gemälde	quadro
Ölgemälde	dipinto ad olio
Zeichnung	disegno
Büste	busto
Fresko	affresco, l'
Skulptur / Standbild	scultura / statua
Architektur und Archäologie	
Ausgrabungen	scavi, gli
Altstadt	centro storico
Platz / Marktplatz	piazza / piazza del mercato
Stadtmauer	mura, le [Pl]
Denkmal	monumento
Turm	torre, la
Brunnen	fontana

Burg / Schloß	fortezza / castello
Palast	palazzo
Amphitheater	anfiteatro, l'
Triumphbogen	arco di trionfo, l'
Tempel (von ...)	tempio (di ...)
Aquädukt	acquedotto, l'
Katakomben	catacombe, le
Natur	
Landschaft	paesaggio
Aussichtspunkt	belvedere, il
Gebirge / Berg	montagna / monte, il
Hügel	collina
Paß	passo
Tal	valle, la
Feld	campo
Wald	bosco / foresta
Vulkan	vulcano
Grotte	grotta
Höhle	grotta, caverna
Garten (botanischer)	giardino (botanico)
(National-) Park	parco (nazionale)
Zoo	zoo, lo
Wasser	
Meer	mare, il
See	lago
Fluß	fiume, il
Ufer	riva
Bucht	baia
Wasserfall	cascata
Quelle	sorgente, la / fonte, la

▶ Wörterbuch ▶ Kap. 7, Kirchen & Gottesdienste S. 205

Kirchen & Gottesdienste

Kirche	**chiesa**
Kathedrale	cattedrale, la
Dom	duomo
Abtei	badia / abbazia, l'
Basilika	basilica
Kapelle	cappella
Kloster	monastero / convento
Moschee	moschea
Taufkapelle	battistero
Wallfahrtskirche, Heiligtum	santuario
Glockenturm	campanile, il
Altar	altare, l'
Kapitell	capitello
Kirchenschiff	navata
Kreuz	croce, la
Kreuzgang	chiostro
Krypta	cripta
Kuppel	cupola
Portal	portale, il
Sakristei	sagrestia
Säulengang	portico

Ist hier in der Nähe eine ...?	**C'è qui vicino una ...?**
evangelische / katholische Kirche	chiesa protestante / cattolica
Synagoge	sinagoga
Wann ist ...?	**Quando c'è ...?**
Gottesdienst	la messa
eine deutschsprachige Messe	una messa in lingua tedesca

7

Wann beginnt ...?	**A che ora comincia ...?**
der Kindergottesdienst	la messa per bambini
die Vorabendmesse	la messa del sabato sera
das feierliche Hochamt	la messa solenne
das Orgelkonzert	il concerto d'organo

Papst	Papa, il
Heilige/r	Santa/o
Madonna	Mutter Gottes
Pilger	pellegrino
Wallfahrt	pellegrinaggio
Beichte	confessione, la
Gebet	preghiera
Kerze	candela

▶ Kap. 7, Glossar: Kunst & Natur, S. 202

Organisierte Fahrten

7

Organisieren Sie ...?	**Organizzate ...?**
Stadtbesichtigungen	visite guidate della città
Ausflüge nach ...	escursioni a ...
Rundfahrten	gite in pullman
In welcher Sprache ist die Führung?	In che lingua è la visita guidata?
Wann / Wo fährt der Bus ab?	Quando / Da dove parte l'autobus?
Besichtigen wir auch ...?	Visitiamo anche ...?
Wann kommen wir zurück?	Quando torniamo?

Oper, Theater & mehr

Orientierung

Haben Sie einen Veranstaltungskalender / ein Programm?	Avete un calendario delle manifestazioni / programma?
Können Sie mir etwas (Unterhaltsames / Interessantes) für heute abend empfehlen?	Mi può consigliare qualcosa (di divertente / di interessante) per stasera?
Wo ist der/die/das ...?	**Dov'è ...?**
Oper	il teatro dell'opera
Kino	il cinema
Konzertsaal	la sala da concerto
Theater	il teatro
Wann beginnt der/die/das ...?	**Quando comincia ...?**
Konzert	il concerto
Vorstellung	la rappresentazione
Vorverkauf	la prevendita
Sollte man Karten vorbestellen?	È necessario prenotare dei biglietti?

7

Kartenverkauf & Einlaß

Wo ist die Kasse?	Dov'è il botteghino?

ESAURITO	**PREVENDITA**
ausverkauft	Vorverkauf

Gibt es noch Karten für ...? morgen abend die Premiere	**Ci sono ancora biglietti per ...?** domani sera la prima
• Sì, ma solo posti laterali.	Ja, aber nur Plätze am Rand.
• No, solo per le repliche.	Nein, nur für spätere Aufführungen.
• Lo spettacolo è sospeso.	Die Veranstaltung fällt aus.
Zwei (preiswerte) Karten (für ...), bitte!	Due posti (non troppo costosi) (per ...), per favore!
Könnten Sie bitte vier Karten für die morgige Vorstellung reservieren?	Mi potrebbe prenotare quattro posti per la rappresentazione di domani, per favore?
Ich möchte einen Platz ... . im Parkett im ersten Rang in der Mitte auf der Galerie vorn / nicht zu weit hinten	**Vorrei un posto ... .** in platea nella prima balconata al centro in galleria davanti / non molto indietro
Könnte ich bitte ein Programmheft haben?	Mi potrebbe dare un programma, per favore?
Gibt es eine Pause?	C'è un intervallo?
Wann ist die Vorstellung zu Ende?	Quando finisce lo spettacolo?
Wo ist ...? die Garderobe die Toilette	**Dov'è ...?** il guardaroba la toilette
• Posso vedere il suo biglietto, per favore?	Könnte ich bitte Ihre Eintrittskarte sehen?

Musik: Konzerte, Opern, Ballett

Der *bel canto* und die Oper sind in Italien zu Haus. Ob in der Mailänder Scala oder bei den Opernfestivals in Verona, Ravenna, Pesaro oder Macerata, die Zuschauer (= *spettatori*) entscheiden mit Applaus (= *applauso*) und Zugaberufen (= *bis*) über den Erfolg.

Was gibt es in dieser Saison (in der Oper)?	Qual è il programma (dell'opera) per questa stagione?
Was wird heute abend gespielt?	Che cosa danno questa sera?
Wer ...?	**Chi ...?**
spielt	suona
singt	canta
dirigiert	dirige
Was für eine Musik ist das?	Che tipo di musica è?

Musik	musica
klassische ~	~ classica
Ballett	balletto
Konzert	concerto
Sinfonie~	~ sinfonico
Jazz~	~ di jazz
Pop~	~ di musica pop
Rock~	~ di musica rock
Orgel~	~ d'organo
Musical	musical, il
Oper	opera, l' / lirica
Operette	operetta, l'

▶ Kap. 7, Kartenverkauf & Einlaß S. 207
▶ Wörterbuch

7

Theater

Welches Stück wird morgen gegeben?	Che opera danno domani?
Was ist es für ein Stück?	Che tipo di spettacolo è?
• **È ... .**	**Es ist ein/e ... .**
una commedia popolare	Volksstück
una tragedia classica	klassische Tragödie
della compagnia ...	Gastspiel der ...-Bühne
un'opera moderna	modernes Stück
un dramma in tre atti	Drama in 3 Akten
Von wem?	Di chi?
Wer spielt die Hauptrolle?	Chi recita nel ruolo principale?

▶ Kap. 7, Kartenverkauf & Einlaß S. 207

Kino

7

Was läuft heute abend im Kino »Rivoli«?	Che cosa danno questa sera al cinema »Rivoli«?
• **Danno / C'è un ... .**	**Es läuft ein ... .**
film d'azione	Actionfilm
lungometraggio	Spielfilm
western	Western
giallo	Krimi
film di fantascienza	Science-fiction-Film
documentario	Dokumentarfilm
film drammatico	spannender Film
film autobiografico	autobiographischer Film
Wovon handelt der Film?	Di cosa tratta il film?

Ich hätte gern ... !	**Vorrei ... !**
zwei Karten für »La dolce vita«	due biglietti per »La dolce vita«
eine Karte für die Spätvorstellung	un biglietto per l' ultimo spettacolo
Popcorn	del pop-corn

▶ Wörterbuch

Volksfeste

Traditionsreiche Feste kommen einem mehrtägigen Ausnahmezustand mit veränderten Ladenöffnungszeiten und chaotischer Verkehrsführung gleich. Man feiert mit der Familie, mit Freunden und Nachbarn bis spät in die Nacht. Zu den Höhepunkten solcher Feste gehören Umzüge (= *sfilate*) und Feuerwerk (= *fuochi artificiali*).

Was wird gefeiert?	Che cosa si celebra?
Kommt hier der Umzug / die Prozession vorbei?	Passa di qui la sfilata / processione?
Wann beginnt der ...?	**Quando comincia ...?**
traditionelle Aufzug	il corteo storico
Tanz (klassischer Paartanz)	il ballo (liscio)

7

Festtraditionen

Carnevale	Venedig und Viareggio sind die italienischen Karnevalshochburgen. Höhepunkte: Karnevalsumzüge (= *sfilate di carnevale*) und Maskenbälle (= *balli in maschera*). Der Mailänder Karneval (= *carnevale ambrosiano*) endet erst am Sonntag nach Aschermittwoch. Dem deutschen Rosenmontag entspricht übrigens in Italien der »fette Dienstag« (= *martedì grasso*).

La Settimana Santa	Die Karwoche wird mit feierlichen Prozessionen begangen, am prächtigsten im Süden, wo religiöse Traditionen noch stärker fortleben.
Palio	Insbesondere der Sieneser Reiterwettstreit (= *palio*) ist überregional bekannt. Am 2.7. und am 16.8 verwandelt sich die Stadt in ein einziges Fest.
Natale	Weihnachten: Die Ausstellung der Krippen (= *presepi*) ist ein (vor-) weihnachtlicher Brauch, der sich in Neapel am lebendigsten erhalten hat.

▶ Kap. 1, Fest & Feiertage S. 30

Nachtleben

Nachtschwärmer treffen sich auf schönen Plätzen, in Eiscafés und in Restaurants, um dann spät abends durch die Stadt, in Diskotheken oder zu romantischen Aussichtspunkten zu fahren.

7

Wohin am Abend?

Wir möchten heute abend gern ausgehen / in ein Spielcasino gehen.	Questa sera vorremmo uscire / andare al casinò.
Wo kann man tanzen?	Dove si può andare a ballare?
Was können Sie uns empfehlen?	Che cosa ci può consigliare?
Trifft sich dort eher junges oder älteres Publikum?	In genere è frequentato da un pubblico giovane o adulto?
Ist Abendgarderobe vorgeschrieben?	Bisogna andare in abito da sera?

Vita notturna	**Nachtleben**
American bar, l'	Cocktailbar
Casinò, il	Spielcasino
Cocktail bar, il	Cocktailbar
Disco(teca), la	Diskothek
Enoteca, l'	Weinkeller
Night, il	Nachtlokal, Bar
Osteria, l'	Weinlokal, das oft auch kleinere Gerichte anbietet
Piano bar	Pianobar
Pub, il	Kneipe, oftmals mit Musik
Sala da ballo (all'aperto)	Tanzlokal (Tanzfläche im Freien)
Spettacolo di cabaret, lo	Kabarett
Teatro di varietà	Varieté

▶ Kap. 5, Getränke S. 118, Osteria & Enoteca: Weine… S. 150
▶ Kap. 5, Il ristorante: Genüßlich essen gehen S. 130, In der Eisdiele S. 146

7

Beim Einlaß

Ganz gleich, welches Ambiente Sie bevorzugen: ausgefallen (= *stravagante*), gemütlich (= *accogliente*) oder rustikal (= *rustico*), – alles ist möglich, wenn man am ›Rausschmeißer‹ (= *buttafuori*) vorbeikommt. Apropos: Lokale, die ohne Konzession öffnen, sind oft als *club* ›getarnt‹. In diesem Falle gilt: um reinzukommen muß man *socio* (= Mitglied) werden oder eingeladen sein.

Wieviel kostet eine Eintrittskarte / der Eintritt?	**Quanto costa** un biglietto / l'ingresso?

• **Mi dispiace, ma ... non ti / la posso lasciar entrare.**	**Bedaure, aber ... kann ich dich / Sie nicht reinlassen.**
così	so
con queste scarpe	mit diesen Schuhen
senza cravatta	ohne Kravatte
• **Ingresso solo ...!**	**Einlaß nur ...!**
con invito	mit Einladung
per i soci	für Mitglieder

Glücksspiele

Italiener suchen ihr Glück vor allem beim Fußballtoto (= *totocalcio*) und mit Lotterielosen (= *biglietti della lotteria*), aber auch Wetten (= *scommesse*) auf den Ausgang von Pferderennen (= *corse di cavalli*) sind beliebt. Für Spielcasinobesucher: Größere Einsätze kann man in den Spielcasinos von *San Remo, Venedig, Saint-Vincent* (Aosta-Tal) und *Campione d'Italia* (Luganer See) tätigen.

Spielcasino	casinò, il
Spielhalle	sala giochi
Glücksspiel	gioco d'azzardo
Black Jack	black-jack, il
Roulette	roulette, la
Jeton	fiche, la [frz.]
Karten (spielen)	(giocare a) carte
Würfel	dado
Wette	scommessa
setzen (auf)	puntare (su)

7

DIENSTLEISTUNGEN: BANKEN, POST, ... 8

Allgemein

Telekommunikation, Geldautomaten, Faxgeräte und Telefonkarten haben den Schalter auch in Italien weitgehend abgelöst, – nur bei der Post, bei handvermittelten Telefonaten und bei individuellen Banktransaktionen steht man noch Schlange. Müssen Sie ein Formular ausfüllen, benötigen Sie vielleicht Hilfe: *Mi potrebbe aiutare a compilare questo modulo?* (= Könnten Sie mir helfen, dieses Formular auszufüllen?).

Gibt es hier (in der Nähe) ein/e/n ...?	**C'è qui (vicino) ...?**
Bank	una banca
Post	un ufficio postale
Briefkasten	una buca delle lettere
Geldautomaten	un bancomat
Wechselstube	un' agenzia di cambio
Telefon	un telefono
Friseur	un parrucchiere
Reinigung	una lavanderia
Wo ist ...?	**Dov'è ...?**
die Hauptpost	la posta centrale
das Fernmeldeamt	l'ufficio telegrafico / la Telecom
Wo kann man (hier) ...?	**Dov'è possibile ...?**
Geld wechseln	cambiare dei soldi
Briefmarken kaufen	comprare dei francobolli
Päckchen abholen	ritirare un pacchetto
telefonieren	telefonare
ein Telegramm aufgeben	spedire un telegramma

8

- Sportello / Cabina otto. — Schalter / Kabine 8.

Banken & Geldverkehr

Obwohl der bargeldlose Zahlungsverkehr in Italien erfunden wurde, begleichen die meisten Leute auch heute noch Rechnungen per Bareinzahlung bei der Post. Die Bankgebühren (= *provvigioni bancarie*) sind meist hoch und die Bearbeitungszeiten z. T. lang.

▶ Kap. 1, Rund ums Geld S. 19
▶ Kap. 9, Bei Geld- & Kartenverlust S. 239

Geldwechsel

Auch außerhalb der Banköffnungszeiten (→ Kap. 1, Öffnungszeiten S. 23) können Sie italienische Lira wechseln bzw. einlösen: in Wechselstuben an Flughäfen, Bahnhöfen und Grenzübergängen, in vielen Hotels und an den Geld- und Wechselautomaten (= *bancomat*, → Kap. 8, Am Geldautomaten S. 219). Apropos: Wenn Sie einen Euroscheck einlösen, sollten Sie unbedingt Ihren Ausweis dabei haben.

▶ Geldscheine, Abb. 3 im Anhang

CAMBIO	**VALUTA ESTERA**
Wechsel	ausländische Währung

8

Ich möchte ... wechseln.	**Vorrei cambiare ... .**
Geld	dei soldi
D-Mark	dei marchi (tedeschi)
(Schweizer) Franken	dei franchi (svizzeri)
(Österreichische) Schillinge	degli scellini

Geben Sie Bargeld auf diese Kreditkarte?	Posso riscuotere dei contanti con questa carta di credito?
Ich würde gern ... einlösen. einen Euroscheck Reiseschecks	**Vorrei cambiare ... .** un eurocheque dei travellers' cheques
Wie lautet der Höchstbetrag?	Qual è l'importo massimo?
Wie ist der Wechselkurs?	Qual è il corso del cambio?
Wie hoch sind die Umtauschgebühren?	A quanto ammontano le spese bancarie?
• Un documento / La sua carta-EC, per favore!	Ihren Ausweis / Ihre Euroscheckkarte, bitte!
• Firmi qui, per favore!	Unterschreiben Sie bitte hier!
• Si rivolga allo sportello cinque / alla cassa!	Bitte gehen Sie zum Schalter 5 / an die Kasse!
Geben Sie mir bitte ...! Kleingeld kleine Scheine	**Mi dia per favore ...!** degli spiccioli delle banconote di piccolo taglio

8

cambiare	wechseln
cambio	Wechselkurs, Geldwechsel
valuta	Währung
acquisto, l' / vendita	Ankauf / Verkauf
carta di credito	Kreditkarte
codice personale, il	Geheimzahl (PIN)
eurocheque, l'	Euroscheck
carta-EC	~karte
travellers' cheque, il	Reisescheck

Am Geldautomaten

Bargeld (= *contanti*) bekommen Sie in Italien flächendeckend und am einfachsten an einem Geldautomaten (= *bancomat*). Das Procedere entspricht dem an deutschen Automaten und kann meist auch in deutscher Sprache abgerufen werden.

Kann man hier an diesem Geldautomaten mit der Euroscheckkarte Geld ziehen?	Si può prelevare denaro a questo bancomat con la carta-EC.
Meine Kredit- / Euroscheckkarte ist steckengeblieben.	Il bancomat non mi ha restituito la carta.

Am Geldautomaten

Inserire la carta	Bitte Scheckkarte einführen
Scegliere la lingua desiderata	Bitte Sprache wählen
Prego digitare il codice	Bitte Geheimzahl eingeben
Premere il tasto di conferma (ESEGUI)	Bitte bestätigen Sie durch Tastendruck (BESTÄTIGEN)
Scegliere: PRELIEVO SALDO ESTRATTO CONTO	Wählen Sie: AUSZAHLUNG KONTOSTAND KONTOAUSZUG
Premere l'importo desiderato	Bitte Betrag auswählen
Importo erogabile	Zur Verfügung stehender Betrag
ESEGUI	BESTÄTIGEN
Attendere prego	Bitte warten
Operazione in corso	Ihr Vorgang wird bearbeitet
Ritirare la carta	Bitte Scheckkarte entnehmen
Ritirare le banconote	Bitte Geld entnehmen
Ritirare il promemoria	Bitte Beleg entnehmen
Tra poco sarà possibile effettuare una nuova operazione	In Kürze ist es möglich, einen neuen Vorgang auszuführen

ANNULLA	ABBRUCH (rot)
CANCELLA	KORREKTUR (gelb)
ESEGUI	BESTÄTIGUNG (grün)

Sonntags treffen Sie häufig auf die Aufschrift *Fuori servizio* (= Außer Betrieb) oder *Solo saldo* (= Nur Kontostandabfrage möglich). Manche Bildschirme aktivieren Sie erst, wenn Sie sie mit der Hand berühren, wozu die Aufschrift *Digitare lo schermo* auffordert. Wurde Ihre Karte endgültig eingezogen, erscheint die Aufschrift *Carta ritirata – rivolgersi al proprio Istituto* (= Ihre Karte wurde eingezogen. – Wenden Sie sich an Ihr heimisches Geldinstitut!).

Überweisungen & andere Dienstleistungen

Haben Sie dringend Geld per SWIFT-Anweisung oder per telegrafische (Post-) Anweisung aus dem Ausland angefordert und möchten wissen, ob das Geld schon angekommen ist, fragen Sie: *Mi sono fatto/a mandare un vaglia telegrafico / un versamento SWIFT. È già arrivato?* (= Ich habe mir telegrafisch / per SWIFT-Überweisung Geld schicken lassen. Ist es schon angekommen?).

Ich möchte	**Vorrei ... .**
Geld abheben	prelevare dei soldi
Geld einzahlen	versare dei soldi
Geld überweisen	fare un bonifico
einen Scheck einlösen	incassare / cambiare un assegno
einen Scheck / ein Konto sperren	bloccare un assegno / un conto
diese Rechnung bezahlen	pagare questa bolletta / fattura
ein (Giro-) Konto eröffnen	aprire un conto (corrente)

Apropos: *Credito* kann, je nach Standpunkt, Guthaben oder Kredit heißen. Sind Sie ›in den Miesen‹, haben Sie jedoch ein *debito*!

8

Bank	banca
Sparkasse	cassa di risparmio
Bankleitzahl	codice di avviamento bancario, il
Girokonto	conto corrente, il (Abk. c/c)
Kontonummer	numero del conto
Kontoauszug	estratto conto, l'
Kontostand	saldo
Scheck	assegno, l'

Postdienste

Postämter (= *Uffici postali*) sind montags bis freitags von 8.25–13.50 Uhr und samstags bis 11.50 Uhr geöffnet, Hauptpostämter auch nachmittags. Sie wickeln außer dem Postversand auch die meisten Bargeldüberweisungen ab.

Brief, Päckchen & mehr

Tip: Briefmarken (auch für Luftpost und Expreß) kaufen Italiener normalerweise nicht in der Post, sondern im Tabakladen, wo man ganztägig und auch schneller bedient wird. Dringende Postsendungen können Sie per Kurier von den Hauptpostämtern verschicken.

8

Was kostet ein Brief / eine Postkarte ...?	**Quanto costa spedire una lettera / cartolina ...?**
nach Deutschland	in Germania
nach Österreich	in Austria
in die Schweiz	in Svizzera

Fünf Briefmarken zu ... Lire, bitte!	Cinque francobolli da ... Lire, per favore!
Ich möchte ... aufgeben.	**Vorrei spedire ... .**
einen Eilbrief (Expreß)	un espresso
ein Einschreiben	una raccomandata
ein Paket / Päckchen	un pacco / pacchetto
Wie lange braucht die Sendung?	Quanto ci mette?
Wo kann ich hier ein ...?	**Da dov'è possibile mandare ...?**
Fax (eine Seite) (ver)schicken	un telefax (una pagina)
Telegramm aufgeben	un telegramma
Ich möchte ein Päckchen abholen.	Vorrei ritirare un pacchetto.

Glossar: Post

Buca delle lettere
Briefkasten

per la città
innerhalb der Stadt

per tutte le altre destinazioni
andere Bestimmungsorte

levata: ore
Leerung: Zeit

Postamt	ufficio postale, l' (PT)
(telegrafische) Postanweisung	vaglia postale (telegrafico), il
postlagernd (~e Sendung)	fermo posta
Postfach	casella postale
Postleitzahl	codice di avviamento postale, il (abgekürzt: C.A.P.)
Briefmarke/n	francobollo/i
Brief	lettera
Absender	mittente, il
Empfänger	destinatario
Kuriersendung (Post)	postacelere
Postkarte	cartolina
Paket / Päckchen	pacco / pacchetto
(per) Eilzustellung / Expreß	(per) espresso, l'
(per) Einschreiben (mit Rückschein)	(per) raccomandata (con ricevuta di ritorno)
per Nachnahme	contrassegno
per Luftpost	per via aerea

▶ Kap. 8, Banken & Geldverkehr S. 217

Telefonieren

In den Fernmeldeämtern der *Telecom* (früher *SIP*) können Sie u. a. handvermittelte Gespräche führen und Telefonbücher einsehen. Die meisten Auslandsverbindungen sind aber auch von öffentlichen Fernsprechern aus möglich. Sie funktionieren mit Telefonkarten (= *carte telefoniche*) sowie mit Münzen. Apropos: Der Billigtarif für Auslandsgespräche gilt nur sonntags (ganztägig) und von Montag bis Samstag zwischen 22.00–8.00 Uhr!

Telefonzelle	cabina telefonica
Münztelefon	telefono (pubblico) a monete
Kartentelefon	telefono (pubblico) a schede
Telefoneinheit	scatto, lo
Telefonbuch	elenco telefonico, l'
Gelbe Seiten	pagine gialle, le
Auslandsgespräch	chiamata internazionale
Ferngespräch	chiamata interurbana
handvermitteltes Gespräch	collegamento via operatore
R-Gespräch	telefonata a carico del ricevente
Vorwahl	prefisso

Nützliche Telefonnummern

Nationale Vorwahl

0049	von Italien nach Deutschland
0041	von Italien in die Schweiz
0043	von Italien nach Österreich
0039	vom Ausland nach Italien (von Österreich: 040)

Telefonauskunft

12	Inland (= *Informazioni*)
176	Ausland (Europa) (= *Informazioni internazionali*)
1790	Ausland (außerhalb Europas, auch in englischer Sprache)

Deutschland Direkt

172-0049	zentrale Vermittlung von R-Gesprächen und Gesprächen, die per TeleKarte bezahlt werden

▶ Kap. 9, Wichtige Telefonnummern S. 232

8

... von der Telecom aus

Ich möchte (nach Deutschland) telefonieren.	Vorrei fare una telefonata (in Germania).
• Vada alla cabina sei!	Gehen Sie in Kabine 6!
Ich komme nicht durch.	Non riesco a prendere la linea.
Es ist besetzt.	È occupato.
Es meldet sich niemand.	Non risponde nessuno.
Die Leitung ist gestört / unterbrochen.	La linea è disturbata / caduta.
Das Telefon funktioniert nicht.	Il telefono è guasto.

▶ Kap. 1, Bezahlen S. 20

Münz- & Kartentelefone

Telefonkarten sind ca. ein Jahr gültig und in den Läden der Telecom, in Postämtern, Tabakläden und an Kiosken zu erwerben. Apropos: Vor dem Gebrauch muß die obere linke Ecke abgetrennt werden (= *strappare*).

Haben Sie vielleicht Kleingeld? Ich muß (dringend) telefonieren.	Ha degli spiccioli per caso? Devo fare una telefonata (urgente).
Eine Telefonkarte zu 10 000 Lire, bitte!	Una carta / scheda telefonica da diecimila Lire, per favore!

Sganciare	Hörer abnehmen
Inserire le monete / una carta	Münzen einwerfen / Telefonkarte einlegen
Attendere, prego	Bitte warten
Selezionare il numero	Die Nummer wählen
Riagganciare per la restituzione delle monete	Zur Geldrückgabe Hörer einhängen

Am Telefon

Ich hätte gern die Nummer von ... in	Vorrei il numero di ... a ... .

Italienische Telefongespräche beginnen generell mit *Pronto!?* (= Ja bitte? / Hallo!). Es ist nicht üblich, daß der Angerufene sich mit seinem Namen meldet. Der Anrufer bringt seinen Wunsch direkt vor, oft auch, ohne sich selbst vorzustellen. Eine kurze Rückfrage *Con chi parlo?* (= Mit wem spreche ich?) löst eventuelle Unklarheiten.

Hallo!	Pronto!
• Chi parla?	Wer spricht?
Ich bin	Sono ... .
Ich möchte mit ... sprechen.	Vorrei parlare con ... .
Verbinden Sie mich bitte mit ...!	Mi passi ..., per piacere!
• Un momento, per favore! Glielo/la passo.	Einen Moment bitte, ich verbinde Sie!
• Te lo / la do.	Ich gebe ihn / sie dir.
• (In questo momento) Non c'è.	Sie / Er ist (gerade) nicht da.
• Vuole che richiami?	Soll er / sie zurückrufen?

8

Könnte ich eine Nachricht hinterlassen?	Potrei lasciare un messaggio?
Könnten Sie ihr / ihm ausrichten, daß ich angerufen habe?!	Potrebbe dirle / dirgli che ho chiamato?!
Wie lautet seine Durchwahl?	Qual è il suo numero interno?
Auf Wiederhören!	Arrivederci!
Bis bald! / Tschüs!	A presto! / Ciao!

Wenn die Nummer nicht stimmt ...

Entschuldigung, ich habe mich verwählt.	Mi scusi, ho sbagliato numero.
• Ha sbagliato numero!	Sie haben sich verwählt!
• Il numero selezionato è inesistente.	Kein Anschluß unter dieser Nummer.

▶ Kap. 10, Telefonieren S. 259

Beim Friseur

Italienische Friseure (= *Parrucchieri*) bezeichnen sich auch gern als *Hair-styler* oder *Coiffeur*, um ihr internationales Renommee hervorzuheben. Oft gelten die Komplimente der selbstbewußten Haarkünstler mehr den eigenen Kreationen als den Kundinnen. – So ließe sich die Verabschiedung *La signora è servita!* auf zwei Arten interpretieren: »Die Dame wurde bzw. ist bedient.«

Haben Sie heute / morgen noch einen Termin frei?	Posso prendere un appuntamento per oggi / domani?

Was soll gemacht werden?

- Che cosa facciamo? — Was soll bei Ihnen / dir gemacht werden?

Ich möchte die Haare schneiden lassen. — Vorrei tagliarmi i capelli.

Nur ...! / ... und ...! — **Soltanto ...! / ... e ...!**
waschen — lavare
schneiden — tagliare
fönen — un'asciugatura con il fon
färben — tingere i capelli
frisieren — la messa in piega
tönen — un cachet
rasieren — la barba

Ich möchte ... . — **Vorrei un taglio ... .**
einen neuen Haarschnitt — nuovo
eine pflegeleichte Frisur — facile da mantenere
einen Kurzhaarschnitt — corto

Machen Sie mir bitte ...! — **Mi faccia per favore ...!**
Strähnen — delle mèches
Kammsträhnen — dei colpi di sole
eine Fönwelle — una messa in piega con il fon
eine (Ansatz- / Teil- / leichte / saure) Dauerwelle — una permanente (sull'attaccatura / parziale / leggera / senza ammoniaca)

8

Waschen, schneiden, fönen

- L'acqua va bene così? — Ist das Wasser so recht?

Bitte etwas wärmer / kälter! — Un po' più calda / fredda, per favore!

• Quanto tagliamo? Wieviel soll abgeschnitten werden?	Nur die Spitzen. Solo le punte. So viel, bitte. Così, per favore. Etwas *länger / kürzer*. Un po' più *lunghi / corti*.

• Che taglio vuole? — Was für einen Schnitt wünschen Sie?

Ich hätte die Haare gern ... . — **Vorrei i capelli ... .**
(leicht) stufig geschnitten — (leggermente) scalati
glatt / lockig — lisci / ricci

Den Pony bitte ...! — **La frangia ..., per favore!**
gerade / fransig — dritta / sfrangiata
lang / kurz — lunga / corta

• La riga a destra / a sinistra / in mezzo? — Den Scheitel rechts / links / in der Mitte?

• Che colore preferisce? — Welche Farbe hätten Sie gern?

Ich möchte sie ... . — **Lo vorrei ... .**
(asch- / gold-) blond — biondo (cenere / dorato)
(dunkel- / hell-) braun — castano (scuro / chiaro)
grau — grigio
rot — rosso
schwarz — nero

• Un po' di fissatore / lacca? — Etwas Festiger / Haarspray?

• Va bene così? — Ist es so recht?

So gefällt es mir! — Così mi piace!

Reinigung

Waschautomaten (= *lavaggio a gettoni*) sind so gut wie unbekannt. Reinigungen (= *lavanderia, tintoria*) gibt's jedoch an jeder Ecke.

Ich möchte ... reinigen lassen.	**Vorrei far lavare ... .**
diese Hose	questi pantaloni
das hier	questo
Läßt sich dieser Fleck entfernen?	Questa macchia va / viene via?
Wann ist es fertig?	Quando è pronto?

Chemische Reinigung	pulitura a secco
Wäscherei	lavanderia
waschen	lavare
bügeln	stirare
bügelfrei	non-stiro / che non si stira
Fleck/en	macchia/e
Spezialbehandlung	trattamento speciale
waschmaschinenfest	lavabile in lavatrice

▶ Kap. 6, Glossar: Kleidungsstücke S. 170

8

FÜR ALLE FÄLLE 9

Das Allernotwendigste

Achtung! / Vorsicht!	Attenzione!
Hilfe!	Aiuto!
Helfen Sie mir bitte!	Mi aiuti, per favore!
Feuer!	Al fuoco!
Ein Unfall!	Un incidente!
Haltet den Dieb!	Al ladro!
Bitte rufen Sie ...!	**Chiami per favore ...!**
einen Arzt	un medico
die Polizei	la polizia
die Feuerwehr	i pompieri / vigili del fuoco
Wo ist die/das nächste ...?	**Dov'è ... più vicino/a?**
Notfallstation	il pronto soccorso
Krankenhaus	l'ospedale
Polizeidienststelle / -präsidium	il commissariato / la questura
Telefon	la cabina telefonica
Bitte benachrichtigen Sie ...!	Per favore avverta ... !

Wichtige Telefonnummern

112	Polizei	Carabinieri
113	Notruf SOS	Soccorso Pubblico
115	Feuerwehr	Pompieri
116	Pannenhilfe des ital. Automobilclubs	ACI
06/4440404	ADAC Büro Rom, deutschsprachig	
06/88474-1	Deutsche Botschaft Rom	
06/8083641	Schweizer Botschaft Rom	
06/8552966	Österreichische Botschaft und Konsulat Rom	

Bei Verkehrsunfällen

In Italien kommt die Polizei bei leichten Sachschäden i. allg. nicht. Die Beteiligten tauschen meist nur ihre Versicherungspolicen aus. Im Zweifelsfall sollten Sie dennoch die Polizei oder den Automobilclub rufen (→ Kap. 9, Wichtige Telefonnummern S. 232).

Ist alles in Ordnung?	Va tutto bene?
Sind Sie verletzt?	È ferito/a?
Der/Die/Das ... ist kaputt.	Il/la ... è rotto/a.
Das war (nicht) meine Schuld.	(Non) È stata colpa mia.
Sie haben die Vorfahrt nicht beachtet.	Non ha rispettato la precedenza.
Sie sind zu schnell gefahren.	Andava troppo veloce.
Ich rufe die Polizei.	Chiamo la polizia.
Würden Sie als Zeuge / Zeugin für mich aussagen?	Può farmi da testimone?

Unfall	incidente, l'
(Personen- / Sach-)schaden	danno (alle persone / materiale)
Abschleppdienst	servizio carro attrezzi
Verkehrspolizei	polizia stradale
Protokoll	protocollo / verbale, il
Anzeige	denuncia
Zeuge	testimone, il/la
Versicherung	assicurazione, l'

NOTRUF 113

Ein Notfall!	C'è un'emergenza!
Ich heiße … .	Sono … .
Ich rufe von … an.	Chiamo da … .
Ein (Auto-) Unfall … . auf der Straße … nach ... auf der Autobahn … in der Nähe von …	**Un incidente (stradale) … .** sulla strada ... per … sull'autostrada … vicino a …
Ein (Leicht- / Schwer-) Verletzter.	Una persona ferita (leggermente / gravemente).

▶ Kap. 3, Auf der Autobahn S. 63, Verkehrskontrolle S. 70
▶ Kap. 9, Das Allernotwendigste S. 232

Autopanne

Hilfe herbeiholen

Die Pannenhilfe des italienischen Automobilclubs ACI erreichen Sie rund um die Uhr unter der Nummer 116.

Ich habe eine Autopanne.	Ho un guasto alla macchina.
Haben Sie ein/en ...? Abschleppseil Radkreuz Starthilfekabel	**Ha ...?** una corda da traino una chiave a croce dei cavi d'accensione per la batteria

Mein Auto hat	**La mia macchina ... .**
kein Benzin mehr	é senza benzina
einen Platten	ha una gomma a terra
Könnten Sie mir ...?	**Mi potrebbe ...?**
helfen, das Auto anzuschieben	aiutare a spingere la macchina
helfen, den Reifen zu wechseln	aiutare a cambiare la ruota
einen Mechaniker empfehlen	consigliare un meccanico
einen Abschleppwagen schicken	mandare un carro attrezzi
Wo gibt es hier eine Reparaturwerkstatt / Vertragswerkstatt von ...?	Dove posso trovare qui vicino un'autofficina / un' officina convenzionata con la ...?

In der Autowerkstatt

Der Wagen / Motor	**La macchina / Il motore ... .**
ist kaputt	ha un guasto
springt nicht an	non parte
verliert Öl / Kühlwasser	perde olio / acqua dal radiatore
wird zu heiß	è surriscaldato
Können Sie den Wagen reparieren?	Mi potrebbe riparare la macchina?
Wie lange wird die Reparatur dauern?	Quanto tempo ci mette a ripararla?
Haben Sie das Ersatzteil da?	Ha il pezzo di ricambio?
Wieviel wird es kosten?	Quanto mi verrà a costare?
Können Sie mir einen Kostenvoranschlag machen?	Mi può fare un preventivo?

▶ Kap. 3, Serviceleistungen S. 65

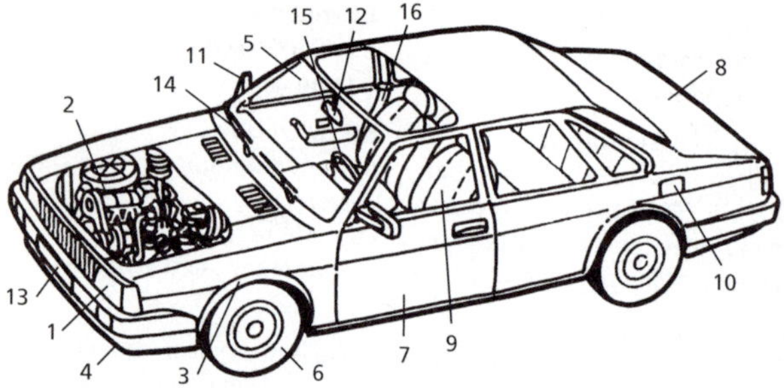

1	fanale, il	Scheinwerfer	10	serbatoio	Tank
2	motore, il	Motor	11	specchietto esterno	Außenspiegel
3	parafango	Kotflügel	12	specchietto retrovisore	Rückspiegel
4	paraurti, il	Stoßstange	13	targa	Nummernschild
5	parabrezza, il	Windschutzscheibe	14	tergicristallo	Scheibenwischer
6	gomma	Reifen	15	volante, il	Lenkrad
7	porta	(Wagen-) Tür	16	cintura di sicurezza	Sicherheitsgurt
8	bagagliaio, il	Kofferraum			
9	sedile, il	Sitz			

Reparaturanfällige Teile

Auspuff	tubo di scappamento
Batterie	batteria
(Hand-) Bremse	freno (a mano)
Blinker	lampeggiatore, il
Licht	luce, la
Abblend~	anabbaglianti, gli [Pl]
Fern~	abbaglianti, gli [Pl]
Stand~	luci di posizione, le [Pl]
Bremsleuchte	~ di arresto

9

Keilriemen	cinghia di trasmissione
Kupplung	frizione, la
Kühler	radiatore, il
(Öl-) Filter	filtro (dell'olio)
Zündkerze	candela
Zündung	accensione, l'

▶ Wörterbuch

Diebstahl & Verlust

Allgemein

Wo ist ...?	**Dov'è ...?**
das Fundbüro	l'ufficio oggetti smarriti
die Polizei	il commissariato (di polizia)
Mir wurde ... gestohlen.	**Hanno rubato ... .**
meine Brieftasche	il mio portafoglio
meine Handtasche	la mia borsa
Ich habe ... verloren.	**Ho perso ... .**
meine Papiere	i miei documenti
meinen Paß	il mio passaporto
Ich habe meinen ... vergessen / hier liegen lassen.	**Ho dimenticato / lasciato qui ... .**
Mantel	il mio cappotto
Fotoapparat	la mia macchina fotografica
Ist hier vielleicht ein/e ... abgegeben worden?	È stato/a consegnato/a per caso un/una ...?

Anzeige erstatten

Wenn Sie eine Anzeige bei der Polizei erstatten, sollten Sie die üblichen Personalia angeben können (→ Kap. 2, Glossar: Personalien).

Ich muß einen ... anzeigen.	**Devo denunciare ... .**
Verlust	uno smarrimento
Diebstahl / Taschendiebstahl	un furto / borseggio
Einbruch	un'irruzione
Überfall	un'aggressione
Mir wurde mein/e ... gestohlen.	**Mi hanno rubato ... .**
Reisegepäck / Tasche	il bagaglio / la borsa
Auto / Fahrrad	la macchina / la bicicletta
Geld / Kreditkarte	i soldi / la carta di credito
Es ist im Haus eingebrochen worden.	Sono entrati in casa.
Das Schloß (meines Autos) ist aufgebrochen worden.	È stata forzata la serratura (della mia macchina).
• Dove / Quando è avvenuto?	Wo / Wann ist es passiert?
• Che targa / numero di telaio ha la sua macchina?	Welche/s Nummernschild / Fahrgestellnummer hat Ihr Auto?
• Descriva le caratteristiche degli oggetti ed il loro valore!	Beschreiben Sie die Art der Gegenstände und ihren Wert!
• Sospetta di qualcuno?	Verdächtigen Sie jemanden?
• Qual è il suo recapito / numero di telefono durante il soggiorno in Italia?	Wie ist Ihre Adresse / Telefonnummer, unter der Sie während Ihres Italienaufenthaltes zu erreichen sind?

Oggetto: Verbale della denuncia	Betr.: Protokoll der Anzeige
Il sottoscritto denuncia di essere stato derubato dei seguenti oggetti:	Der Unterzeichner erklärt, daß ihm folgende Gegenstände gestohlen wurden:
Il valore approssimativo stimato è di circa Lire …	Der geschätzte Wert beträgt ca. Lire …
Letto, confermato e sottoscritto.	Gelesen, bestätigt und unterschrieben.
Il denunciante / L'ufficiale	Erstatter der Anzeige / Polizeibeamter

Bei Geld- & Kartenverlust

Wenn Sie dringend Geld benötigen, können Sie es sich entweder als internationale telegrafische Postanweisung (= *vaglia telegrafico internazionale*) oder per Swift-Überweisung der Bank (= *bonifico veloce – Swift*) schicken lassen.

Verlustmeldung von Karten

0049/69/740987	EC-Scheckkarten und Kundenkarten
0049/69/79331910	Eurocard
0049/69/9797-1000	American Express
0049/69/260350	Diners Club
0049/69/66305333	Visa Card
0049/69/29985210	Visa Card (Citibank)

▶ Kap. 8, Nützliche Telefonnummern S. 224, Banken & Geldverkehr S. 217 ▶ Kap. 9, Anzeige erstatten S. 238

Wo ist die Hauptpost?	Dov'è la posta centrale?
Ich erwarte eine	**Aspetto ... .**
telegraphische Postanweisung aus ...	un vaglia telegrafico da ...
SWIFT-Überweisung der ...-Bank in ...	un bonifico veloce (SWIFT) della banca ... a ...
Ist das Geld schon angekommen?	Sono già arrivati i soldi?

In der Apotheke

Medikamente kaufen

Ich hätte gern (ein/e)	**Vorrei ... .**
(homöopathisches) Mittel	un medicinale (omeopatico)
(leichtes/starkes) Schmerzmittel	un antidolorifico (leggero / forte)
Beruhigungsmittel	un tranquillante
Schlafmittel	un sonnifero
Abführmittel	un lassativo
Packung Präservative	una scatola di preservativi
Pflaster	dei cerotti
Bitte etwas gegen ...!	**Per favore, qualcosa contro ...!**
Durchfall	la diarrea
Verstopfung	la stitichezza
Sonnenbrand	l'eritema solare
Mücken- / Insektenstiche	le punture di zanzara / d'insetti
• Per questo farmaco ci vuole una ricetta medica.	Dieses Medikament ist verschreibungspflichtig.

9

Darreichungsformen	
Kapseln	capsule
Saft / Sirup	sciroppo, lo
Salbe	pomata
Tabletten	compresse
Lutsch~	pastiglie da succhiare
Tropfen	gocce
Zäpfchen	supposte

▶ Wörterbuch (Krankheiten)
▶ Kap. 9, Beschwerden & Verletzungen benennen S. 243
▶ Kap. 6, Glossar: Körperpflegeartikel & Kosmetika S. 175

Glossar: Packungsbeilage

Apropos: Die Gebrauchsinformationen zu Medikamenten sind i. allg. nur in italienischer Sprache abgefaßt. Achten Sie auf Gegenanzeigen (= *controindicazioni*) und Nebenwirkungen (= *effetti collaterali*).

Posologia e modalità d'uso	**Dosierung und Anwendung**
adulti	Erwachsene
bambini di età inferiore a 6 anni	Kinder unter 6 Jahren
10 gocce / compresse	10 Tropfen / Tabletten
un cucchiaino	1 Teelöffel
ogni 12 ore	alle 12 Stunden
3 volte al giorno	3x täglich
prima / dopo / durante i pasti	vor / nach / zur Mahlzeit

9

a stomaco vuoto	auf nüchternen Magen
orale	oral
lasciar sciogliere in bocca	im Mund zergehen lassen
(senza) masticare	(un)zerkaut
sciogliere in acqua	in Wasser auflösen
con molto liquido	mit viel Flüssigkeit
rettale	rektal
per uso esterno	zur äußeren Anwendung

Arztbesuch & Krankenhausaufenthalt

Wenn Sie im Urlaub erkranken und einen Arzt benötigen, empfiehlt sich der direkte Weg zur Notfallstation (= *pronto soccorso*) eines Krankenhauses (= *ospedale*). Die Abteilung ist rund um die Uhr geöffnet, und die Behandlung meist kostenlos. Arztrechnungen und Arzneikosten werden von vielen Krankenkassen gegen Nachweis ganz oder teilweise erstattet. Vor einer umfangreicheren Behandlung und bei längerer Aufenthaltsdauer sollten Sie jedoch auf jeden Fall Rücksprache mit Ihrer Krankenkasse halten. Versicherte der gesetzlichen Krankenkassen benötigen das Fomular E 111, mit dem Sie bei der lokalen *Unità Sanitaria Locale (USL)* einen Krankenschein erhalten, der zur kostenlosen Behandlung bei zugelassenen Ärzten berechtigt.

Orientierung

Wo ist der/das nächste ...?	**Dov'è ... più vicino?**
Arzt	il medico
Krankenhaus	l'ospedale

Gibt es hier einen Arzt, der Deutsch spricht?	C'è un medico qui che parli tedesco?
Können Sie mir eine/n gute/n … empfehlen?	Mi può consigliare un/a buon/a …?

Augenarzt/ärztin	oculista, l'
Chirurg	chirurgo
Frauenarzt/ärztin	ginecologo/a, il/la
Hals-Nasen-Ohrenarzt/ärztin	otorinolaringoiatra, l'
Hautarzt/ärztin	dermatologo/a, il/la
Internist/in	internista, l'
Kinderarzt/ärztin	pediatra, il/la
Praktische/r Arzt/Ärztin	medico generico
Urologe	urologo/a, l'

Beschwerden & Verletzungen benennen

Ich habe … .	**Ho … .**
Bauch- / Magenschmerzen	mal di pancia / stomaco
Kopfschmerzen	mal di testa
eine Erkältung / Husten	il raffreddore / la tosse
Fieber	la febbre
Ich fühle mich schlecht / schwach.	Mi sento male / debole.
Mir ist schwindelig.	Mi gira la testa.
Er / Sie ist ohnmächtig geworden.	È svenuto/a.
Mir tut / tun die rechte Schulter / Beine weh.	Mi fa / fanno male la spalla destra / le gambe.

Ich habe mich ... . verletzt geschnitten verbrannt	**Mi sono ... .** ferito/a tagliato/a bruciato/a
Ich bin gefallen.	Sono caduto/a.
Ich kann meinen Fuß nicht bewegen.	Non posso muovere il piede.
Ich habe mir den Knöchel verstaucht / verrenkt.	Mi sono lussato/a / slogato/a la caviglia.
Ich bin gestochen / gebissen worden.	Sono stato/a punto/a / morso/a.
Ich habe krampfartige Schmerzen.	Ho dei crampi.

▶ Wörterbuch (Krankheiten, Körperteile, Organe)

Ärztliche Untersuchung

•Dove sente dolore / le fa male?	Wo haben Sie Schmerzen?
Hier (tut's mir weh).	(Mi fa male) Qui.
•Si spogli / scopra il braccio, per favore!	Bitte machen Sie sich / den Arm frei!
•Si metta a pancia in giù / sulla schiena / sul fianco!	Legen Sie sich bitte auf den / die Bauch / Rücken / Seite!
•Inspiri / Espiri profondamente!	Tief einatmen / ausatmen, bitte!
•Trattenga il respiro!	Halten Sie den Atem an!
•Le fa male?	Tut Ihnen das weh?

9

• Può muovere il/la …?	Können Sie den/die/das … bewegen?
• Da quando ha questi dolori?	Seit wann haben Sie diese Schmerzen?
• Come va di corpo?	Wie ist der Stuhlgang?
• Ha la febbre?	Haben Sie Fieber?
• Prende delle medicine?	Nehmen Sie Medikamente?
• Ha fatto la vaccinazione contro il tetano / la rabbia?	Sind Sie gegen Tetanus / Tollwut geimpft?
• **È allergico/a … ?**	**Sind Sie allergisch gegen …?**
a qualcosa	etwas
alla penicillina	Penicillin
• A quando risale l'ultima mestruazione?	Wann war Ihre letzte Regelblutung?
Ich nehme / benutze … .	**Prendo / Uso … .**
die Pille	la pillola
ein Diaphragma	un diaframma
Präservative	dei preservativi
Ich bin schwanger.	Sono incinta.
• Malattie particolari?	Besondere Krankheiten?
Ich habe … .	**Ho … .**
AIDS	l'AIDS
Diabetis	il diabete
einen Herzschrittmacher	un pace-maker
einen hohen Blutdruck	la pressione alta
Ich hatte einen … .	**Ho avuto … .**
Herzinfarkt	un infarto (cardiaco)
Schlaganfall	un ictus

Diagnose & Therapie

• Non è niente di serio / preoccupante.	Es ist nichts Ernstes.
• **Bisogna fare … .**	**Wir müssen eine … machen.**
un'analisi del sangue / delle urine	Blut- / Urinprobe
una radiografia	Röntgenaufnahme
un'ecografia	Ultraschalluntersuchung
• **I valori (del sangue) sono … .**	**Die (Blut-) Werte sind … .**
alti / normali / bassi	hoch / normal / niedrig
positivi / negativi	positiv / negativ
• La pressione del sangue / Il tasso di zucchero è troppo alta/o.	Ihr Blutdruck / Zuckerspiegel ist zu hoch.
• **È … .**	**Das ist eine …**
un'intossicazione (alimentare)	(Lebensmittel-) Vergiftung
un'infezione	Infektion
un'infiammazione	Entzündung
• È edematoso / fratturato.	Es ist geschwollen / gebrochen.
• (Non) È contagioso/a.	Es ist (nicht) ansteckend.
• **Bisogna … .**	**Das muß … werden.**
mettere dei punti	genäht
operarlo/la	operiert
• **Le faccio / Ha bisogno di … .**	**Sie bekommen / brauchen ein/e/n …**
un'iniezione (antirabbica)	Spritze (gegen Tollwut)
un'anestesia locale	lokale / örtliche Betäubung
un'ingessatura	Gipsverband
• Prenda queste pastiglie / compresse tre volte al giorno!	Nehmen Sie diese Tabletten 3x täglich!

• Stia a letto per i prossimi giorni!	Bleiben Sie die nächsten Tagen im Bett!
• Non deve muovere il / si appoggi sul piede!	Den Fuß nicht bewegen / belasten!
• Non faccia il bagno!	Nicht baden!
• Stia a dieta!	Halten Sie Diät!
• Le prescrivo una visita specialistica.	Ich überweise Sie zu einem Spezialisten.
• Deve andare all'ospedale (immediatamente).	Sie müssen (sofort) ins Krankenhaus.
• Ritorni il … .	Kommen Sie am … noch einmal!

▶ Kap. 9, In der Apotheke S. 240 ▶ Wörterbuch

Glossar: Körperteile & Organe

Innere Organe

cuore, il	Herz
fegato	Leber
polmone, il	Lunge
rene, il	Niere
stomaco, lo	Magen
intestino, l'	Darm
appendice, l'	Blinddarm
tiroide, la	Schilddrüse
vescica	Harnblase
cistifellea	Gallenblase

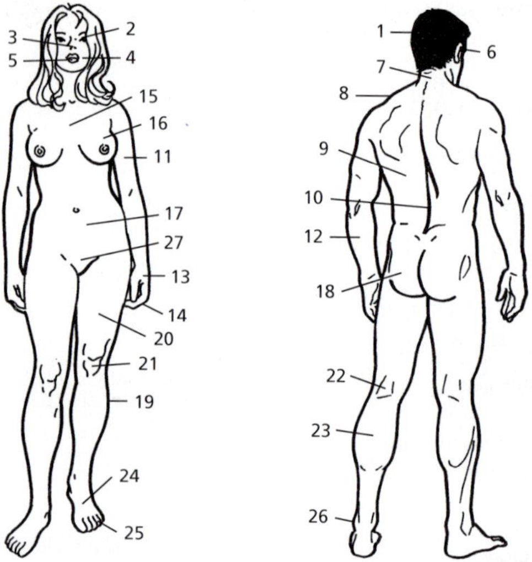

1	testa	Kopf
2	occhio, l'	Auge
3	naso	Nase
4	bocca	Mund
5	labbro / labbra, le	Lippe/n
6	orecchio, l'	Ohr
7	collo	Hals
8	spalla	Schulter
9	schiena	Rücken
10	colonna vertebrale	Wirbelsäule
11	braccio	Arm
12	avambraccio, l'	Unterarm
13	mano, la	Hand
14	dito, il / dita della mano, le	Finger [Sg/Pl]
15	petto	Brust
16	seno	Busen
17	pancia	Bauch
18	sedere, il	Gesäß
19	gamba	Bein
20	coscia	Oberschenkel
21	ginocchio	Knie
22	articolazione, l'	Gelenk
23	polpaccio	Wade
24	piede, il	Fuß
25	dito, il / dita del piede, le	Zeh/en
26	caviglia	Knöchel
27	genitali, i	Geschlechtsorgane

► Wörterbuch

Im Krankenhaus

In Italien finden Sie sowohl modernst eingerichtete Großkliniken als auch Krankenhäuser, denen das Minimum an medizinischer Ausstattung fehlt.

PRONTO SOCCORSO	**ACCETTAZIONE**
Notfallstation	Aufnahme

Cardiologia	Herzerkrankungen
Chirurgia	Chirurgie
Ginecologia	Gynäkologie
Medicina interna	Innere Medizin
Ortopedia	Orthopädie
Pediatria	Kinderstation
Pronto soccorso	Unfallstation
Radiologia	Röntgenabteilung

Wo ist der/die/das ...?	**Dov'è ...?**
Abteilung für ...	il reparto di ...
Zimmer Nr. ...	la stanza numero ...
Krankenpfleger / -schwester	l'infermiere/a
Ober- / verantwortliche Arzt	il primario/medico responsabile
Wo liegt Herr / Frau ...?	Dov'è ricoverato/a il signor / la signora ...?
Wann ist ...?	**Quando ...?**
Arztvisite	è prevista la visita medica
Besuchszeit	si può visitare il/la paziente
Essenszeit	si mangia

9

Ich habe Schmerzen / Durst. — Ho dei dolori / sete.

Ich habe keinen Appetit. — Non ho appetito.

Ich möchte … . — **Vorrei … .**
ein Schmerzmittel — un antidolorifico
ein Schlafmittel — un sonnifero
ins Bad / auf die Toilette gehen — andare in bagno
telefonieren — telefonare

Wann werde ich entlassen? — Quando sarò dimesso/a?

• Il paziente viene dimesso (sotto la propria responsabilità). — Der Patient wird (auf eigene Verantwortung) entlassen.

Ich brauche eine Bescheinigung über den Krankenhausaufenthalt. — Ho bisogno di un certificato di degenza ospedaliera.

Beim Zahnarzt

Können Sie mir einen guten Zahnarzt empfehlen? — Mi può consigliare un buon dentista?

Ich habe Zahnschmerzen. — Ho mal di denti.

Dieser hier … . — **Questo qui … .**
oben / unten — sopra / sotto
vorn / hinten — davanti / dietro
links / rechts — a sinistra / destra

Mir ist ein Stück vom Zahn abgebrochen. — Mi si è scheggiato un dente.

Mir ist eine Füllung herausgefallen. — Mi si è staccata l'otturazione.

Können Sie eine provisorische Füllung machen?	Può fare un'otturazione provvisoria?
Das Zahnfleisch ist entzündet / blutet.	Le gengive sono infiammate / sanguinano.
Dieser Zahn wackelt.	Questo dente si muove.
• Apra la bocca!	Machen Sie den Mund auf!
• Fa male qui?	Tut das weh?
• Bisogna fare una radiografia.	Das muß geröntgt werden.
• È allergico/a (a ...)?	Sind Sie allergisch (gegen ...)?
• Le faccio un'iniezione.	Ich gebe Ihnen eine Spritze.
• Le do un antidolorifico.	Ich gebe Ihnen ein Schmerzmittel.
• Devo estrarre il dente.	Ich muß den Zahn ziehen.
• Si sciacqui, per favore!	Bitte spülen!
• Non mangi niente per due ore!	Bitte zwei Stunden nichts essen!

Kuraufenthalt

Traditionsreiche Kurorte wie z. B. *Salsomaggiore, Abano Terme, Montecatini* und die *Insel Ischia* rühmen sich gern ihrer antiken Tradition und ihrer illustren Gäste, um die Heilkraft ihrer Quellen hervorzuheben. Häufig finden die Behandlungen (= *cure / trattamenti*) und Anwendungen (= *applicazioni*) direkt im Hotel statt. Aber nicht jeder Ort, der den Namen *terme* oder *bagno* führt, ist auch gleich ein luxoriöser Badeort.

Personal	
Badearzt	medico termalista
Bademeister	bagnino
Krankengymnast/in	fisioterapista, il/la
Masseur/in	massaggiatore/-trice
Einrichtungen	
Kurhaus / -heim	istituto / casa di cura, l'
Kurpark	parco
Kursaal, Spielcasino	casinò
Thermalbecken	bacino / piscina termale
Sauna	sauna
Anwendungen und Behandlungen	
Aerosol	aerosol, l'
Bädertherapie	balneoterapia
Bäder	bagni
Thermal~	~ termali
heiße ~	~ caldi
Fango	fango
Fußbad	pediluvio
Heilgymnastik	fisiokinesiterapia
Inhalationen	inalazioni
Kosmetische Behandlungen	trattamenti estetici
Lymphdrainage	drenaggio linfatico
Massage	massaggio
Bindegewebs~	massaggi fibrosi [Pl]
Unterwasser~	idromassaggi [Pl]
Packung/en	impacco/cchi
Physiotherapie	fisioterapia
Spülungen, Irrigationen	irrigazioni
Trinkkuren	cure idropiniche

► Kap. 7, Badeurlaub S. 186, Sport S. 190 ► Wörterbuch

DIENSTLICH UNTERWEGS 10

Kontaktaufnahme

Informationen und mögliche Kontaktadressen erhalten Sie ggf. über die Deutsch-Italienische Handelskammer in Mailand (= *Camera di Commercio Italo-Germania*, Tel. 02/679131, Fax 02/66980964) oder über die Bundesstelle für Außeninformation (BfAI) in Köln (Tel. 0221/2057-0, Fax 0221/2057212).

▶ Kap. 2, Verabredungen S. 48, Begrüßung & Verabschiedung S. 38, Höflichkeitsformeln S. 44, Small talk S. 51
▶ Kap. 2, Bei Verständigungsschwierigkeiten S. 36
▶ Kap. 10, Messen S. 267

Sich vorstellen

Bei international agierenden Geschäftspartnern können Sie Englischkenntnisse voraussetzen; im Norden wird oft auch deutsch gesprochen. Und dennoch gilt: In Sachen »Business« hat eher Erfolg, wer mit – auch nur begrenzten – Italienischkenntnissen ein weitergehendes Interesse und Verständnis für Land und Leute unter Beweis stellt.

Ich bin Verkaufsleiter von / bei … .	Sono il direttore delle vendite della / presso … .
Ich bin / Wir sind in der Automobilbranche tätig.	Lavoro / Lavoriamo nel settore automobilistico.
Ich komme von der Agentur … / von Herrn … .	Vengo dall'agenzia … / da parte del signor … .
Ich arbeite bei / für … .	Lavoro presso / per … .
Hier ist meine Karte.	Ecco il mio biglietto da visita.

Wir ... (qualitativ hochwertige/n) Lackfarben.	**... vernici (di alta qualità).**
exportieren / importieren	Esportiamo / Importiamo
handeln mit	Commerciamo in
stellen ... her	Produciamo
Wir sind ein ... Unternehmen.	**Siamo una ditta ... .**
kleines / großes	piccola / grande
mittelständisches	media
inter- / multinationales	inter- / multinazionale
führendes	leader

▶ Kap. 2, Sich vorstellen S. 39
▶ Kap. 10, Glossar: Positionen & Hierarchien S. 256, Glossar: Abteilungen S. 257, Glossar: Unternehmensformen S. 257
▶ Wörterbuch (Berufe, Branchen)

Den Ansprechpartner ausfindig machen

Ich möchte zu Herrn / Frau	La signora / Il signore ..., per favore!
Ich bin mit ... verabredet.	Ho un appuntamento con ... .
Ich suche die/den	**Cerco ... .**
Zuständige/n für ...	l'incaricato/a di ...
Verantwortliche/n für ...	il/la responsabile di ...
Ich möchte mit ... sprechen.	**Vorrei parlare con ...**
dem/der Koordinator/in für ...	il coordinatore di ...
dem Leiter der/des ...	il direttore / capo di ...
Könnte ich bitte mit jemandem vom ... sprechen?!	**Potrei parlare con qualcuno ..., per piacere?!**
Verkauf	dell'ufficio vendite
Einkauf	dell'ufficio acquisti

Sind Sie ... von Frau Rossi?	**Lei é ... della signora Rossi?**
die Sekretärin	la segretaria
der/die Assistent/in	l'assistente
ein/e Mitarbeiter/in	un/una collaboratore/-trice
ein/e Kollege / Kollegin	un/una collega

▶ Kap. 10, Glossar: Positionen & Hierarchien S. 256, Glossar: Abteilungen S. 257
▶ Wörterbuch (Berufe, Branchen)

Glossar: Positionen & Hierarchien

Je nach Geschäftssparte variieren die Bezeichnungen der Führungskräfte. Sie heißen *direttore* (= Direktor / Geschäftsführer), *dirigente* (= Leiter) oder *capo* (= Chef). Die Zusätze *con-*, *vice-* oder *aggiunto* geben jeweils die zweite Position an. Verantwortungsbereiche werden als *settore* (= Sektor), *campo / sezione* (= Bereich) oder als *dipartimento / reparto / area / zona* (= Abteilung) bezeichnet.

amministratore/-trice, l'	Geschäftsführer/in (einer Gesellschaft)
direttore, il / direttrice, la (generale)	(General-) Direktor/in, Geschäftsführer/in (einer Fabrik)
vice~	stellvertretende/r ~
~ amministrativo	Verwaltungsdirektor/in
~ delle vendite	Verkaufsleiter/in
dirigente, il / la	leitende/r Angestellte/r
capo servizio	verantwortliche/r Leiter/in
capo settore / reparto	Abteilungsleiter/in
gerente, il / la	Geschäftsführer/in
titolare, il / la	Inhaber/in

Glossar: Abteilungen

Buchhaltung	contabilità, la
Distribution	distribuzione, la
Einkauf	settore acquisti, il
Forschungsabteilung	settore ricerca, il
Geschäftsführung	direzione, la
Marketing	marketing, il
Personalabteilung	ufficio personale, l'
PR-Abteilung	settore pubbliche relazioni, il
Produktion / Herstellung	produzione, la
Reklamationsabteilung	settore reclami, il
Sekretariat	segreteria, la
Kundendienst	(ufficio, l') servizio clienti
Verkauf / Vertrieb	ufficio vendite, l'

Glossar: Unternehmensformen

Neben den international geläufigen Bezeichnungen *Consorzio, Gruppo, Holding* werden die folgenden Begriffe verwendet:

azienda / impresa	Betrieb
ditta	Firma, Unternehmen
società (Soc.)	Gesellschaft
~ a responsabilità limitata (S.r.l.)	~ mit beschränkter Haftung (GmbH)
~ per azioni (S.p.A.)	Aktien~ (AG)
~ in nome collettivo (s.n.c.)	Offene Handels~ (OHG)
~ in accomandita semplice (s.a.s.)	Kommandit~ (KG)
(società) cooperativa	Genossenschaft

10

Termine vereinbaren

Wir sollten / Könnten wir einen Termin ausmachen (, um ...)./?
über das Angebot zu sprechen
das weitere Vorgehen abzustimmen
weitere Details zu besprechen / auszuhandeln

Dovremmo / Potremmo fissare un appuntamento (per ...)./?
parlare dell'offerta
concordare il modo di procedere
chiarire / contrattare ulteriori dettagli

Quando le va bene?
Wann paßt es Ihnen?

Mir würde es am 3. Mai um 10.00 Uhr passen.
A me andrebbe bene il tre maggio alle ore dieci.

Wie wäre es mit Dienstag um 15.00 Uhr?
Le andrebbe bene martedì alle quindici?

Devo controllare un attimo.
Ich muß erst nachschauen.

Perfetto.
Ausgezeichnet.

Mi dispiace, non posso.
Es geht leider nicht.

Wo treffen wir uns?
Dove ci incontriamo?

- Potremmo incontrarci all'hotel / all'aeroporto / nel mio ufficio?
Könnten wir uns im Hotel / am Flughafen / in meinem Büro treffen?

▶ Kap. 1, Zeiten S. 21, Datum S. 29

Telefonieren

Mobiltelefone (= *cellulari*) können Sie vielerorts mieten, auf jeden Fall aber an den großen Flughäfen.

Könnte ich mit … sprechen? Herrn Pollini der/dem Zuständigen für …	**Potrei parlare con … ?** il signor Pollini il/la responsabile di …
Verbinden Sie mich bitte mit der Nebenstelle 353!	Mi passi per favore l'interno 353!
• Con chi parlo?	Mit wem spreche ich?
Ich bin … von (der Firma) … .	Sono … della (ditta)… .
• Un momento / attimo solo, per favore!	Einen Moment, bitte!
• Resti in linea, per favore!	Bleiben Sie bitte am Apparat!
• Le passo il signor / la signora … .	Ich verbinde Sie mit Herrn / Frau … .
• **Mi dispiace, … .** non c'è in questo momento non risponde nessuno sta telefonando su un'altra linea al momento è in riunione	**Bedaure, aber … .** er/sie ist gerade nicht da es meldet sich niemand er/sie spricht gerade auf einer anderen Leitung er/sie ist zur Zeit in einer Besprechung
lo/la trova in ufficio da lunedì prossimo	er/sie ist erst ab nächsten Montag wieder im Büro
• Vuole lasciare un messaggio?	Möchten Sie eine Nachricht hinterlassen?
• Posso farla richiamare più tardi?	Kann er/sie Sie später zurückrufen?

Richten Sie ihm / ihr bitte aus, daß ich ... !	**Per favore, dica che ...!**
angerufen habe	ho chiamato
gegen 16 Uhr wieder anrufe	richiamo verso le sedici
dringend mit ihm / ihr über ... sprechen muß	gli / le devo parlare urgentemente di ...

▶ Kap. 8, Telefonieren S. 223, insbes. Am Telefon S. 226

Schriftliche Korrespondenz

oggetto	Betreff
allegato	Anlage
Anrede	
Spett. ...	An ... *(Firma)*
Alla cortese attenzione ...	z. Hd. ...
del Sig. / Dott. Sica	Herrn / Herrn Dr. Sica
della Dott.ssa Binda	Frau Dr. Binda
Egregio Signore,	Verehrter Herr,
Gentile Signor Ponzi,	Sehr geehrter Herr Ponzi,
Gentile Signora / Signore,	Sehr geehrte/r Frau / Herr,
Gentili Signore e Signori,	Sehr geehrte Damen und Herren,
Caro Signor Cutri,	Lieber Herr Cutri,
Abschiedsklauseln	
Distinti saluti	Hochachtungsvoll / Mit freundlichen Grüßen
Le mando i miei più cordiali saluti	Ich verbleibe mit den besten Grüßen
Cordiali saluti	Herzliche Grüße
p. / per	i. A. / im Auftrag

In der Firma

Sekretariat & Empfang

• Chi desidera?	Mit wem möchten Sie sprechen?
Ich bin mit … für 10.00 Uhr verabredet.	Ho (fissato) un appuntamento con … per le dieci.
• Un momento, per favore!	Einen Moment bitte!
• Il signor / La signora … viene subito.	Herr / Frau … kommt sofort.
• Venga, prego! Il signor / La signora … l'aspetta.	Kommen Sie bitte! Herr / Frau … erwartet Sie.
• L'accompagno.	Ich begleite Sie.
• Stanza 211, al secondo piano a destra.	Raum 211, im 2. Stock rechts.
• L'ascensore è là.	Der Aufzug ist dort.

▶ Kap. 3, Wegbeschreibungen S. 56
▶ Kap. 4, Orientierung: Wo ist …? S. 103

Small talk

Verspätungen werden auch hier registriert, aber eher hingenommen. Eine entschuldigende Bemerkung wie *Mi scusi per il ritardo!* (= Entschuldigen Sie bitte die Verspätung!) wird man sofort akzeptieren, zumal, wenn Sie Verkehr (= *il traffico*), Streik (= *lo sciopero*) oder schlechtes Wetter (= *il brutto tempo*) als Grund anführen.

•Mi vuole dare il suo cappotto?	Darf ich Ihnen den Mantel abnehmen?
•Si accomodi!	Nehmen Sie Platz!
•Le posso offrire ...?	**Kann ich Ihnen ... anbieten?**
qualcosa (da bere)	etwas (zu trinken)
un caffè	einen Kaffee
Ja, gern.	Sì, volentieri.
Das ist sehr nett.	Molto gentile.
Stört es Sie, wenn ich rauche?	La disturbo se fumo?
•Quando è arrivato/a?	Wann sind Sie denn angekommen?
•Spero che l'hotel sia di suo gusto.	Ich hoffe, Sie sind mit dem Hotel zufrieden.

► Kap. 2, Begrüßung & Verabschiedung S. 38, Small talk S. 51

Verhandlungen führen

Wir sind sehr an ... interessiert.	Siamo molto interessati a ... .
Wir benötigen (zunächst)	**Abbiamo bisogno (in primo luogo) ... .**
Ihr Angebot	della sua offerta
eine Preisliste	del suo listino prezzi
einen Kostenvoranschlag	del suo preventivo
ein Muster	del suo campione
Ihre Lieferbedingungen	delle sue condizioni di consegna
eine schriftliche Bestätigung	della sua conferma per iscritto

Bis wann könnten Sie die Waren liefern?	Entro quale data potrebbe consegnare la merce?
Sie müßten uns im Preis noch etwas entgegenkommen.	Per quanto riguarda il prezzo ci dovrebbe venire più incontro.
Die ... gehen zu Ihren / unseren Lasten. Transportkosten Zollgebühren	**... sono a carico vostro / nostro.** I costi del trasporto I diritti doganali
Darüber müssen wir noch detaillierter sprechen.	Ne dovremo discutere ancora più dettagliatamente.
Wir werden die Sache überdenken.	Ci penseremo.
Wir kommen wieder auf Sie zu.	Vi ricontatteremo.

▶ Kap. 2, Meinungen äußern S. 51

Etwas erbitten

Könnte ich Sie um einen Gefallen bitten?	Le potrei chiedere un favore?
Ich müßte ... . kurz telefonieren in (Hamburg) ... anrufen dieses Schreiben an ... faxen	**Dovrei ... .** fare una breve telefonata chiamare ad (Amburgo) ... mandare questa lettera per fax a ...
Könnte ich Ihr Telefon / Ihr Fax / Ihren Kopierer benutzen?	Potrei usare il suo telefono / il suo fax / la sua fotocopiatrice?
Könnten Sie mir bitte erklären, wie das funktioniert?	Mi potrebbe spiegare come funziona, per piacere?

Ich brauche noch 10 (Farb-)Kopien von diesen Unterlagen.	Ho bisogno ancora di dieci fotocopie (a colori) di questi documenti.
Tausend Dank!	Mille grazie!

Bürobedarf & Ausstattung

Steht ein ... zur Verfügung?	**C'è ... a disposizione?**
Overheadprojektor	una lavagna luminosa
Faxgerät	un fax

Präsentation	
Overheadprojektor	lavagna luminosa
Folie	lucido / foglio trasparente
Laser Pointer	laser pointer, il
Flip-chart	flip-chart, il
Magnettafel	lavagna magnetica
Zeigestock	bacchetta
Videorekorder	video(registratore), il
Adapter	adattatore, l'
Verlängerungsschnur	prolunga
Mikrofon	microfono
Büroausstattung	
Telefon	telefono
Fax(gerät)	fax, il
Fotokopierer	fotocopiatrice, la
Taschenrechner	calcolatrice, la
Notizbuch	taccuino
Papier	carta
Aktenordner	raccoglitore, il
Kugelschreiber	penna / biro, la

Textmarker	evidenziatore, l'
Bleistift	matita
Radiergummi	gomma
Lineal	righello
Schere	forbici, le [Pl]
Locher	perforatrice, la
Büroklammer	fermaglio, graffetta
Hefter	cucitrice, la
Klebstoff	colla / scotch, lo

► Kap. 6, Zeitungen, Bücher & Schreibwaren S. 179
► Wörterbuch

Computer

Tip: Reisen Sie mit einem Laptop / Notebook, sollten Sie an einen Adapter (= *adattatore*) denken, der in italienische Steckdosen paßt!

PC und Zubehör	
Computer	computer, il
Festplatte	hard disk, l'
Laptop / Notebook	lap-top, il / notebook, il
Bildschirm	schermo del monitor, lo
Farb~	~ a colori
Tastatur	tastiera
Taste	tasto
Maus	mouse, il
Drucker	stampante, la
Diskette	dischetto

Diskettenlaufwerk	disk drive, il
CD-ROM-Laufwerk	CD-Rom drive, il
Modem(anschluß)	(collegamento) modem, il
Handbuch	manuale, il
Speicherkapazität	capacità di memorizzazione
Arbeitsspeicher (RAM)	memoria (RAM)
Hauptspeicher	memoria principale
Prozessor	processore, il
Sound- / Grafikkarte	scheda sonora / grafica

Haben Sie e-mail? — Ha un collegamento e-mail?

Ist der Rechner IBM-kompatibel? — Il computer è compatibile con l'IBM?

Welche Software benutzen Sie? — Che software usa?

Wie kann man ...? — **Come si può ...?**
die Datei öffnen — aprire il file
den Text speichern — memorizzare il testo
das Programm verlassen — uscire dal programma

Drücken Sie die ...-Taste! — **Premere / Prema ... !**
Enter / Return — l'invio / il return
Escape — l'escape
Alt — l'alt

Datenverarbeitung

hardware, l'	Hardware
software, il	Software
sistema operativo, il	Betriebssystem
programma, il	Programm

documento	Dokument
file, il	Datei
nome-~	~name
dati	Daten
trasmissione di ~, la	~austausch
banca ~	~bank
accesso, l'	Zugriff
parola chiave	Password
comando	**Befehl**
annullare	abbrechen / rückgängig
aprire (un file)	(eine Datei) öffnen
cancellare, eliminare	löschen
chiudere (un file)	(eine Datei) schließen
concludere	beenden
copiare	kopieren
errato	Fehler / fehlerhaft
memorizzare (sotto)	speichern (unter)
OK / confermare	OK / bestätigen
scegliere / selezionare	(aus)wählen
stampare	drucken

▶ Wörterbuch

Messen

Tip: Im internationalen Messekalender »Fiere nel mondo«, herausgegeben vom Mailänder C.I.P. (= *Centro Italiano Pubblicità*), finden Sie auch ein detailliertes italienisches Messeverzeichnis.

▶ Kap. 10, Kontaktaufnahme S. 254, Verhandlungen führen S. 262

Wo ist ...?	**Dov'è ...?**
der Ausgang / Eingang	l'uscita / l'ingresso
das Kongreßzentrum	il centro congressi
der Stand der Firma ...	lo stand della (ditta) ...
• Stand numero 55 (nel padiglione A).	Stand Nummer 55 (im Ausstellungsbereich A).
Geben Sie mir bitte ein/en ...!	**Mi dia per favore ...!**
Ausstellerverzeichnis	una lista degli espositori
Austellungskatalog	un catalogo dell'esposizione
Haben Sie Informationsmaterial auf deutsch?	Ha del materiale informativo in tedesco?

Messe	**fiera**
Handels~	~ commerciale
Fach~	~ specializzata
Industrie~	~ industriale
Internationale ~	~ internazionale
Ausstellung	esposizione, l'
~sfläche m²	espositivo mq, l'
Aussteller	espositore,l'
Besucher	visitatore, il
Messeausweis	tessera della fiera
Messehostess	hostess della fiera, l'
Messeleitung	direzione della fiera, la
Stand	stand, lo
aufbauen	allestire
abbauen	smontare
~vermietung	noleggio dello ~
~einrichtung	arredi dello ~
Präsentation	presentazione

KURZGRAMMATIK

Wortstellung

Leidige Konstruktionen wie im Deutschen, bei denen man lange auf das Hauptverb wartet, von dem aus sich dann die Bedeutung des Satzes erschließt, sind im Italienischen unbekannt: Die normale Wortstellung im Haupt- wie im Nebensatz heißt: **Subjekt – Verb/Prädikat – Objekt:**

	I.	II.	III.	IV.
Hauptsatz	Paola	ha telefonato	a lungo con me.	
	Paola	*hat*	*lange mit mir*	*telefoniert.*
Nebensatz				
Lea dice che	Paola	vive	all'estero!	
Lea sagt, daß	*Paola*	*im Ausland*	*lebt.*	
Fragesatz	Paola	ha comprato	una macchina?	
	Hat	*Paola*	*ein Auto*	*gekauft?*
	Quando	arriva	Paola?	
	Wann	*kommt*	*Paola*	*an?*

Fragen & Fragewörter

Entscheidungsfragen, auf die man mit *sì* (= ja) oder *no* (= nein) antwortet, stellt man am einfachsten durch fragenden Tonfall; die Satzstruktur ändert sich dann nicht.

Entscheidungsfragen

Hai tempo?	Hast du Zeit?
Venite con noi?	Kommt ihr mit (uns)?

Sachfragen werden durch Fragewörter eingeleitet:

Sachfragen

Chi viene?	Wer kommt?
A chi scrivi?	Wem schreibst du?
Di chi è questa lettera?	Von wem ist dieser Brief?
Che (cosa) è successo?	Was ist passiert?
Quale prendi?	Welche/n/s nimmst du?
Come va?	Wie geht es Ihnen?
Dove sono gli spogliatoi?	Wo sind die Umkleidekabinen?
Dove vai?	Wohin gehst du?
Da dove vieni?	Woher kommst du?
Di dove sei?	Woher stammst du? (Herkunft)
Quando parte il treno?	Wann fährt der Zug ab?
A che ora ci vediamo?	Um wieviel Uhr / Wann sehen wir uns?
Quanto costa?	Wieviel kostet es?
Perché non dormi?	Warum schläfst du nicht?

Verneinung

Verneinen kann man im Italienischen durch vorangestelltes *no* (= nein). Die Negationen »nicht« und »kein« werden dagegen i. allg. durch vorangestelltes *non* übersetzt.

Einfache Verneinung

No, grazie.	Nein, danke.
Non è possibile.	Das ist nicht möglich.
Non lo so.	Ich weiß es nicht.
Carla non parla il tedesco.	Carla spricht kein Deutsch.
Nessuno ha detto questo.	Keiner hat das gesagt.

Doppelte (= verstärkende) Verneinung

Non ho capito niente / nulla.	Ich habe nichts verstanden.
Non voglio chiamare nessuno.	Ich will niemanden anrufen.
Non sono mai stato a Palermo.	Ich war noch nie in Palermo.

Konjunktionen

Die wichtigsten Konjunktionen sind:

e	und
o	oder
ma	aber, sondern
che	daß
se	ob, wenn
perché	weil, damit
affinché	damit
quando	wenn, als
dopo (che)	nachdem
né ... né	weder ... noch

Artikel & Substantive

Bestimmter & unbestimmter Artikel

Der Gebrauch der Artikel im Italienischen unterscheidet sich kaum von dem im Deutschen. Auch die Zusammenziehung von Präposition + Artikel (z. B. von dem = vom) hat im Italienischen eine Entsprechung (z. B. da + il = dal). Anders als im Deutschen werden die Artikel im Italienischen (vgl. S. 274) nicht nach dem Kasus dekliniert.

Bestimmter Artikel		
	männlich	weiblich
Singular	**il, l', lo**	**la, l'**
	il treno	la borsa
	l'amico**	l'opera**
	lo sconto*	la scala
Plural	**i, gli**	**le**
	i treni	le borse
	gli amici**	le opere
	gli sconti*	le scale
Unbestimmter Artikel		
Singular	**un, uno**	**una, un'**
	un treno	una borsa
	un amico	un'amica**
	uno sconto*	una scala

* vor männlichen Substantiven mit s + Konsonant, mit ps, gn, x oder z
** vor Substantiven mit Vokal (a, e, i, o, u) oder mit *h* + Vokal

Zusammenziehung von Artikel + Präpositionen

	a	**da**	**di**	**in**	**su**	*(aber:)* **con**
+ il	al	dal	del	nel	sul	con il (col)
+ la	alla	dalla	della	nella	sulla	con la
+ lo	allo	dallo	dello	nello	sullo	con lo
+ l'	all'	dall'	dell'	nell'	sull'	con l'
+ i	ai	dai	dei	nei	sui	con i (coi)
+ le	alle	dalle	delle	nelle	sulle	con le
+ gli	agli	dagli	degli	negli	sugli	con gli

Substantiv

Im Italienischen gibt es im Gegensatz zum Deutschen keine Deklination des Substantivs. Nominativ und Akkusativ unterscheiden sich durch ihre Stellung im Satz, der Genitiv wird mit Hilfe der Präposition »di«, der Dativ mit der Präposition »a« gebildet.

Nominativ	Genitiv	Dativ	Akkusativ
il ragazzo *der Junge*	del ragazzo *des Jungen*	al ragazzo *dem Jungen*	il ragazzo *den Jungen*
un ragazzo *ein Jungen*	di un ragazzo *eines Jungen*	ad un ragazzo *einem Jungen*	un ragazzo *einen Jungen*

Die meisten Substantive enden auf *-o* oder *-a:* Die auf *-o* (Plural *-i*) sind i. allg. männlich, die auf *-a* (Plural *-e*) weiblich. Substantive auf *-e* (Plural *-i*) können männlich oder weiblich sein. Typische weibliche Endungen sind *-ice, -tà* und tù.

Geschlecht	Singular	Plural	Beispiel
männlich	-o -e	-i -i	il fratello / i fratelli il signore / i signori
weiblich	-a -e	-e -i	la sorella / le sorelle la signora / le signore

Verbkonjugation

Da die Endung des Verbs bereits die Person anzeigt, wird das Personalpronomen im Italienischen normalerweise weggelassen.

Gegenwart

Das italienische *presente* wird wie das deutsche Präsens gebraucht. Es wird folgendermaßen gebildet:

Regelmäßige Verben

	I. parl**are** *sprechen*	II. prend**ere** *nehmen*	III.a part**ire** *abfahren*	III.b fin**ire** *beenden*
ich	parl -o	prend -o	part -o	fin -**isc**-o
du	parl -i	prend -i	part -i	fin -**isc**-i
er/sie/es/Sie	parl -**a**	prend -**e**	part -**e**	fin -**isc**-**e**
wir	parl -iamo	prend -iamo	part -iamo	fin -iamo
ihr	parl -**a**te	prend -**e**te	part -**i**te	fin -**i**te
sie/Sie	parl -**a**no	prend -**o**no	part -**o**no	fin -**isco**no

Hilfs- und Modalverben

	essere *sein*	**avere** *haben*	**volere** *wollen*	**potere** *können*	**dovere** *müssen (sollen)*
ich	sono	ho	voglio	posso	devo
du	sei	hai	vuoi	puoi	devi
er/sie/es/Sie	è	ha	vuole	può	deve
wir	siamo	abbiamo	vogliamo	possiamo	dobbiamo
ihr	siete	avete	volete	potete	dovete
sie/Sie	sono	hanno	vogliono	possono	devono

Unregelmäßige Verben

	andare *gehen*	**venire** *kommen*	**fare** *machen*	**sapere** *wissen*
ich	vado	vengo	faccio	so
du	vai	vieni	fai	sai
er/sie/es/Sie	va	viene	fa	sa
wir	andiamo	veniamo	facciamo	sappiamo
ihr	andate	venite	fate	sapete
sie/Sie	vanno	vengono	fanno	sanno

	bere *trinken*	**dire** *sagen*	**stare / dare** *sein / geben*	**uscire** *hinausgehen*
ich	bevo	dico	sto / do	esco
du	bevi	dici	stai / dai	esci
er/sie/es/Sie	beve	dice	sta / dà	esce
wir	beviamo	diciamo	stiamo / diamo	usciamo
ihr	bevete	dite	state / date	uscite
sie/Sie	bevono	dicono	stanno / danno	escono

Zukunft

Das Futur wird – häufiger als im Deutschen – auch für die nahe Zukunft gebraucht, z. B. Non ci andrò. – *Ich gehe nicht dahin.* Gebildet wird es nicht mit Hilfe eines Hilfsverbs, sondern durch Anhängen der Futurendungen *-rò, -rai, -rà, -remo, -rete* oder *-ramo* an den Futurstamm des Verbs: Parlerò. – *Ich werde sprechen.*

Infinitiv	Futurstamm	Endung	
parlare / prendere	parl**e**- / prende-	-rò	ich
partire / finire	parti- / fini-	-rai	du
avere / vedere / sapere	av- / ved- / sap-	-rà	er/sie/es/Sie
andare / dare / stare	and- / da- / sta-	-ranno	wir
essere	sa-	-remo	ihr
venire	ver-	-rete	sie/Sie

Vergangenheit

Die drei wichtigsten Vergangenheitsformen sind das *imperfetto*, das *passato prossimo* und das *trapassato*. Sie entsprechen im wesentlichen dem deutschen Imperfekt, Perfekt und Plusquamperfekt. Das *passato remoto*, für das es im Deutschen keine Entsprechung gibt, findet in der gesprochenen Sprache kaum Verwendung.

Imperfekt

Das italienische *imperfetto* wird mit Ausnahme von *essere* (= sein) regelmäßig gebildet. Auch die stammverkürzten Verben (*fare, dire* etc.) werden regelmäßig konjugiert.

Infinitiv	Verbstamm	Endung	Übersetzung
pag**are**	paga-	**-vo**	ich bezahlte
prend**ere**	prende-	**-vi**	du nahmst
part**ire**	parti-	**-va**	er/sie fuhr ab / Sie fuhren ab
finire	fini-	**-vamo**	wir beendeten
fare / dire	face- / dice-	**-vate**	ihr machtet / sagtet
avere	ave-	**-vano**	Sie / sie hatten

essere

ero	ich war	eravamo	wir waren
eri	du warst	eravate	ihr wart
era	er/sie/es war / Sie [Sg] waren	erano	sie / Sie [Pl] waren

Perfekt und Plusquamperfekt

Das Perfekt und Plusquamperfekt werden im allgemeinen mit dem Hilfsverb *avere* + Partizip II gebildet. Seltener ist die Bildung mit *essere* + Partizip II. In Verbindung mit *avere* bleibt die Partizipialendung *-o* unverändert. Reflexive (z. B. *lavarsi* – sich waschen) und unpersönliche Verben (z. B. *è piovuto* – es hat geregnet) sowie die Verben *andare, cadere, diventare, entrare, scendere, stare, tornare, uscire, venire, rimanere* und *piacere* bilden die beiden Zeitformen mit *essere*. In diesem Fall richtet sich die Partizipialendung nach Geschlecht (männlich/weiblich) und Numerus des Bezugswortes.

avere **+ Partizip II**

Perfekt	ho creduto	ich habe geglaubt
Plusquamperfekt	avevo creduto	ich hatte geglaubt

essere **+ Partizip II**

Perfekt	Maria è arrivat**a**.	Maria ist angekommen.
	Pietro è arrivat**o**.	Pietro ist angekommen.
Plusquamperfekt	Le due ragazze erano già arrivat**e**.	Die beiden Mädchen waren bereits angekommen.
	I miei fratelli erano già arrivat**i**.	Meine Brüder waren bereits angekommen.

Die Bildung des Partizips ist bis auf wenige Ausnahmen regelmäßig:

Regelmäßige Bildung des Partizip II

Infinitiv	Infinitiv-endung	Verbstamm	Partizipial-endung	Übersetzung
manqiare	-are	manqi-	-ato	gegessen
vendere	-ere	vend-	-**u**to	verkauft
finire	-ire	fin-	-ito	beendet
partire		part-		abgefahren

Unregelmäßige Partizipialformen

Infinitiv	Partizip II	Übersetzung
aprire	aperto	geöffnet
avere	avuto	gehabt
bere	bevuto	getrunken
chiedere	chiesto	gefragt, gebeten
chiudere	chiuso	geschlossen
dire	detto	gesagt
essere	stato	gewesen
fare	fatto	gemacht, getan
leggere	letto	gelesen
mettere	messo	gesetzt, gestellt, gelegt
scrivere	scritto	geschrieben
trascorrere	trascorso	verbracht

Befehlsform

Die Befehlsform dient außer zur Aufforderung auch dazu, Bitten oder Einladungen auszusprechen: Wie im Deutschen wird die 1. Person Plural Präsens auch imperativisch gebraucht: Andiamo! – *Gehen wir!*

Regelmäßige Bildung der Befehlsform

	I. parl**are**	II. prend**ere**	III. a part**ire**	III. b fin**ire**
Singular (du)	Parl**a**! *Sprich!*	Prend**i**! *Nimm!*	Part**i**! *Fahr ab!*	Fini**sci**! *Hör auf!*
Plural (ihr)	Parl**ate**! *Sprecht!*	Prend**ete**! *Nehmt!*	Part**ite**! *Fahrt ab!*	Fin**ite**! *Hört auf!*
Singular (Sie) Plural (Sie)	Parl**i**! Parl**ino**! *Sprechen Sie!*	Prend**a**! Prend**ano**! *Nehmen Sie!*	Part**a**! Part**ano**! *Fahren Sie ab!*	Fini**sca**! Fini**scano**! *Hören Sie auf!*

Unregelmäßige Befehlsformen

	Singular (du)	**Plural** (ihr)	**Singular** (Sie)	**Plural** (Sie)
andare	va' / vai	andate	vada	vadano
avere	abbi	abbiate	abbia	abbiano
dare	da' / dai	date	dia	diano
dire	di'	dite	dica	dicano
essere	sii	siate	sia	siano
fare	fa' / fai	fate	faccia	facciano
stare	sta' / stai	state	stia	stiano
venire	vieni	venite	venga	vengano

Im Singular (tu) wird die Befehlsform mit *non* + Infinitiv negiert: *Non parlare!* (= Sprich nicht!) In allen anderen Fällen wird lediglich *non* vorangestellt: *Non parlate!* (= Sprecht nicht!) *Non parli / parlino!* (= Sprechen Sie nicht!).

Konditional

Das Konditional findet man in höflichen Wendungen und Wünschen, die im Deutschen im Konjunktiv II stehen. Auch Hypothetisches oder Zweifel werden mit Hilfe des Konditionals zum Ausdruck gebracht:

Potrei avere ...?	Könnte ich ... haben?
Vorrei ...	Ich möchte / hätte gern ...
Potrebbe succedere che ...	Es könnte passieren, daß ...
Sarebbe bello vederci l'anno prossimo.	Es wäre schön, sich nächstes Jahr wiederzusehen.

parlare	parl**e**-	**-rei**	ich
prendere	prende-	**-resti**	du
partire / finire	parti- / fini-	**-rebbe**	er/sie/es/Sie
essere / avere / dire	sa- / av- / di-	**-remmo**	wir
fare / stare	fa- / sta-	**-reste**	ihr
tenere / venire / volere	ter- / ver- / vor-	**-rebbero**	sie/Sie

Pronomen

Personalpronomen

Die betonten Formen dienen der Hervorhebung: Ha chiamato **me**! – *Er hat* ***mich*** *(betont) gerufen!* Da die Person bereits durch das Verb bzw. die entsprechende Endung angezeigt wird, erscheint ein Personalpronomen im Nominativ nur, wenn kein Verb vorhanden ist oder die Person besonders hervorgehoben werden soll:

Chi prende un caffè? – **Io**. (= Wer möchte einen Kaffee? – **Ich.**)
Sono ***io****!* (= **Ich** (betont) bin's!).

Die unbetonten Dativ- und Akkusativpronomen finden nur in Verbindung mit einem Verb Verwendung. Sie stehen bis auf *loro/Loro* vor dem konjugierten Verb: **Ti** chiamo. – *Ich rufe* ***dich*** *an.* Alleinstehend oder in Kombination mit einer Präposition werden die betonten Akkusativformen gebraucht: Vieni **con me**! – *Komm'* ***mit (mir)****!*

Der Genitiv wird mit der Präposition »di« und dem betonten Personalpronomen im Akkusativ gebildet. Die entsprechende Form mit der Präposition »a« ergibt das betonte Dativpronomen: L'ho dato **a te**. – *Ich habe es* ***dir*** *gegeben.*

Nominativ betont		**Akkusativ: Wen?** betont	unbetont		**Dativ: Wem?** unbetont	
io	*ich*	me	mi	*mich*	mi	*mir*
tu	*du*	te	ti	*dich*	ti	*dir*
lui	*er, es*	lui	lo*	*ihn, es*	gli	*ihm*
lei	*sie*	lei	la*	*sie*	le	*ihr*
Lei	*Sie* [Sg]	Lei	La	*Sie* [Sg]	Le	*Ihnen* [Sg]
noi	*wir*	noi	ci	*uns*	ci	*uns*
voi	*ihr*	voi	vi	*euch*	vi	*euch*
loro	*sie*	loro	li *m*, le *w*	*sie*	loro	*ihnen*
Loro	*Sie* [Pl]	Loro	Li *m*, Le *w*	*Sie* [Pl]	Loro, Vi	*Ihnen* [Pl]

* Die Pronomen *lo* (ihn/es) und *la* (sie) werden vor einem Vokal und vor *h* + Vokal zu *l'* verkürzt: *Chi l'ha visto?* – (= Wer hat ihn gesehen?)

Beim Infinitiv und bei der Verlaufsform können die unbetonten Dativ- und Akkusativpronomen an das Verb angehängt werden, bei der Befehlsform der 2. Person (tu) müssen sie es sogar: Dammelo! (= Gib es mir!). Die unbetonten Dativpronomen werden den Akkusativpronomen *lo, la, li* und *le* vorangestellt und verändern dabei ihre Form, z. B. *ti*: **Te lo** do. (= Ich gebe **es dir**.)

Apropos: Die unpersönliche deutsche Form »man« wird im Italienischen meist mit *si* ausgedrückt: *Non* ***si*** *sa dove …* (= **Man** weiß nicht, wo …).

Possessivpronomen

Die Endungen der Possessivpronomen richten sich nach Geschlecht (männlich/weiblich) und Numerus des substantivischen Beziehungswortes und werden meist mit dem bestimmten Artikel gebraucht (Ausnahme: Verwandtschaftsbezeichnungen, s. *mio padre* – mein Vater). Nur *loro / Loro* ist unveränderlich:

Dov'è **il mio** libro?	Wo ist mein Buch?
Dov'è **la mia** macchina?	Wo ist mein Auto?
Dove sono **i miei** libri?	Wo sind meine Bücher?
Dove sono **le mie** scarpe?	Wo sind meine Schuhe?

	libro *Buch*	**borsa** *Tasche*	**libri** *Bücher*	**borse** *Taschen*
mein/e	il mio	la mia	i miei	le mie
dein/e	il tuo	la tua	i tuoi	le tue
sein/e / Ihr/e	il suo/Suo	la sua/Sua	i suoi/Suoi	le sue/Sue
unser/e	il nostro	la nostra	i nostri	le nostre
euer/eure	il vostro	la vostra	i vostri	le vostre
ihr/e, Ihr/e	il loro/ Loro	la loro/ Loro	i loro/ Loro	le loro/ Loro

Demonstrativpronomen

Die Endung der Demonstrativpronomen *questo* (= dieser) und *quello* (= jener) wechselt je nach Geschlecht (männlich/weiblich) und Numerus des Bezugswortes.

männlich		**weiblich**	
questo	questi	questa	queste
quel, quello*, quell'**	quegli*, quei	quella, quell'**	quelle

* vor männlichen Substantiven mit s + Konsonant, mit ps, gn, x oder z
** vor Substantiven mit Vokal (a, e, i, o, u) oder mit *h* + Vokal

Reflexivpronomen

Singular		**Plural**	
mi	mich	ci	uns
ti	dich	vi	euch
si	sich	si	sich

Reflexivkonstruktionen ersetzen im Italienischen häufig das Passiv: Le espadrilles **si vendono** solo in estate. – *Espadrils* ***werden*** *nur im Sommer* ***verkauft.***

Relativpronomen

Das Relativpronomen *che* entspricht den deutschen Relativpronomen *der, die, das, den*. Es gilt für Personen und Sachen im Singular und Plural gleichermaßen:

L'uomo che …	Der Mann, der …
Gli uomini che	Die Männer, die …
La donna che	Die Frau, die …
Le donne che	Die Frauen, die …

Adjektive & Adverbien

Adjektivdeklination

Die Endung der Adjektive (z. B. bello *schön*) richtet sich nach Geschlecht (männlich/weiblich) und Numerus (Singular/Plural) des Bezugswortes. Adjektive auf -e unterscheiden nur Singular (*giovan**e***) und Plural (= *giovan**i***). Folgende Kombinationen sind möglich:

Singular			**Plural**		
Il cantante	è	bravo. giovan**e**	**I** cantant**i**	sono	brav**i**. giovan**i**
La casa	è	bell**a**. grand**e**	**Le** case	sono	bell**e**. grand**i**

Als Attribut wird das Adjektiv meist nachgestellt: un articolo interessante – *ein interessanter Artikel*.

Steigerung

Um im Italienischen den Komparativ zu bilden, stellt man dem Adjektiv *più* (= mehr) bzw. *meno* (= weniger) voran. Der Superlativ wird durch *il/la più / meno* + Adjektiv bzw. durch die Endung *-issimo/a* gebildet.

Grundstufe	**Komparativ**	**relativer Superlativ**	**absoluter Superlativ**
veloce bello	più/meno veloce più/meno bello	il più/meno veloce il più/meno bello	velocissimo bellissimo

Ausnahmen

Grundstufe	Komparativ	relativer Superlativ	absoluter Superlativ
buono	migliore*	il migliore	ottimo
cattivo	peggiore*	il peggiore	pessimo
grande	maggiore*	il maggiore	massimo
piccolo	minore*	il minore	minimo
male	peggio	–	malissimo
molto	più	–	moltissimo
poco	meno	–	pochissimo

* Diese Adjektive können den Komparativ mit *più* und den relativen Superlativ mit *il più* bilden: *più buono, il più buono*.

Adverbien

Adverbien stehen in der Regel nach dem konjungierten Verb: *Sto male*. (= Es geht mir schlecht.) Die von Adjektiven abgeleiteten Adverbien erhalten die Endung *-mente*. Unregelmäßig gebildete Adverbien sind z. B. *bene* (= gut) und *male* (= schlecht).

certo/a	cert**a**mente
nuovo/a	nuov**a**mente
semplice	semplic**e**mente
gentile	gentilmente

WÖRTERBUCH

Wörterbuch Deutsch–Italienisch

A

ab da *(zeitlich)*, 27; ~ **wann?** (a partire) da quando? 27, 96
abbestellen disdire, annullare
abbiegen svoltare, girare; **rechts/links** ~ svoltare/girare a destra/sinistra
abbrechen annullare 267
Abend sera 28, 40; ~**essen** cena 50, 104, 116; ~**garderobe** abito da sera 212
aber ma 272
abfahren partire 71, 275ff; **Abfahrt** partenza
Abfall immondizie *pl*, rifiuti *pl*
Abführmittel lassativo 240
abgeben consegnare 237
abholen ritirare 107, 124, 216
Abkürzungen abbreviazioni → 14
abmachen concordare, stabilire; **abgemacht!** *(einverstanden)* d'accordo!
abnehmen *(Telefon)* sganciare 226
Abreise partenza 106; ~**tag** giorno di partenza 95; **abreisen** partire 96, 106
abschalten spegnere 111
Abschleppdienst autosoccorso, servizio carro attrezzi 233; **Abschleppseil** cavo da traino 234; **Abschleppwagen** carro attrezzi 235
Absender mittente 223
Absicht intenzione 46
Abstand distanza
Abtei badia, abbazia 205
Abteil scompartimento
Abteilung reparto, area, settore 256f; ~**sleiter** capo settore 256
abtrennen strappare 225
Achtung attenzione 232
Adapter adattatore 265
Adresse indirizzo 42; recapito 238
Aktenordner raccoglitore 264
Alarmanlage impianto d'allarme
Alkohol alcool; **alkoholfrei** analcolico; **alkoholisch** alcolico
alle(r,s) tutti, tutto; **alles in Ordnung?** tutto bene? 233
allein da solo
Allergie allergia; **allergisch** allergico 245, 251
als *(nach Komparativ)* che 272; *(während)* quando; *(wie)* come
alt vecchio; **Alter** età 42; **Altstadt** centro storico 203
Altar altare 205
Alufolie folio di alluminio
Ampel semaforo 57, 58, 70
Amphitheater anfiteatro 204
Ananas ananas
anbieten offrire 262
Andenken ricordo
andere(r,s) altro
Angebot offerta 258, 262
Angehörige/r parente
Angel canna 194; **angeln** pescare 192f
angenehm piacere 46, 49; piacevole 39, 45
Angestellte/r impiegata/o 43
Angriff attacco 198
Angst paura
Anfang inizio 26; **Anfänger** principiante 191, 196
anhalten *(Fahrzeug)* fermarsi 90
Anhänger *(Zug, Wagen)* rimorchio
Ankauf acquisto 218
Anker ancora
ankommen arrivare 96, 107, 240, 270, 278; **Ankunft** arrivo

Anlage *(Brief)* allegato 260
Anlasser motorino d'avviamento
anmachen *(Radio, Licht)* accendere
anmelden *(Kurs)* iscrivere 191
annehmen accettare 20
Anorak giacca a vento
Anruf chiamata 105; **anrufen** telefonare, chiamare 104, 227, 234, 263
anschieben spingere 235
Anschluß *(Zug)* coincidenza 72
anschnallen allacciarsi (la cintura)
Anschrift indirizzo
anspringen *(Auto)* partire 235
ansteckend infettivo, contagioso 246
anstrengend faticoso 39
Antenne antenna
Antibabypille pillola (anticoncezionale); **Antibiotikum** antibiotico
antik antico; **Antike** antichità 199; **Antiquitäten** antichità 154
antworten rispondere 259
Anwalt avvocato
Anzahlung acconto 95
Anzeige denuncia 233, 238f; **anzeigen** denunciare → 238
anziehen indossare; **sich ~** vestirsi
Anzug vestito, abito 171
Apartment appartamento 107
Apertif aperitivo 116
Apfel mela 168; **~saft** succo di mela 120; **~sine** arancia
Apotheke farmacia 154 → 240ff; **Apotheker/in** farmacista
Appetit appetito
Aprikose albicocca 147
April aprile 29
Aquädukt acquedotto 204
arabisch arabo
Arbeit lavoro; *(Beruf)* professione; **arbeiten** lavorare 255; **Arbeiter** operaio; **Arbeitsspeicher** memoria 266
Archäologie archeologia 44
Architekt/in architetto; **Architektur** architettura 44
Arie aria
arm povero; **Arm** braccio 244, 248; **~band** bracciale; **Ärmel** maniche 172
Arthrose artrosi
Artischocke carciofo 167
Arzneimittel medicinale 240; **Arzt** medico 232 → 242ff
Aschenbecher portacenere 145
Asthma asma
Atem respiro 244; **~not** affanno; **Atmung** respirazione
Attest attestato
Aubergine melanzana 140
auch anche
auf su; **Auf Wiederhören/Wiedersehen!** Arrivederci! 40, 106, 227
aufbrechen *(mit Gewalt)* forzare 238
Aufenthalt soggiorno 95, 96, 238
aufgeben *(Postsendung, Gepäck)* spedire 216
aufhaben *(Geschäft)* aver/essere aperto
auflösen sciogliere 242
Aufnahme accettazione 249
Aufnehmer strofinaccio
aufpassen *(aufmerksam sein)* fare attenzione; **~ auf** dare un'occhiata a 187
Aufschlag *(Mehrpreis)* supplemento
Aufschnitt affettato 125 → 164
Aufstieg scalata, salita 191
Aufzug *(Lift)* ascensore 26; *(Umzug)* corteo 211
Auge occhio 248; **~narzt** oculista; **~tropfen** collirio
August agosto 29
Ausflug gita, escursione 206
ausfüllen compilare 103
Ausgang uscita 268

B

bedeuten significare
Bedienung servizio; *(Kellner)* cameriere
Bedingung condizione 262
beenden concludere 267; finire 208, 275ff
befinden, sich stare 272; trovarsi 103
befördern trasportare
begegnen incontrare
beginnen cominciare 207, 211
begleiten accompagnare 260
begreifen capire
begrüßen salutare 38
Behinderte disabili *pl* 97, 200
bei presso
Beichte confessione 206
Beilage contorno 131→ 140
Bein gamba 243, 248
Beleg *(Quittung)* ricevuta; *(Geldautomat)* promemoria 219
benachrichtigen avvertire 232
benutzen usare 245, 266
Benzin benzina 234; **~tank** serbatoio della benzina
bequem comodo 158
Berechtigung autorizzazione
Bereich campo 256
bereits già
Bereitschaftsdienst *(Arzt)* guardia medica; *(Apotheke)* turno
Berg montagna, monte 97, 201, 204; **~spitze** picco, cima; **bergsteigen** scalare 192
Beruf professione → 43; **~sverkehr** traffico delle ore di punta
Beruhigungsmittel tranquillante
berühren toccare
Bescheinigung certificato 250
beschließen decidere
beschreiben descrivere 238
Beschwerden *(Medizin)* disturbi
Besen scopa
besetzt occupato 77, 79, 225
besichtigen visitare 199, 206
besiegen vincere
Besitz proprietà; **~er** proprietario
besprechen discutere su; **Besprechung** riunione 259
besser meglio
bestätigen confermare 82, 219, 239, 267; **Bestätigung** conferma 101; *(Geldautomat)* esegui 219f
beste/r migliore 181
Besteck posate *pl* 110
bestehlen derubare 239
bestellen *(rufen)* chiamare, *(Bestellung)* ordinare 90, 105f, 130, 144, 159 → 123, 143f
besuchen visitare; **Besucher** visitatore 268
betäuben narcotizzare
beten pregare
Betrag importo 219
Betreff oggetto 260
Betrieb azienda, impresa 257
Bett letto 100, 247; **zu ~ gehen** andare a letto; **~laken** lenzuolo; **~wäsche** biancheria
Beule ammaccatura
beunruhigend preoccupante 245
bevor prima di/che
bewegen muovere 245, 247
bewölkt nuvoloso
bewußtlos incosciente, svenuto
bezahlen pagare → 20, 65, 124f, 145f, 277
BH reggiseno 171
Bibel bibbia
Biene ape
bieten offrire
Bier birra 121
Bikini bikini 189
Bild quadro 203; **~hauer/in** scultore/scultrice; **~schirm** schermo 265
Billard biliardo

billig a buon mercato
Binden *(Hygiene)* assorbenti 176
Biologie biologia
Birne pera 168
bis fino; ~ **bald!** a presto! 227; ~ **wann?** fino a quando? 159; ~**her** fino ad ora
Bischof vescovo
Biß, ~**wunde** morso
bitte per piacere, per favore 36; **wie ~?** prego?; ~ **sehr** prego; **bitten** chiedere 279; pregare 46, 83; ~ **um** pregare di 124
bitter amaro 122
Blähungen flatulenza *sg*
Blase *(Organ)* vescica 247
blaß pallido
Blatt foglio
blau blu, azzurro 34
Blechschaden danni alla carrozzeria *pl*
bleiben fermarsi 60; restare 259; rimanere 50, 96, 102; stare 276f
bleifrei senza piombo
Bleistift matita 265
Blick vista 97
blind cieco
Blinddarm appendice 247; ~**entzündung** appendicite
Blinker freccia
Blitzlicht flash
Blockschrift stampatello
blond biondo 229
Blume fiore 154; ~**nkohl** cavolfiore 167
Bluse camicetta 171
Blut sangue 246; ~**druck** pressione (di sangue) 245f; **bluten** sanguinare; **Bluttransfusion** trasfusione di sangue; **Blutung** emorragia; **Blutvergiftung** setticemia
Boden *(Fuß~)* pavimento
Bogen arco
Bohne fagiolo, *(dicke ~)* fava 129, 167
Boiler scaldabagno
Bonbon caramella
Boot barca, lancia 189, 194; ~**sverleih** noleggio (di) barche 189
Bordkarte *(Flug)* carta d'imbarco 80
bösartig maligno; **böse** cattivo 286
Botanischer Garten orto botanico
Botschaft *(Konsulat)* ambasciata 232
Bouillon brodo
Brand incendio; ~**wunde** ustione
Braten arrosto 137; **Brathähnchen** pollo arrosto 129; **Bratwurst** salsiccia 129, wurstel
brauchen avere bisogno 157; servire 104
braun *(Haare)* castano 229; *(gebräunt)* abbronzato
brechen rompere; *(er~)* vomitare
breit largo
Bremse freno 86; **bremsen** frenare
Brief lettera 221, 223; ~**kasten** buca delle lettere 216, 222; ~**marke** francobollo 122, 154, 180, 216, 221ff; ~**tasche** portafoglio 175, 237; ~**umschlag** busta 181
Brille occhiali *pl* → 184; ~**netui** astuccio per occhiali
Broccoli broccoli *pl* 167
Brombeere mora
Bronchitis bronchite
Brot pane 125, 155, 162; **Brötchen** panino 124ff, 162
Bruch frattura
Brücke ponte 57
Bruder fratello
Brühe brodo
Brunnen pozzo, fontana 203
Brust petto 248; ~**beutel** borsino (da viaggio)
brutto lordo

C

D

Diafilm rullino per diapositive 177
Diät dieta 126, 247; **diätetisch** dietetico 126
dich te, ti 282, 284
Dichter/in poeta/-essa
dick *(Aufschnitt)* spesso; *(Mensch, Tier)* grasso, grosso
die *(Artikel)* la; *(Relativpronomen)* che 284
Dieb ladro 232; **Diebstahl** furto 238 → 237
Dienstag martedì 28
diese(r,s) questo/a 283, 284
dir ti 282, 284
Direktor direttore 256
Dirigent direttore; **dirigieren** dirigere 209
Diskette dischetto 265
Diskothek discoteca 213
Dollar dollaro
Dolmetscher/in interprete 37
Dom duomo 199, 205
Donnerstag giovedì 28
Doppelbett letto matrimoniale; **Doppelzimmer** camera doppia 94, 99, 102
Dorf paese; villaggio
dort ci; **dorthin** ci
Dose scatola; lattina 118, 161; **~nöffner** apriscatole
Drama dramma 210
draußen fuori 130
dreckig sporco 98
drehen girare 111
dringend urgente
drinnen dentro
Drogerie profumeria 154
drucken stampare 267; **Drucker** stampante 265
drücken premere 111, 219
du tu 282
Duft odore
dumm stupido
dunkel scuro; *(Tageslicht)* buio
dünn *(Aufschnitt)* sottile; *(schlank)* magro, snello
Durchfahrt transito; **~ bitte freihalten** passo carrabile
Durchfall diarrea 240
durchgebraten ben cotto 144
Durchreise transito
dürfen potere
Durst sete 118, 250
Dusche doccia 93, 98, 100, 109, 113, 187; **duschen** fare la doccia; **Duschhaube** cuffia
duzen, sich darsi del tu
D-Zug diretto

E

Ebbe bassa marea
Ebene pianura
echt autentico, vero; puro 174, 183
Ehefrau moglie; **Ehemann** marito
Ei, Eier uovo, uova 126, 135, 162
Eilbrief espresso; **eilig haben, es** avere fretta 90
Eimer secchio; **~chen** secchiello
ein(e) *(Artikel)* un, uno, una; **eins** uno → **Zahlen**
einatmen inspirare 244
Einbahnstraße strada a senso unico
Einbettzimmer camera singola
Einbruch irruzione 238
einchecken fare il check-in
Eindruck impressione
einfach semplice 97, 286; *(Fahrkarten)* solo andata 81
Einfahrt entrata
einfarbig (a) tinta unita 172
einfrieren congelare
einführen inserire 219; *(importieren)* importare
Eingang ingresso 268
eingeben *(Zahlen)* digitare 219
Einheit unità; *(Telefon)* scatto

F

früh presto; **früher** una volta; **frühestens** non prima di
frühchristlich paleocristiano 202
Frühling primavera 31
Frühstück prima colazione 94, 104f, 116
fühlen sentire 243
Führerschein patente 71
Führung *(Museum)* visita guidata 200f, 206; *(Tour)* escursione guidata 191
Füller penna (stilografica)
Füllung *(Zahn)* otturazione 250
Fundbüro ufficio oggetti smarriti 237
funktionieren funzionare 105, 263
für per; ~ **wann?** per quando? 96
Fuß piede 244, 248; **~boden** pavimento; **~gängerzone** isola/zona pedonale; quartiere chiuso al traffico
Fußball *(Ball)* pallone 194, 198; *(Sport)* calcio 192 → 197f; **~platz** campo di calcio 191, 193; **~spiel** partita di calcio 197; **~toto** totocalcio 214
Futter cibo

G

Gabel forchetta 110, 145
Galerie *(Kunst)* galleria d'arte 155, 202
Galle cistifellea
Gang *(Essen)* piatto; *(Auto)* marcia; **erster/zweiter** ~ primo/secondo piatto → 135ff; **~schaltung** cambio (di marce)
Gans oca
ganz intero 200
gar cotto
Garage garage
Garantie garanzia
Garderobe guardaroba 208
Garten giardino 204
Gas gas 110; **~flasche** bombola 110; **~herd** fornello a gas; **~pedal** acceleratore
Gast ospite; **~haus** trattoria
Gebäck paste *pl*, dolciumi *pl* 155
Gebäude edificio 201
geben dare 157, 276f
Gebet preghiera 206
Gebirge montagna 204
gebissen morso 244; **Gebiß** *(künstlich)* dentiera
geboren nato/a
gebrauchen usare 245, 266; **Gebrauchsanweisung** istruzioni per l'uso *pl* 108
gebrochen fratturato 246
Gebühr tassa; **Gebühren** spese 218
Geburt nascita; **~sdatum** data di nascita; **~shaus** casa natale 201; **~sort** luogo di nascita; **~stag** compleanno 47
Gedeck coperto
geehrte/r *(Brief)* gentile 260
geeignet adatto
Gefahr pericolo 195; **gefährlich** pericoloso 112, 187, 191
Gefallen favore 263; **gefallen** piacere 53, 159, 229
Gefäß vaso, recipiente
Geflügel pollame 138, 162
Gefriertruhe congelatore
Gefühl sentimento
gefüttert foderato
gegen contro; **~über** di fronte
Gegend zona, regione, paese 182
Gegenstand oggetto 238f
Gehacktes macinato
Geheimzahl codice personale 218f
gehen andare (a piedi) 56, 271, 276f; **es geht!** così, così! 39
Gehirn cervello; **~erschütterung** commozione vertebrale

gehören appartenere
Geige violino
gekocht *(gar)* cotto 126; *(in Wasser)* bollito
Gel gel
gelähmt paralizzato
gelb giallo 34; **Gelbe Seiten** pagine gialle; **Gelbsucht** epatite
Geld denaro, soldi *pl* 19, 104, 160, 238 →217ff; **~ abheben** prelevare dei soldi 219f; **~ wechseln** cambiare 216f; **~automat** bancomat 216 → 219f; **~schein** banconota, biglietto
gelegen *(befindlich)* situato
Gelenk articolazione
Gemälde quadro 201, 203
gemein cattivo 286
Gemüse verdura 129, 140 → 167; **~laden** fruttivendolo 155; **~suppe** minestrone, zuppa 129
gemütlich accogliente 213
genau preciso
Genehmigung autorizzazione
genesen guarire
genug abbastanza
Geografie geografia
Geologie geologia
Gepäck bagaglio 78, 238; *(Koffer)* valigia 102f, 106; **~aufbewahrung** deposito bagagli 75; **~träger** facchino, portabagagli; **Hand~** bagaglio a mano
gerade *(Richtung)* dritto; *(Zeit)* appena
Gerät apparecchio; *(Musik~)* strumento
Geräusch rumore
Gericht piatto; *(Jura)* tribunale
gern volentieri 262
gesalzen salato
Gesang canto
Geschäft negozio →154ff; **~sführer** *(Gesellschaft)* amministratore 256
geschehen succedere, accadere
Geschenk regalo 155, 157
Geschirr stoviglie *pl* 109; **~spülmittel** detersivo per i piatti; **~tuch** canovaccio
Geschlecht sesso
Geschmack gusto
Geschwindigkeit velocità; **~sbegrenzung** limite di velocità
Geschwister fratelli, sorelle
geschnitten tagliato 244
geschwollen gonfio, edematoso 246
Geschwür ulcera
Gesellschaft *(Unternehmen)* società 257
Gesetz legge
Gesicht viso
Gestank puzzo
Gestell *(Brille)* montatura 184
gestern ieri 26
gestochen punto 244
gesund sano; **Gesundheit** salute
Getränk bevanda 131, 155→ 118ff
Getreide cereali *pl*
Gewicht peso
gewinnen vincere 197
Gewitter temporale
Gewölbe volta
Gewürze spezie
giftig velenoso
Gipsverband ingessatura 246
Girokonto conto corrente (c/c) 220f
Gitarre chitarra
Glas bicchiere 109, 118, 145, 151; *(Material)* vetro 158; **Gläser** *(Brille)* lenti 184; **Glaswaren** cristalli 155
glauben credere 51f, 278
Gleis binario 76
Glocke campana; **~nturm** campanile 205
Glück fortuna 47; **~wünsche** auguri 47

Glühbirne lampadina 110
Gobelin arazzo
Gold oro 183
Golf (spielen) (giocare a) golf 190, 192
Gondel gondola
gotisch gotico 202
Gott dio; **~esdienst** messa 205f
Grab tomba 20; mausoleo
Gramm grammo; **100 g** un etto 18
Grapefruit pompelmo 168
Gräte spina
grau grigio
Grenze confine
griechisch greco 202
Griff manico
Grill griglia 114; **grillen** fare la griglia; **Grillplatz** posto griglia
Grippe influenza
groß grande 158, 255, 285; **Größe** *(Kleidung)* taglia 159, 169; *(Schuhe)* numero 173
Großmutter nonna; **Großvater** nonno
Grotte grotta 199, 204
grün verde 34
Grund causa
Gruppe gruppo 200
Gruß saluto 38; **herzliche Grüße** cordiali saluti 260; **grüßen** salutare 40
Gulasch spezzatino
gültig valido
günstig a buon mercato 154
Gurke cetriolo 167
Gürtel cintura 175
gut buono, bene 38, 44, 286; **Gute Nacht!** Buona notte! 40; **Guten Abend!** Buona sera! 38, 130; **Guten Tag!** Buongiorno! 38; **~artig** benigno; **~gelaunt** di buon umore
Guthaben credito 220
Gutschein buono
Gymnasium liceo

H

Haar capello 228f; **~bürste** spazzola; **~schnitt** taglio 228f; **~spray** lacca 229; **~trockner** asciugacapelli, fon 188; **~waschmittel** shampoo
haben avere 2755ff
Hafen porto 59, 83f
Haferflocken fiocchi d'avena
Hähnchen pollo
Haken gancio
halb mezzo 23; **Halbpension** mezza pensione 94; **halbtrocken** semisecco 122, 151; **erste/zweite Halbzeit** primo/secondo tempo 198; **Hälfte** metà 161
Hallenbad piscina coperta 188
hallo! *(Begrüßung)* ciao!; *(Telefon)* pronto! 226
Hals collo; **~schmerzen** mal di gola
haltbar bis da consumarsi entro il
halten tenere
Haltestelle fermata 79, 88
Hammer martello 114
Hämorrhoiden emorroidi
Hand mano 248; **~ball** pallamano 192; **~bremse** freno a mano; **~buch** manuale 266; **handgemacht** fatto a mano; **~schuhe** guanti 170, 175; **~tasche** borsa 237f; borsetta 174; **~tuch** asciugamano 104, 109, 189; **~werker/in** artigiano/a
handeln *(Ware)* commerciare 255
hart duro 175
Hase lepre
Haß odio; **häßlich** *(Wetter)* brutto 261
häufig spesso
Haupt- centrale; **~bahnhof** stazione centrale; **~post** posta centrale 216, 240; **~saison** alta stagione 94; **~sitz** sede; **~stadt** capitale

Haus casa 238, 285; **~arzt** medico di famiglia; **~frau** casalinga; **~haltswaren** articoli per la casa 155
Haut pelle; **~arzt** dermatologo
Hefe lievito
Heft quaderno; **~pflaster** cerotto
Heidelbeere mirtillo
heilen guarire
Heilige/r Santa/o 206; **Heiligtum** santuario 205
Heimat patria, paese
heiraten sposarsi
heiß caldo 31f, 99
heißen chiamarsi 39
heiter *(Wetter)* sereno
Heizung riscaldamento 100
helfen aiutare 216
Helm casco
Hemd camicia 170
Herberge ostello
Herbst autunno 31
Herd cucina, fornello 109
hereinkommen entrare 50
Herr signore 39
herstellen produrre 255
Herz cuore 247; **~infarkt** infarto 245; **Herzlichen Glückwunsch!** Auguri! 47
Heuschnupfen raffreddore da fieno
heute oggi 26, 227
Hilfe aiuto 232
Himbeere lampone
hin und zurück *(Fahrkarte)* andata e ritorno 74, 81
hinausgehen uscire 276
hinten dietro 208, 251
historisch storico
hoch alto 245f; **~glanz** lucido 178
höchstens al massimo; **Höchstbetrag** importo massimo 218
Hochzeit matrimonio 157
hoffen sperare
höflich gentile
Höhle caverna, grotta 204
holen andare/venire a prendere
Holz legno 158
Honig miele 126; **~melone** melone 168
hören sentire
Hörnchen *(Eis)* cono 146; *(Frühstück)* cornetto 123, 125, 148
Hose pantaloni *pl* 170
Hotel hotel 93, 100, 262; **~reservierung** → 100f
hübsch carino, bello
Hügel collina 204
Huhn pollo 127, 138
Hülsenfrüchte legumi 167
Hunger fame
Hummer astice 139, *(Languste)* aragosta 139
Hund cane
Hupe clacson
Husten tosse 243
Hut cappello

I

ich io 281f; **ihm** gli 282; **ihn** lui 282; **ihnen** loro 282; **ihr** *(nom pl)* voi 282; *(dat sg)* le 282; *(possessiv)* sua 283
ideal ideale
immer sempre 27
importieren importare 255
immun immune
impfen vaccinare
in in, dentro
inbegriffen incluso 94
Industrie industria
Infektion infezione
Informatik informatica
Ingenieur/in ingegnere
Inhalt contenuto
inklusive compreso, incluso
Innenhof cortile
innerhalb entro

Insekt insetto; **~enstich** puntura d'insetto 240
Insel isola
insgesamt nell'insieme
Instrument strumento
interessant interessante 199, 207, 262
international internazionale
inzwischen nel frattempo
irgendwo da qualche parte
irren, sich sbagliarsi
Italien Italia 53; **italienisch** italiano 37, 158, 181

J

ja sì 51
Jacht yacht
Jackett giacca 171
Jagd caccia 192f
Jahr anno 26; **~eskarte** tessera annuale 200
Januar gennaio 29
Jazz Jazz
jede(r,s) ogni, ognuno/a
jedoch tuttavia
jemand qualcuno
jene/r quella/o 283f
joggen fare footing, correre 192
Joghurt yogurt 126
Johannisbeere ribes
Journalist/in giornalista
jucken prudere
Jude, jüdisch ebreo
Jugendherberge ostello della gioventù 93
Jugendstil liberty 202
Juli luglio 29
jung giovane 285; **Junge** ragazzo, bambino 157
Juni giugno 29
Jura diritto
Juwelier gioielleria, oreficeria 156

K

Kabel cavo
Kabeljau merluzzo 166
Kabine cabina 85, 216, 225
Kaffee caffè 119, 162; **~kanne** caffetteria; **~maschine** macchina da caffè, caffettiera
Kaiser imperatore
Kakao cacao
Kalb vitello 139; **~sbraten** vitello arrosto 128
Kalender calendario 199
Kalorie caloria
kalt, Kälte freddo 31f, 126, 187, 228
Kamillentee camomilla 119
Kamin camino
Kamm pettine 175
Kaninchen coniglio 137
Kanu canoa 194
Kanzel pulpito; pergamo
Kapelle cappella 205; **Kapitell** capitello 205
Kapitän capitano
Kapsel capsula
kaputt rotto 87, 98, 112, 160, 233, 235
Karaffe caraffa 118
Karat carato
Kardinal cardinale
kariert a quadretti
Karies carie
Karneval carnevale 211
Karosserie carrozzeria
Karotte carota
Karte *(Eintritts~, Fahr~)* biglietto 85, 105, 207; *(Post~)* cartolina; **~nspiel** gioco di carte
Kartoffel patata 140
Karwoche settimana santa 212
Kasino casinò
Käse formaggio 126f, 155, 162; **Käsesorten** → 163f

Kasse cassa; *(Theater)* botteghino 207; **~nbon** scontrino 124
Kassette cassetta; **~nrekorder** registratore
Kastanie castagno
Katakomben catacombe 204
Katalog catalogo 200
Katalysator marmitta catalitica, catalizzatore
Kathedrale cattedrale 205
katholisch cattolico 205
Katze gatto
kauen masticare
kaufen comprare 154, 270; **Kaufhaus** grande magazzino 154; **Kaufmann/-frau** commerciante
Kaution cauzione
kegeln giocare a bowling
Keilriemen cinghia di trasmissione 237
keine(r,s) nessuna/o 272
Keks biscotto
Keller cantina 108
Kellner/in cameriere/a
kennen, ~lernen conoscere 53, 154
Kennzeichen *(Auto)* targa
Keramik ceramica
Kerze candela 206
Kette catena 86, 183
Kilo(gramm) chilo(grammo); **~meter** chilometro
Kind bambino 200, 241; **~erarzt** pediatra; **~erbett** lettino; **~erkrankheiten** malattie infantili; **~ermädchen** baby-sitter; **~ermenü** menu per i bambini; **~erschuhe** scarpe per bambini; **~ersitz** seggiolino, *(Eßsitz)* seggiolone 177; **~erspielplatz** campo giochi; **~erspielzeug** giocattolo 177; **erwagen** carozzina
Kinn mento
Kino cinema 207 → 210f
Kiosk chiosco, edicola 179
Kirche chiesa 201 → 205; **~nfenster** vetrata; **~nschiff** navata 205
Kirsche ciliegia 168
Kissen cuscino
Kiwi kiwi
klassisch classico
Klavier piano, pianoforte
Klebstoff colla, scotch 265
Kleid vestito 170; **Kleidung** abbigliamento → 170f
klein piccolo 158, 255; **Kleingeld** spiccioli *pl* 20, 218, 225
Klima clima; **~anlage** aria condizionata 100
klingeln suonare
Klippe scoglio
Kloster monastero, convento 205
klug intelligente
Knäckebrot ≈ pane croccante di segala
Kneipe osteria, bar, birreria 117f
Knie ginocchio; **~strümpfe** calzettoni 171
Knoblauch aglio 132
Knochen osso; **Knöchel** caviglia 244, 248
Knopf bottone
Koch, Köchin cuoco/a; **kochen** cucinare 163; **Kochgeschirr** stoviglie da cucina
koffeinfrei decaffeinato 119
Koffer valigia 78, 174
Kohl cavolo
kohlensäurehaltig gassato/a 120
Kolik colica
Kollege/in collega 39, 256
kommen venire 180, 276f
Komfort comfort, comodità
Komödie comedia
Kompaß bussola
komplett completo
Komponist compositore
Kondensmilch latte condensato
Konditorei pasticceria 117, 127

Kondom preservativo
Konfitüre marmellata 126
Kongreß congresso; **~zentrum** centro congressi 268
König/in re/regina
können potere 275
Konservierungsmittel conservanti *pl*
konstant costante
Konsulat consolato 232
Kontakt contatto; **~linsen** lenti a contatto
Konto *(Giro~)* conto corrente; **~auszug** estratto conto 219, 221; **~nummer** numero del conto 221; **~stand** saldo 219ff
kontrollieren controllare 66
Konzert concerto 105, 206f; **~saal** sala da concerto 207
Kopf testa 248; **~kissen** cuscino 109; **~schmerzen** mal di testa 243
Korkenzieher cavatappi 110
Körper corpo; **~pflege** → 175f
Korrespondenz corrispondenza → 260
Kosmetik cosmetici *pl* 155 → 175f
kostbar prezioso; **kosten** costare 20, 68, 81; **~los** gratuito; **Kostenvoranschlag** preventivo 235, 262
Kostüm abito a giacca, tailleur 170
Kotelett cotoletta
Kotflügel parafango
Krabben gamberi 134
Kraft forza
Kragen colletto
Krampf crampo 244
krank malato; **Krankenhaus** ospedale 43, 56, 232 → 242ff; **Krankenkasse** mutua; **Krankenpfleger/in** infermiere/a; **Krankenwagen** ambulanza; **Krankheit** malattia
Kräuter erbe 155
Krawatte cravatta 171, 214
Krebs *(Tier)* granchio, gambero; *(Medizin)* cancro
Kredit credito 220; **~karte** carta di credito 20, 218, 238
Kreislaufstörungen disturbi di circolazione
Kreuzgang chiostro
Kreuzung incrocio 57
Krieg guerra
Krimi giallo
Krippe presepio 212
Kristall cristallo
Krone corona
Kruzifix crocifisso
Krypta cripta 205
Küche cucina 109
Kuchen torta 142→ 148f; **~teilchen** pasta
Kugelschreiber penna, biro 181, 264
Kuh mucca
kühl fresco; **Kühler** radiatore 237; **Kühlschrank** frigorifero 109; **Kühlwasser** acqua del radiatore
Kultur cultura
Kümmel cumino
Kunde cliente
Kunst arte 155 → 202ff; **~geschichte** storia dell'arte 44; **~gewerbe** prodotti d'artigianato 155; **Künstler/in** artista 201; **~werk** opera d'arte
Kupfer rame
Kuppel cupola 205
Kupplung frizione 237
Kur → 251f; **Kurhaus** casa di cura 252; **Kurtaxe** tassa di soggiorno
Kürbis zucca
Kurier corriere
Kurs *(Richtung)* direzione; *(Unterricht)* corso

Kurve curva
kurz *(Längenmaß)* corto 169, 228f; **kürzen** accorciare; **Kurzschluß** corto circuito; **Kurzwaren** merceria 155
Kusine cugina
Kuß bacio
Küste costa

L

lachen ridere
Lachs salmone 139
Lagune laguna
Lamm agnello 137
Lampe lampada
Land *(Nation)* paese; *(Gebiet)* terreno; **~karte** carta geografica 180; **~schaft** paesaggio 204; **landen** atterrare 80
lang lungo 169; **lange** *(temporal)* a lungo 270; **Langlaufloipe** pista di fondo 196; **länger machen** allungare
langsam lentamente 36
Langspielplatte disco 181
Lappen straccio
Lärm rumore
lassen lasciare
Lätzchen bavaglino
Lauf corsa; **laufen** correre
laut rumoroso; *(~ sprechen)* ad alta voce
lauwarm tiepido 126
Lawine valanga 195; **~ngefahr** pericolo di valanghe 195
leben vivere 270; **Lebensmittel** alimentari *pl*; **~geschäft** alimentari 155
Leber fegato 247
Leder cuoio, pelle 158 → 174f; **~waren** articoli di pelle 155
ledig *(Mann)* celibe; *(Frau)* nubile
leer vuoto; **Leerlauf** marcia in folle; **~ einlegen** mettere in folle
legal legale
legen mettere 279
Lehrer/in insegnante; professore/essa
Lehre apprendistato
leicht *(nicht schwierig)* facile; *(Gewicht, nicht fett)* leggero 143, 151, 240
leid tun dispiacere 46, 47
leiden soffrire
leider purtroppo
leihen affittare 191; **Leihwagen** automobile da noleggio
Leine corda
Leinen lino 172
leise stellen *(Musik)* abbassare 188
Leiter *(mit Sprossen)* scala; *(Chef)* dirigente 256
Leitung *(Telefon)* linea 225; *(Führung)* direzione 268; **~swasser** acqua di ribinetto
lesen leggere 239, 279
lernen imparare
letzte(r,s) ultimo/a
Leute gente *sg*
Licht luce 86, 236
Lidschatten ombretto
Liebe amore; **liebe/r** cara/o 260; **lieben** amare
Lied canzone; **~ermacher** cantautore 181
Lieferbedingung condizione di consegna 262; **liefern** consegnare 263
Liege lettino 187, 189; **~wagen** cuccetta 74f; **~wiese** prato per sdraiarsi 97
liegen lassen lasciare 237
Lift ascensore 103; **~anlagen** impianti di risalita 196
Likör liquore 121
lila lilla

N

Nachtleben vita notturna 213
Nagel chiodo; *(Finger~)* unghia; **~lack** smalto 176
nah vicino
nähen cucire; **Nähgarn** filo; **Nähnadel** ago
Nahrungsmittel cibo 144 → 162
Nähzeug occorrente per cucire 104
Name *(Nachname)* cognome; *(Vorname)* nome 42, 100f, 107
Narbe cicatrice
Narkose narcosi
Nase naso; **~nbluten** epistassi
naß bagnato
Nationalpark parco nazionale
Natur natura → 204; **natürlich** naturale
Nebel nebbia 32
neben accanto a; **Nebenkosten** spese accessorie 94, 107; **Nebenwirkungen** effetti collaterali 241
Neffe nipote; **Nichte** nipote
nehmen prendere 71, 107, 142, 159, 275ff
nein no 51, 271
Nektarine pesca noce 168
nennen chiamare
neoklassisch neoclassico 202
Nerv nervo
netto netto
Netz rete 194
neu nuovo 286; **Neujahr** anno nuovo
nicht non 271; **~ mehr als** non più di 160; **Nichtraucher** non fumatore
nichts niente 272
nie mai 27, 272
niedrig basso 246
Niere rene 247; **~nstein** calcolo renale
noch ancora
Norden nord 34
normal normale
Notar notaio
Notarztwagen ambulanza; **Notausstieg** uscita d'emergenza; **Notfall** emergenza 234 → 232; **~station** pronto soccorso 232, 242, 249; **Notruf** soccorso 232, 234
nötig necessario
November novembre 29
nüchtern *(Magen)* digiuno
Nudeln pasta *sg* 131, 143
null zero
Nummernschild targa 236, 238
nun adesso
nur solo 228
Nuß noce
nützen servire

O

ob se 272
oben sopra 251
Ober cameriere
Objektiv *(Foto)* obiettivo fotografico
Obst frutta 142, 155, 162 → 168; **~salat** macedonia
oder o 272
Ofen forno 132
offen aperto
öffnen aprire 98, 266f, 279; **Öffnungszeiten** orari → 23ff
oft spesso 27
ohne senza
ohnmächtig svenuto; 248; **~ werden** svenire
Ohr orecchio; **~enschmerzen** mal d'orecchi
Oktober ottobre 29
Öl *(Auto, Speise~)* olio 66
Olive oliva; **~nbaum** olivo; **~nöl** olio d'oliva 128
Onkel zio

Opa nonno
Oper opera; *(Gebäude)* teatro dell'opera → 207; **~nglas** binocolo
Operation operazione; **operieren** operare 246
Operette operetta
Optiker ottico 156
orange arancione; **Orange** arancia 168; **~nsaft** succo d'arancia; *(frisch)* spremuta d'arancia 120
Ordensbruder frate; **Ordensschwester** suora
Ordinalzahlen → 17
Organe → 247; **Organisation** organizzazione
Orgel organo
original originale
Ort luogo 201
Osten est 34
Ostern Pasqua 95
Österreich Austria 221; **Österreicher/in** austriaco/a 41
oval ovale 158

P

Paar paio
Päckchen pacchetto 123, 179, 222f; *(Tütchen)* bustina 123; **Packung** confezione 161; **Paket** pacco 222f
Palast palazzo 204
Palme palma
Pampelmuse pompelmo
paniert impanato
Panne guasto 234
Papier carta 264; **~serviette** tovagliolo di carta; **~taschentuch** fazzoletto di carta
Paprika peperone 167
Papst Papa 206
Parfum profumo 176
Park parco 204
parken parcheggiare 67, 69f; **Parkplatz (bewacht)** parcheggio (custodito) 66f, 81
Parkett platea 208
Parterre pianterreno
Party festa
Paß *(Papiere)* passaporto 43, 237; *(Gebirge)* passo 204; **~bild** fototessera; **~kontrolle** → 60f
Passagier passeggero
passen *(Kleidung)* andare bene
passieren avvenire, succedere 238, 281
Patient/in paziente
Pauschale quota fissa
Pause pausa, intervallo 208
Pedal pedale
Pelz pelliccia 174
Pension pensione; **Halb~** mezza pensione; **Voll~** pensione completa
per con, via
Perle perla
Person persona 94; **Personalausweis** carta d'identità; **Personalien** → 42
Petersilie prezzemolo
Pfanne padella 110
Pfarrer parroco
Pfeffer pepe 132; **~minze** menta
Pfeife pipa 179
Pfeil freccia 194
Pferd cavallo; **~erennen** corsa di cavalli 214
Pfingsten Pentecoste
Pfirsich pesca 147, 168
Pflanze pianta 154
Pflaster cerotto 240
Pflaume prugna
Pfund mezzo chilo; *(Währung)* sterlina
Pharmazie *(Fach, Geschäft)* farmacia

Philosophie filosofia
Photo foto
Physik fisica
Picknick picnic
pikant piccante
Pilger pellegrino 206; **Pilgerreise** pellegrinaggio 206
Pille compressa; *(Verhütung)* pillola
Pilz fungo 127, 132, 140
Pinie pino
Pinzette pinzetta
Piste pista
Pizza pizza → 141; **Pizzeria** pizzeria 117
Plastik plastica 158; **~folie** carta trasparente; **~geschirr** stoviglie di plastica *pl*; **~tüte** sacchetto di plastica
Platten *(Reifen)* gomma a terra 235
Platz *(Markt~)* piazza 203; *(Sitz~)* posto 77, 79, 85; **~karte** prenotazione (posto) 74; **~ nehmen** accomodarsi 50, 262
Plätzchen biscotti *pl*
platzen scoppiare
Plombe *(Zahn)* otturazione
plötzlich improvvisamente
Polizei polizia 232, 237; **~dienststelle** commissariato, questura 232; **Polizist** poliziotto
Pommes Frites patate fritte *pl*
Portal portale 205
Portemonnaie portamonete 175
Portier portiere
Portion porzione 135, 161
Porto affrancatura
Porzellan porcellana 155, 158
Post posta 43, 216 →221ff; **~amt** ufficio postale 221, 223; **~anweisung** vaglia postale 223, 239; **~karte** cartolina 181, 221, 223; **~leitzahl** codice di avviamento postale (C.A.P.) 223
Poster manifesto 201
Präservativ preservativo 240, 245
Präsident presidente
Preis prezzo 101; **~aufschlag** supplemento 95; **preiswert** economico, a buon prezzo 97, 107, 158
Priester prete
privat privato, personale
probieren provare; *(Essen)* assaggiare
Problem problema
Produkt prodotto
Programm programma 207, 266
Prospekt dépliant 68
Protokoll verbale 239
Prozession processione 211
Psychologie psicologia
Publikum pubblico 212
Pudding budino
Pullover maglione, pullover 170
Puls polso
Pulver polvere
pünktlich puntuale
Puppe bambola
pur liscio 122
Pute/r tacchino 128
putzen pulire; **Putzmittel** detersivo

Q

Qualität qualità
Qualle medusa 187
Qualm fumo
Quantität quantità
Quark ≈ ricotta 126
Quelle sorgente, fonte 204
Quittung ricevuta 20

R

Rabatt sconto
Rachen faringe

Rad bicicletta; **radfahren** andare in bicicletta 192
Radieschen ravanello
Radio radio 182; **~recorder** radioregistratore
Radkreuz chiave a croce 234
Rang *(Theater)* balconata 208
Rasen prato
Rasierapparat rasoio elettrico; **rasieren** fare la barba 228
Rastplatz area di servizio
Rathaus municipio
Rauch fumo; **rauchen** fumare 262; **Raucher** fumatore; **Nicht~** non fumatore
Raum camera, stanza
Rebe vite
Rechnung conto 106, 145; *(Quittung)* ricevuta fiscale 20; *(Gas~)* bolletta
rechts destra 57f, 251
Rechtsanwalt/in avvocato/essa
Reformhaus erboristeria 155
Regal scaffale 109
Regen pioggia 32; **~schirm** ombrello; **regnen** piovere 31,
Region regione
Reh capriolo
Reibe grattuggia
reich ricco; **reichen** bastare
reif *(Obst)* maturo
Reifen gomma 236; pneumatico 86
reinigen lavare 105, 230; **Reinigung** lavanderia, tintoria 216 → 230; *(chemische ~)* pulitura a secco
Reis riso 129, 131
Reise viaggio 39, 40; **~büro** agenzia di viaggi 154; **~führer** *(Buch)* guida turistica *f* 199; *(Person)* guida turistica *m* 199; **~scheck** traveller cheque 218; **~tasche** borsa da viaggio 174
reiten andare a cavallo 193
reklamieren reclamare → 98
Religion religione; **religiös** religioso
Renaissance rinascimento 199
Rennbahn *(Pferde~)* ippodromo
renovieren rinnovare
Reparatur riparazione 235; **~werkstatt** autofficina 235; **reparieren** riparare 99, 235
reservieren prenotare 96ff, 208
Rest resto
Restaurant ristorante, *(Gasthof)* trattoria → 117
restauriert restaurato
retten salvare; **Rettungsring** salvagente
Rezept ricetta 240; *(Arzt)* prescrizione medica, ricetta
Rezeption reception 103
Rheuma dolori reumatici *pl*
richtig giusto
Richtung direzione
Rind manzo 137
Ring anello 183
Rippe costola
Rock gonna 171
Rodelbahn pista per slittini 196; **rodeln** andare in slitta 195
roh *(Essen)* crudo 126
Rohr tubo
Rolläden persiane *pl* 108
Rollstuhl sedia a rotelle
romanisch romanico 202; **Romanistik** lingua e letteratura romanza; **Romantik** romanticismo
Römer romani *pl;* **römisch** romano 202
röntgen fare una radiografia
rosa rosa
Rose rosa
Rosé *(vino)* rosato 121
Rosenkohl cavolo di Bruxelles
Rosette rosone
Rosinen uva passa

rot rosso 34, 229; **Rotwein** vino rosso 121
Roulade involtini di carne *pl*
Route itinerario, percorso 191, 199
Rücken schiena 244, 248; **~schmerzen** mal di schiena
Rückkehr ritorno; **Rückflugbestätigung** conferma del volo di ritorno; **Rückgabe** riconsegna 81
Rücklicht fanale posteriore
Rucksack zaino 174
Rückwärtsgang retromarcia
Ruderboot barca a remi 189, 194; **rudern** remare 192
Ruhe silenzio; **ruhig** silenzioso, tranquillo 97
Rührei uovo strappazzato
rund rotondo 158; **Rundfahrt** gita in pullman 206; **Rundflug** giro in aereo
rustikal rustico 213

S

Sache cosa 187, 228
Saft *(Medikament)* sciroppo 241; *(Obstsaft)* succo di frutta, *(frisch gepreßt)* spremuta
sagen dire 276ff
Sahne panna 163
Saison stagione 209
Sakristei sagrestia 205
Salami salame 126, 128
Salat insalata 127, 131, 140, 167
Salbe pomata 241
Salbei salvia
Salz sale 126, 132, 162; **salzig** salato
Sammlung collezione; **Privat~** collezione privata
Samstag sabato 28
Samt velluto
Sand sabbia 186
Sandale sandalo
Sänger cantante 285
Sardelle acciuga
Sardine sardina
Sarkophag sarcofago
Satin raso; satin
satt sazio
Sattel sella 194
sauber pulito 187
Sauce salsa
sauer aspro, acido; **Sauerkirsche** amarena 168
Sauerstoff ossigeno; **~maske** maschera per l'ossigeno
Säule colonna; **Säulengang** portico 205
Sauna sauna 188
Schach scacchi *pl*
schade! peccato! 47
Schaden danno 233
Schaf pecora
schaffen creare 202
Schaffner controllore
Schale *(Obst)* buccia
Schalter *(Kasse)* biglietteria 75; *(Flug~)* check-in 80; *(Elektro~)* interruttore 111; *(Post~, Bank~)* sportello 216, 218
Schande vergogna; **welche ~!** che vergogna! 97
scharf picante
Schaschlik spiedino
Schatten ombra 113
schätzen *(Wert)* stimare 239
Schatz tesoro; **~kammer** tesoro
Schaufenster vetrina 157
Scheck assegno 20, 220f; **~karte** carta 218f
Scheibe *(Aufschnitt)* fetta 161; **~nwischer** tergicristallo
Schein *(Banknote)* banconota 218
Scheinwerfer fari *pl*
Scheitel riga 229
Schellfisch nasello

Sparbuch libretto di risparmio; **Post~** libretto di risparmio postale
Spargel asparago 167
Sparkasse cassa di risparmio 221
spät tardi 27, 40; **später** più tardi 180
spazierengehen passeggiare; **Spazierstock** bastone da passeggio
speichern memorizzare 266
Speisekarte menù, carta 131, 143; **Speisesaal** sala da pranzo 103
sperren bloccare 220
Spiegel specchio; **~ei** uovo al tegamino
Spiel gioco; *(Fußball~)* partita 198; **~auto** automobilina; **~casino** casinò 214; **~karten** carte da gioco; **spielen** giocare 190, 197; *(Musik)* suonare 209; **Spieler** giocatore 198; **Spielfeld** campo 198; **Spielwaren** giocattoli 156
Spinat spinaci *pl* 140
Spitze punta 228; *(Stoff)* pizzo
Sport sport → 190ff; **~arten** → 192f; **~ausrüstung** → 194; **~platz** campo sportivo 193; **~tasche** borsa da sport
Sprache lingua 44, 206; **sprechen** parlare 36f, 54, 226, 255ff
Sprechstunde *(Arzt)* ora di consultazione
Spritze iniezione 246; siringa
Spülbecken lavello; **Spülmaschine** lavastoviglie 108f
Squash (spielen) (giocare a) squash 190, 193
Staat stato
Stadion stadio 193, 198
Stadt città 52, 222; **~besichtigung** visita guidata della città 206; **~mauer** mura 203; **~plan** pianta della città 180; **~viertel** quartiere
Stahl accaio
Stand *(Messe)* stand 268
Standbild statua 203
stark forte 240
starten *(Flugzeug)* partire 82
Stationsvorsteher capostazione
Statue statua
Staub polvere; **~sauger** aspirapolvere
Steak → 137
Steckdose presa 111; **Stecker** spina
stehen stare in piedi
stehlen rubare 237, 238
steigen salire
Stein pietra
Stelle posto
stellen mettere 279
Stempel timbro
sterben morire
Stern stella
Steuern tasse
Stich puntura
Stiefel stivali *pl* 174
stillen allattare
Stil stile
stinken puzzare
Stirn fronte
Stock(werk) piano
Stoff tessuto, stoffa 159, 172; **~tier** animale di peluche
stören disturbare 225, 262
stornieren cancellare, annullare 82
Stoßdämpfer ammortizzatore
Strähnen mèches 228
Strand spiaggia 97, 186, 189
Straße strada, via → 62; **~nbahn** tram 87
Strecke percorso
Streichhölzer fiammiferi 179
Streik sciopero 76, 83, 261
streiten litigare
Streß stress
Strohhalm cannuccia
Strom corrente 110; **Strömung** corrente 187

U

unten sotto 251
unterhaltsam divertente 207
Unterhemd maglietta; **Unterhose** mutande *pl*
Unterkunft alloggio → 92ff
Unternehmen ditta 257, 259; impresa 255
Unterricht lezioni *pl*
Unterschied differenza
unterschreiben firmare 69, 218, 238; **Unterschrift** firma 103
Unterwäsche biancheria intima → 171
unterzeichnen firmare; **Unterzeichner** sottoscritto 239
Urin urina
Urlaub vacanza
Ursache causa
Urwald foresta 204

V

vakuumverpackt confezionato sotto vuoto
Vase vaso
Vater padre; **das ~ unser** il Padre Nostro
vegetarisch vegetariano 143
verabreden, sich darsi appuntamento 48; **Verabredung** appuntamento
verabschieden, sich saltuare 40
Veranstaltung manifestazione 197, 199, 207; **Abend~** spettacolo 208
Verantwortlicher responsabile 255, 257
Verband fasciatura; **~sstoff** garza
verbinden *(Telefon)* passare 226, 259
Verbot divieto; **Fahr~** divieto di circolazione; **Überhol~** divieto di sorpasso; **verboten** vietato 188
verbrannt bruciato 244
verbrauchen consumare
verbringen trascorrere 279
verdächtigen sospettare 238
Verdauung digestione; **~sstörungen** indigestione *sg*
verdorben andato a male, marcio
vereinbaren concordare 258; *(Termin)* fissare 258
verfahren, sich perdersi, sbagliare strada
Verfallsdatum data di scadenza
vergessen dimenticare 144, 237
Vergiftung intossicazione 246
verhandeln negoziare, trattare → 262f
verheiratet sposato, coniugato
Verkauf vendita 218; **verkaufen** vendere 279; **Verkaufsleiter** direttore delle vendite 255
Verkäufer/in commesso/a
Verkehr traffico 261; **~shinweise** → 71ff; **~sunfall** incidente stradale → 233
verlangen richiedere
verlängern prolungare 108; prorogare; **verlängert bis ...** prorogata al ...; **Verlängerung** *(Sport)* tempo supplementare 198; **~sschnur** prolunga 264
Verleih noleggio 81, 97
verletzt ferito 233, 244; **Verletzte/r** persona ferita 234
verlieben, sich innamorarsi
verlieren perdere 197, 235; **Verlust** smarrimento 238; **~meldung von Karten** → 239
vermieten affittare 93; **Vermieter** locatore 108
verrenkt slogato 244
Versicherung assicurazione 233
Verspätung ritardo 76, 261
versprechen promettere
verstaucht lussato 244

W

Wörterbuch Italienisch–Deutsch

A

a in, auf, an, zu, nach 273; **a che ora?** wann? 271; **a chi?** wem? 271; **a lungo** *(zeitlich)* lange 270; **a piedi** zu Fuß 193; **a posto** in Ordnung, ok., recht so 144; **a presto!** bis bald! 227; **al** *(zeitlich)* bis zum 95
abbassare *(Musik)* leise stellen 188
abbastanza genug
abbazia, l' Abtei 205
abbigliamento, l' Bekleidung 154
abbondante reichlich
abbreviazione, l' Abkürzung
abbronzarsi sonnen, sich 190
abitare wohnen 41
abito da sera, l' Abendgarderobe 212
abitudine, l' Gewohnheit
accadere geschehen, passieren
accanto neben 56
accappatoio, l' Bademantel
acceleratore, l' Gaspedal
accendere einschalten 111; **accensione, l'** Zündung 237; **accendino, l'** Feuerzeug 179
accesso, l' Zugang, Zutritt; Zugriff 267
accettazione, l' Aufnahme 249
acciuga, l' Sardine
accogliente gemütlich 213
accomodarsi sich setzen, Platz nehmen 50, 262
accompagnare mitkommen, begleiten 187, 260
acconto, l' Anzahlung 95
acqua, l' Wasser 120, 187, 204, 228; **~ del radiatore, l'** Kühlwasser; **~ potabile, l'** Trinkwasser 77; **acquedotto, l'** Aquädukt 204
acquisto, l' Ankauf, Einkauf 218, 255, 257
adattatore, l' Adapter 110, 265
addio, l' Abschied; *(Interjektion)* adieu
adesso jetzt
adulto, l' Erwachsener 241
aereo, l' Flugzeug 59; **aeroporto, l'** Flughafen 90, 101
affanno, l' Atemnot
affare, l' Geschäft; Angelegenheit
affittare leihen, verleihen 191; **affittato** vermietet 94; **affitto, l'** *(Wohnung)* Miete
affrancare frankieren
affresco, l' Fresko 203
afoso schwül
agenzia, l' Agentur 255; **~ di viaggi, l'** Reisebüro 154
aggressione, l' Überfall 238
aglio, l' Knoblauch
agnello, l' Lamm 137, 166
agosto, l' August 29
agriturismo, l' Ferienunterkünfte auf Bauerngehöften 92
agrume, l' Zitrusfrucht
aiutare helfen 216; **aiuto, l'** Hilfe 232
alba, l' Sonnenaufgang 32
albergo, l' Hotel, Gasthof, Unterkunft 92
albicocca, l' Aprikose 147
alcolico alkoholisch
alimentari, gli *pl* Lebensmittel 155; Lebensmittelgeschäft; **~ per neonati, gli** *pl* Babynahrung
allacciare anschnallen
allegato, l' Anlage 260
allergia, l' Allergie; **allergico** allergisch 245, 251
alloggio, l' Unterkunft

alloro, l' Lorbeer
alluminio, l' Aluminium
alt stop, halt 69
alta stagione, l' Hauptsaison 94
altare, l' Altar 205
altezza, l' Höhe; **alto** hoch 245f
altro noch etwas anderes 123, 157, 161
alzare heben
amabile lieblich 151
amaro bitter 121f
ambasciata, l' Botschaft 232
ambulanza, l' Krankenwagen
amico/a, l' Freund/in
ammaccatura, l' Beule, Delle
amministratore, l' *(Gesellschaft)* Geschäftsführer 256; **amministrazione, l'** Verwaltung
ammortizzatore, l' Stoßdämpfer
amore, l' Liebe
analcolico alkoholfrei
analisi, l' Analyse; **~ del sangue, l'** Bluttest
anatra, l' Ente 137
anche auch
ancora noch 50, 123
andare gehen, fahren 271, 276ff; **~ a cavallo** reiten 193; **~ a vela** segeln 191f; **~ in bicicletta** radfahren 192; **~ in macchina** (mit dem Auto) fahren; **~ in aereo** fliegen; **~ in slitta** rodeln 195; **~ in treno** (mit dem Zug) fahren; **andata, l** Hinfahrt
anello, l' Ring 182
anestesia, l' Anästhesie
anfiteatro, l' Amphitheater 204
angolo, l' Eck, Ecke; **~ cottura, l'** Kochecke, Kochnische
anguria, l' Wassermelone 168
animale, l' Tier
annata, l' Jahrgang 152
annegare ertränken, ertrinken
anno, l' Jahr 26, 41
annullare kündigen, stornieren, abbrechen 89, 220, 267
annunciare ankündigen
antico antik; **antichità, l'** Antike, Antiquität 199
antidolorifico, l' Schmerzmittel 240, 250
antipasto, l' Vorspeise 131, 133
anziano, l' Senior 200
ape, l' Biene
aperitivo, l' Aperitif 116
aperto geöffnet 25; **all'aperto** im Freien 213; **apertura, l'** Eröffnung, Öffnungszeit
appena kaum, *(Zeit)* gerade
appendicite, l' Blinddarmentzündung
applicazioni, le *(Medizin)* Anwendungen 251
appuntamento, l' Termin 227, 258, 260f
aprile, l' April 29
aprire öffnen 266f, 279; *(Konto)* eröffnen 220; **apriscatole, l'** Dosenöffner 110; **apribottiglie, l'** Flaschenöffner 110
arabo arabisch
aragosta, l' Languste 139
arancia, l' Orange 168; **arancino, l'** Reisbällchen 128; **arancione** orange 34
arazzo, l' Wandteppich, Gobelin
archeologia, l' Archäologie 44
architetto, l' Architekt/in; **architettura, l'** Architektur 44
arco, l' Bogen; **~ di trionfo, l'** Triumpfbogen 204
area, l' Abteilung 256
argento, l' Silber 183
aria, l' Luft; *(Musik)* Arie; **~ condizionata, l'** Klimaanlage 100
arma, l' Waffe
armadietto, l' Schließfach 188; **armadio, l'** Schrank 109

arredamenti, gli *pl* Möbelgeschäft 156
arrivare ankommen 96, 180, 240, 270, 278; **arrivo, l'** Ankunft 73, 81
Arrivederci! Auf Wiedersehen!, Auf Wiederhören! 227
arrosto, l' Braten 137
artigianale von Hand gemacht, gefertigt 131; **artigiano/a, l'** Handwerker/in 43
artista, l' Künstler/in 201
artrosi, l' Arthrose
ascensore, l' Lift, Aufzug 97, 103, 261
asciugare trocknen; **asciugacapelli, l'** Haartrockner 188; **asciugamano, l'** Handtuch, Bademantel 189; **asciugatura con il fon, la** Haarfönen 228
ascoltare zuhören, hören auf
asma, l' Asthma
asparago, l' Spargel 167
aspettare (er)warten 239
aspirapolvere, l' Staubsauger 66
assegno, l' Scheck 221
assicurazione, l' Versicherung 233
assolutamente unbedingt 199
attacco, l' Angriff 198
attendere warten 219, 2261
attenzione, l' Achtung, Vorsicht 232
atterraggio, l' Landung; **atterrare** landen
Austria, l' Österreich 221
autentico echt
auto, l' Auto 62; **autobus, l'** Bus 59, 87, 206; **autofficina, l'** Reparaturwerkstatt 235; **autogrill, l'** Raststätte; **autonoleggio, l'** Autoverleih; **autostrada, l'** Autobahn 56, 234
autunno, l' Herbst 31
avanti vor; vorwärts, herein
avanzato fortgeschritten 191, 196
avere haben 275ff; **~ bisogno** brauchen 157; **~ un impegno** etwas vorhaben, etwas zu tun haben 48
avvelenamento, l' Vergiftung
avvenire passieren 238
avvertire benachrichtigen 232
avvocato/-essa, l' Anwalt/Anwältin
azienda, l' Betrieb 257
azzurro blau 34

B

baccalà, il Stockfisch
bacio, il Kuß
badia, la Abtei 205
bagaglio, il Gepäck 78, 238
bagno, il Bad 108; **~ termale, il** Thermalbad 188, 252
baia, la Bucht 204
balconata, la *(Theater)* Rang 208; **balcone, il** Balkon
ballare tanzen 211f; **balletto, il** Ballett 209; **ballo, il** Tanz 211
bambino, il Kind 69, 200, 241
banca, la Bank 43
banco, il *(Gastronomie)* Theke 125
bancomat, il Geldautomat 216, 219; **banconota, la** Banknote, Geldschein 218
bar, il Bar
barba, la Bart; **fare la ~** rasieren 228
barca, la Boot 84, 189, 194; **~ a remi, la** Ruderboot 189, 194; **~ a vela, la** Segelboot 189, 194
barocco, il Barock 202
basilico, il Basilikum 133
basso niedrig 246; **bassa stagione, la** Nachsaison 95
bastare reichen, genügen; **basta così** das ist genug 161

batteria, la Batterie 236; *(Musik)* Schlagzeug; Batterie
battistero, il Taufkapelle 205
bel, bello schön 31, 281, 285; **belvedere, il** Aussichtspunkt 204
bene *adv* gut 38, 286
Benvenuto/a! Willkommen! 39
benzina, la Benzin 234
bere trinken 276, 279
bevanda, la Getränk 131, 155
biancheria, la Wäsche, Bettwäsche, Haushaltswäsche 109; ~ **intima, la** Unterwäsche
bianco weiß 34
bibbia, la Bibel
bibita, la Getränk
bicchiere, il Glas 109, 118
bicicletta, la Fahrrad 85, 155, 194, 238
bidé, il Bidet 109
bidone, il Mülltonne, Behälter 108
bigiotteria, la Modeschmuck 155
biglietteria, la Fahrkartenschalter 74; **biglietto, il** Fahrkarte, Eintrittskarte 73, 77, 85, 197, 200, 207, 213; Geldschein, Banknote; Zettel; ~ **aereo, il** Flugticket 80; ~ **da visita, il** Visitenkarte 255; ~ **giornaliero, il** Tageskarte 89
bikini, il Bikini 189
bile, la Galle
binario, il Bahnsteig, Gleis, 73, 76
binocolo, il Opernglas
biondo blond 229
biro, la Kugelschreiber 181
birra, la Bier 121; ~ **alla spina, la** Bier vom Faß 121; ~ **in lattina, la** Dosenbier 121; **birreria, la** Kneipe, Bierlokal
bis! Zugabe!
biscotto, il Plätzchen
bisognare müssen, notwendig sein 245
bistecca, la Steak
bizantino byzantinisch 202
bloccare (ver)sperren 220
blu blau 34
bocca, la Mund 242, 248
bolletta, la zu zahlende Rechnung
bollito *(Wasser)* gekocht 132
bombola, la Flasche; ~ **del gas, la** Gasflasche 114
bonifico, il Überweisung, Gutschrift 220, 239f; **fare un** ~ überweisen 220, 239f
borsa, la Tasche, Handtasche 237; ~ **da viaggio, la** Reisetasche 174; **borseggiatore, il** Taschendieb 87; **borseggio, il** Taschendiebstahl 238; **borsellino, il** Portemonnaie 175; **borsetta, la** Handtasche 174
bosco, il Wald 204
botteghino, il *(Theater)* Kasse 207
bottiglia, la Flasche 118, 161
bottone, il Knopf
bovino Rind-
braccio, il Arm 244, 248
brace, la Glut
breve kurz
brioche, la Croissant 125
brodo, il Brühe
broncopolmonite, la Lungenentzündung
bruciato verbrannt 244; **bruciore di stomaco, il** Sodbrennen
bruschetta, la geröstetes Knoblauchbrot 129
brutto häßlich; *(Wetter)* schlecht 32, 261
buca delle lettere, la Briefkasten 216, 222
bucato, il Wäsche
buono gut 45, 286; **Buona sera!** Guten Abend! 38; **Buongiorno!** Guten Tag! 38
burro, il Butter 112, 163
burrone, il Schlucht

busta, la Briefumschlag 181; Tüte 157
busto, il Büste 203
buttare werfen

C

cabina telefonica, la Telefonzelle 224
caccia, la Jagd 192f; **cacciagione, la** Wild 137
cadere fallen 244; **caduta massi, la** Steinschlag
caffè, il ital. Kaffee, Espresso 119; **caffellatte, il** Milchkaffee 119; **caffettiera, la** Kaffeekanne, Espressomaschine 110
calamare, il Tintenfisch 134
calcio, il Fußball 192, 197f
calcolatrice, la Taschenrechner 264
caldo heiß, warm 31, 98, 187, 228; **caldo, il** Hitze 32
calendario, il Kalender 199
calmo ruhig 33
calza, la Strumpf 171; **calzatura, la** *sg* Schuhe 156, 173; **calzettoni, i** *pl* Kniestrümphe 171
cambiare ändern, verändern; *(Zug)* umsteigen 88; *(Scheck)* einlösen 218; *(Geld)* wechseln 216f; **~ la ruota** den Reifen wechseln 235; **cambio (di marce), il** Gangschaltung; **cambio, il** *(Bank, Geld)* Wechsel, Umtausch 21, 217
camera, la Zimmer 92, 96f; **~ da letto, la** Schlafzimmer 109; **~ singola/doppia, la** Einzel/Doppelzimmer 99; **cameriere/a, il/la** Kellner/in
camicia, la Hemd, Bluse 170
camion, il LKW 62
camminare gehen, laufen
camomilla, la Kamille(ntee)
campana, la Glocke; **campanile, il** Glockenturm 205
campeggio, il Campingplatz 92
campione, il Muster 262
campo, il Spielfeld, Feld 198, 204; Bereich 256; **~ da calcio, il** Fußballplatz 191, 193; **~ giochi, il** Kinderspielplatz; **~ sportivo, il** Sportplatz 193
cancellare streichen, korrigieren 220
cancro, il Krebs
candela, la Kerze 206; *(Auto)* Zündkerze 237
cane, il Hund
canna, la Angel 194
cannella, la Zimt
canoa, la Kanu 194
cantante, il/la Sänger/in 285; **cantare** singen 209; **cantautore, il** Liedermacher 181
cantina, la Keller, Weinkeller 108
canto, il Gesang
canzone, la Lied
CAP, il Postleitzahl 223
capello, il Haar 228f
capire verstehen 272
capitello, il Kapitell 205
capo, il Chef 256; **~ settore, il** Abteilungsleiter 256
capodanno, il Neujahr
capogiro, il Schwindelgefühl
capolavoro, il Meisterwerk
capolinea, il Endhaltestelle 87; **capostazione, il** Stationsvorsteher
cappella, la Kapelle 205
cappero, il Kaper
cappotto, il Mantel 170, 237, 262
capra, la Ziege
caprese aus Capri; **insalata ~, l'** Salat aus Tomaten, Mozzarella & Basilikum
capsule, le Kapseln

cara/o liebe/r 260
caramella, la Bonbon
carciofo, il Artischocke 167
carico, il Last; **a ~** zu Lasten 263
carie, la Karies
carino hübsch, schön, niedlich 45
carne, la Fleisch 131, 162
carnevale, il Karneval 211
caro lieb; teuer
carota, la Karotte, Möhre **167**
carrello, il Gepäckwagen 78
carro attrezzi, il Abschleppwagen 235
carrozza, la Wagen; **carrozzeria, la** Karosserie
carta, la Papier 264; Scheckkarte 218f; Speisekarte 131, 143; **~ dei vini, la** Weinkarte 133, 150; **~ di credito, la** Kreditkarte 21, 218, 238; **~ d'identità, la** Personalausweis; **~ d'imbarco, la** Bordkarte 80; **~-EC, la** EC-Karte 21; **~ igienica, la** Toilettenpapier; **~ telefonica, la** Telefonkarte 223, 225; **cartoleria, la** Schreibwaren, Schreibwarengeschäft 156; **cartolina, la** Postkarte 181; 221, 223
casa, la Haus 238, 285; **~ da affittare, la** Ferienhaus 92; **~ di cura, la** Kurhaus 252; **~ natale, la** Geburtshaus 201
cascata, la Wasserfall 204
casinò, il Spielcasino 214
cassa di risparmio, la Sparkasse 221
cassaforte, la Safe 100
castagna, la Kastanie; **castano** *(Haare)* braun 229
castello, il Burg, Schloß 203
catacombe, le Katakomben 204
catalogo, il Katalog 200
catena, la Kette 68
cattivo böse, schlecht, gemein 286
cattolico katholisch 205
causa, la Ursache; **~ dell'incidente, la** Unfallursache
cautela, la Vorsicht
cauzione, la Kaution
cavallo, il Pferd
cavatappi, il Korkenzieher
caverna, la Höhle 204
caviglia, la Knöchel 244, 248
cavolfiore, il Blumenkohl 167; **cavolo, il** Kohl; **~ di Bruxelles, il** Rosenkohl
celebrare feiern 211
celibe ledig
cellulare, il Mobiltelefon 259
cena, la Abendessen 50, 116
centralino, il Telefonzentrale
centro, il Zentrum, Mitte 90, 208; **~ commerciale, il** Einkaufszentrum; **~ congressi, il** Kongreßzentrum 268; **~ storico, il** Altstadt 203
ceramica, la Keramik 182
cercare suchen 56, 156, 255
cereale, il Getreide
cerotto, il Pflaster 240
certificato, il Bescheinigung 250; Zeugnis 61
certo sicher 286
cetriolo, il Gurke 167
cervello, il Gehirn
cervo, il Hirsch
che *(Relativpron.)* der, den, die, das, welche/r/s 284; *(Konjunktion)* daß; *(Komparativ)* als 272; wie 45; **che (cosa)?** was? 211; **chi?** wer? 271
chiamare rufen; *(Telefon)* anrufen 227, 234, 260, 263; **chiamarsi** heißen 39, 41; **chiamata, la** Telefongespräch; *(Flug)* Aufruf 105
chiaro hell 158
chiave, la Schlüssel 102, 123; **~ a croce, la** Radkreuz, Kreuzschlüssel 234

chiedere fragen, bitten 279
chiesa, la Kirche 201, 205
chilometro, il Kilometer 18
chiodo, il Nagel
chiosco, il Kiosk 179
chiostro, il Kreuzgang
chitarra, la Gitarre
chiudere schließen 279; **chiuso** geschlossen 25, 200; ~ **al traffico** für den Verkehr gesperrt
ci *(Pronomen)* uns 282ff; da, dort, dahin, dorthin, darin
ciao hallo; tschüs
cibo, il Lebensmittel, Essen
cieco blind
cielo, il Himmel 32f
cifra, la Ziffer, Summe
ciliegia, la Kirsche 168
cima, la Bergspitze
cimitero, il Friedhof
cinema, il Kino 207, 210
cinghia di trasmissione, la Keilriemen 237
cintura, la Gürtel 175; ~ **di sicurezza, la** Sicherheitsgurt
cioccolata, la Schokolade 126
cipolla, la Zwiebel
cipresso, il Zypresse
circa zirka, etwa
circolazione, la Kreislauf
cistifellea, la Gallenblase
città, la Stadt 222
cittadella, la Zitadelle
cittadinanza, la Staatsangehörigkeit 42
clacson, il Hupe
classico klassisch
clero, il Klerus
cliente, il/la Kunde/Kundin
clima, il Klima
clinica, la Klinik
cocomero, il Wassermelone 168
coda, la *(Tier)* Schwanz; *(Auto)* Stau 63, 69
codice di avviamento postale (C.A.P.), il Postleitzahl; **codice personale, il** Geheimzahl 218f
cognato/a, il/la Schwager/Schwägerin
cognome, il Name, Nachname 42
coincidenza, la *(Zug)* Anschluß 77
colapasta, la Sieb
colazione, la Frühstück 116
colica, la Kolik
colla, la Klebstoff 265
collaboratore, il Mitarbeiter 256
collana, la Kette 183
colle, il/collina, la Hügel
collega, il/la Kollege/Kollegin 256
collegamento, il (Telefon-) Verbindung; ~ **modem, il** Modem(anschluß) 266
collezione, la Sammlung; ~ **privata, la** Privatsammlung
collina, la Hügel 204
collirio, il Augentropfen
collo, il Hals
colonna, la Säule
colorante, il Farbstoff; **colore, il** Farbe 159, 173, 229, 264
colpa, la Schuld 233
colpire schlagen, treffen
colpo di sole, il Sonnenstich
coltellino, il Taschenmesser; **coltello, il** Messer 110
come wie, als 271; ~ **stai?** wie geht's?
cominciare beginnen 207 211
commerciale handels- 268; **commerciante, il/la** Kaufmann/-frau; **commerciare** handeln mit 255
commesso/a, il/la Verkäufer/in
commissariato, il Polizeidienststelle 232
comodo bequem 45, 158
compact disc, il CD 181
compilare ausfüllen 103
compleanno, il Geburtstag

completo belegt, besetzt 79, 92, 94
comporre *(Telefon)* wählen 105
comportarsi sich benehmen, sich verhalten
compositore, il Komponist
comprare kaufen 79, 270
compreso inbegriffen 130
compressa, la Tablette 241, 246
computer, il Computer 265
comune, il Gemeinde
comunicare mitteilen
con mit 273
concludere beenden 267
conchiglia, la Muschel
concordare vereinbaren 258
condizione, la Bedingung 262; ~ **di consegna, la** Lieferbedingung 262
conducente, il/la Fahrer/in
conferenza, la Konferenz
conferma, la Bestätigung 101, 262; **confermare** bestätigen 219, 239
confessione, la Beichte 206
confine, il Grenze
coniglio, il Kaninchen 137
conoscere kennen 53
conquista, la Eroberung
consegna, la *(Paket)* Ausgabe; Lieferung, Zustellung; **consegnare** abgeben, liefern 237, 263
consigliare empfehlen 212, 235, 243
consolato, il Konsulat 232
contabilità, la Buchhaltung 257
contadino, il Bauer
contagioso ansteckend 246
contanti, i *pl* Bargeld 218f; **contare** zählen; **contatore, il** Zähler 110
contenuto, il Inhalt
continuare fortsetzen, weitermachen; **continuo** konstant
conto, il *(Geld)* Rechnung 20; ~ **corrente, il (c/c)** Giroconto 220f
contorno, il Beilage 131, 140
contraccettivo, il Verhütungsmittel
contrario, il Gegenteil
contrattare verhandeln; **contratto, il** Vertrag
contro gegen
controindicazione, la Gegenanzeige
controllare überprüfen 258; **controllo, il** Kontrolle 81; ~ **della velocità, il** Geschwindigkeitskontrolle
contusione, la Prellung
conveniente vorteilhaft
convento, il Kloster 205
convincere überzeugen
coperta, la *(Schiff)* Deck; Decke 109
coperto, il Gedeck 145
copia, la Durchschrift, Kopie
coppa, la Becher 146, 118
corda, la Seil; ~ **da traino, la** Abschleppseil 234
cornetto, il *(Frühstück)* Hefegebäck 125, 148
coro, il Chor
corona, la Krone
corpo, il Körper
corrente, la Strömung 187; Strom; **correre** laufen, joggen 192
corridoio, il Flur 108
corsa di cavalli, la Pferderennen 214; **corsa semplice, la** *(Busticket)* einfache Fahrt 89
corso, il Kursus; ~ **del cambio, il** Wechselkurs 218; ~ **di vela, il** Segelkurs 191
corteo, il Aufzug 211
cortile, il Innenhof
corto *(Längenmaß)* kurz 169, 228f
cosa, la Sache 228
coscia, la (Ober-) Schenkel
cosciente bewußt
così so; ~ ~ es geht 39; **cosiddetto** sogenannt

costa, la Küste
costare kosten 20, 102, 105, 160; **costi del trasporto, i** Transportkosten 263
costola, la Rippe
costoso teuer 157
costruire bauen, errichten 202; **costruttore, il** Erbauer 201
costume, il Sitte, Tracht; **~ da bagno, il** Badeanzug, Badehose 189
cotoletta, la Schnitzel
cotone, il Baumwolle 172
cotto gekocht 128
cozze, le *pl* Miesmuscheln 166
crampo, il Krampf 244
cravatta, la Kravatte 171, 214
creare schaffen 202
credere glauben 278
credito, il Guthaben, Kredit 220
crema, la Creme, Sahne 176; **~ solare, la** Sonnencreme 176, 189
crescere wachsen
cripta, la Krypta 205
Cristo Christus
croccante knusprig
croce, la Kreuz; **crocifisso, il** Kruzifix
crociera, la Kreuzfahrt
crudo roh 128
cuccetta, la Liegewagen 75
cucchiaino, il Teelöffel 241; **cucchiaio, il** Löffel 110
cucina, la Herd 109; Küche
cucire nähen
cuffia, la Kopfhörer 182; **~ (da bagno), la** Badekappe 189
cugino/a, il/la Cousin/e
culmine, il Gipfel
culo, il Hintern; *(figurativ)* Glück
cuocere kochen; **cuoco/a, il/la** Koch/Köchin
cuoio, il Leder 158
cuore, il Herz 247
cupola, la Kuppel 205
cura, la Pflege, Kur
curva, la Kurve 69
cuscino, il Kopf-) Kissen 109
custodito bewacht 66
cute, la Haut

D

da ab, seit 27; von, aus, bei, zu, als, vor 273; **~ quando?** seit wann? 41; ab wann? 96; **dal** *(zeitlich)* vom 95
d'accordo einverstanden
dado, il Würfel 214
danno, il Schaden 233
danzare tanzen
dappertutto überall
dare geben 276ff; **~ un'occhiata a** aufpassen auf 187
data, la Datum; **~ di scadenza, la** Verfallsdatum; **dati, i** Daten 267
dattero, il Dattel
davvero wirklich
davanti vor 56; vorn 208, 251
debito, il *sg* Schulden 220
debole schwach 243
decaffeinato koffeinfrei 119
decidere entscheiden
declino, il Untergang
decollo, il Abflug
decreto, il Beschluß
degustazione, la Probierstand 152
denaro, il Geld
dente, il Zahn 251; **dentifricio, il** Zahnpasta 176; **dentista, il/la** Zahnarzt/-ärztin 250
dentice, il *(Fisch)* Zahnbrasse 139
dentro drinnen
denuncia, la Anzeige 233, 238f; **denunciare** anzeigen 238
deposito bagagli, il Gepäckaufbewahrung 74, 78

derivare herkommen von
dermatologo, il Hautarzt 243
derubare bestehlen 239
descrivere beschreiben 238
deserto, il Wüste
desiderare wünschen 156, 219, 261
dessert, il Nachspeise 131
destinatario, il Empfänger 223; **destinazione, la** Bestimmungsort; **destino, il** Schicksal
destra rechts 57f, 111, 229, 251
determinare festlegen, bestimmen
detersivo, il Putzmittel, Waschmittel
detrarre abziehen
dettaglio, il Detail 258
devastare verwüsten
deviazione, la Umleitung 69
di von, aus, bei, mit, an, vor 273; **~ chi?** von wem? 271; **~ dove?** woher? 41
diabete, il Diabetis
diagnosi, la Diagnose
diarrea, la Durchfall 240
diavolo, il Teufel
dicembre, il Dezember 29
dichiarazione, la Erklärung; **~ per la dogana, la** Zollerklärung
dieta, la Diät 247
dietro hinten 208, 251; hinter 56
difendere verteidigen; **difesa, la** Verteidigung 198
difetto, il Mangel, Fehler
difficile schwierig 191
digerire verdauen
diga, la Staudamm
digitare *(PC, Geldautomat)* eingeben 219
digiuno nüchtern
dimenticare vergessen 237
dimettere *(Krankenhaus)* entlassen 250
diminuire vermindern, verkleinern
dimostrare zeigen
dintorni, i *pl* Umgebung
dio, il Gott
dipartimento, il Bezirk, Institut
dipendere abhängen; **dipendente, la/il** Angestellte/r
dipingere malen 201
dire sagen 276ff
direttamente direkt
diretto, il Eilzug
direttore, il Direktor 256; Dirigent; **~ delle vendite, il** Verkaufsleiter 255; **direzione, la** Leitung 268; Richtung 88; **dirigente, il** Leiter 256; **dirigere** dirigieren 209
diritto, il Jura, Recht; **diritti doganali, i** Zollgebühren 263
discesa, la *(Ski)* Abfahrt
dischetto, il Diskette 265; **disco, il** Langspielplatte 181
disdire kündigen, stornieren, absagen
disegno, il Zeichnung 203
disoccupato arbeitslos 44
dispiacere leid tun 46, 56, 94, 107; **mi dispiace** es tut mir leid
disponibile zur Verfügung stehend 102, 264
distanza, la Entfernung
disturbare stören 225, 262; **disturbi, i** Beschwerden
ditta, la Firma, Unternehmen 257, 259; **~ leader** führendes Unternehmen 255
divano, il Sofa, Couch 109
diverso verschieden, anders
divertente unterhaltsam 207
divieto, il Verbot 69; **~ di circolazione, il** Fahrverbot; **~ di sorpasso, il** Überholverbot
divorziato geschieden
dizionario, il Wörterbuch 180
doccia, la Dusche 99f, 109, 113, 187ff

documenti, i *pl* (Ausweis-) Papiere, Unterlagen 42, 60, 103, 218, 237, 264
dogana, la Zoll 81
dolce mild; süß 122, 151; **dolci, i** *pl* Nachtisch, Dessert 142
dollaro, il Dollar
dolore, il Schmerz 244f, 250
domanda, la Frage 46
domani morgen 26, 227
domenica, la Sonntag 28
domicilio, il Wohnsitz 42
donare verschenken
donna, la Frau 157
dopo (che) *(zeitlich)* nach, nachdem 22, 241, 272; **dopodomani** übermorgen
dormire schlafen 271
dove wo?, wohin?; **dov'è?** wo ist? 199
dovere müssen 275
dozzina, la Dutzend
dramma, il Drama 210
dritto geradeaus 57
droga, la Gewürze; Droge
dubbio, il Zweifel
due zwei
duomo, il Dom 199, 205
durante während 241
durare dauern
duro hart 175

E

e und 272
ebreo, l' Jude
eccetto bis auf, außer
ecco da; *(Interjektion)* eben!, genau!
ecografia, l' Ultraschalluntersuchung
economia, l' *sg* Wirtschaftswissenschaften
eczema, l' Ekzem
edematoso geschwollen 246
edicola, l' Zeitungsstand, Kiosk 156
edificio, l' Bauwerk, Gebäude 201
educare erziehen
effetti collaterali, gli Nebenwirkungen 241
egli er
elemosina, l' Almosen
elenco, l' Verzeichnis; ~ **telefonico, l'** Telefonbuch
eliminare entfernen
emergenza, l' Notfall 234
emorragia, l' Blutung
emorroidi, le *pl* Hämorrhoiden
enoteca, l' Weinstube,Weinkeller 117, 213
ente, l' Organisation, Veranstaltungleitung; ~ **del turismo, l'** Fremdenverkehrsamt 199
entrare hereinkommen 50; **entrata, l'** *(Metro, Bus)* Einstieg 87; *(Grenze)* Einreise 59
epatite, l' Gelbsucht
epoca, l' Epoche 182
esame, l' Prüfung; Untersuchung
esatto exakt, genau
esaurito erschöpft; belegt, ausverkauft 94, 159, 207
escursione, l' Wanderung 191; Ausflug 206; **escursione guidata, l'** *(Tour)* Führung 191
esegui, l' Bestätigung 219f
esempio, l' Beispiel
esistere existieren
esperienza, l' Erfahrung
esportare exportieren 255
espositori, gli Aussteller *pl* 268; **esposizione, la** Ausstellung 268
espresso, l' Eilbrief 223; Schnellzug; Espressokaffee
esprimere ausdrücken
essa *f sg* sie; **esse** *f pl* sie
essere sein 275ff

essi *m pl* sie
est, l' Osten 34
estate, l' Sommer 31; **estivo** sommerlich, im Sommer 25
estero ausländisch 217; **estero, l'** Ausland 270
estratto conto, l' Kontoauszug 219, 221
età, l' Alter 42
etrusco etruskisch 202
etto, l' 100 g 18, 161
eurocheque, l' Euroscheck 21, 218
evitare vermeiden
extracomunitario nicht zur EG gehörig

F

fabbrica, la Fabrik 43
facchino, il Träger
faccia, la Gesicht; **facciata, la** Fassade
facile leicht
fagiano, il Fasan 138
fagiolino, il grüne Bohne; **fagiolo, il** Bohne 167
fallire scheitern
falsificare fälschen
fame, la Hunger
famiglia, la Familie
famoso berühmt
fanale, il Scheinwerfer
fango, il Schlamm
farcire spicken
fare machen, tun; kosten 276ff; ~ **il bagno** baden 187, 190, 247; ~ **escursioni a piedi** wandern 193; ~ **footing** joggen 192; ~ **male** weh tun 244; ~ **un pacchetto** einpacken 157; ~ **lo spelling** buchstabieren 101; ~ **sub** tauchen 192; ~ **windsurf** surfen 186, 190, 192
farina, la Mehl
farmacia, la Pharmazie, Apotheke 44, 154; **farmacista, il/la** Apotheker/in; **farmaco, il** Medikament 240, 245
faro, il Scheinwerfer
fastidioso langweilig, lästig, unangenehm
fatica, la Mühe, Anstrengung
fatto in casa hausgemacht 131
fattoria, la Gutshof, Weingut 152
fattura, la Rechnung
fava, la dicke Bohne 167
favore, il Gefallen 263; **favorevole** günstig
fazzoletto, il Taschentuch
febbraio, il Februar 29
febbre, la Fieber 243, 245
fede, la Glaube; **fedele** treu
fegato, il Leber 138
felice glücklich
felpa, la Plüsch(pullover)
femminile weiblich 42
feriale Wochen-, Werk-
ferita, la Wunde; **ferito** verletzt 233, 244
fermata, la Haltestelle 79, 87f, 90; ~ **intermedia, la** Zwischenlandung
fermo still, unbeweglich
ferragasto, il Mariä Himmelfahrt 30, 92
ferramenta, il Eisenwarenhandlung 154
festa, la Fest; **festivo** Feier-
fetta, la Scheibe, Stück
fiammifero, il Streichholz 179
fianco, il Seite, *(Körper)* Hüfte 244
fico, il Feige 168
fiera, la Messe 267f; Messegelände
figlio/a, il/la Sohn/Tochter
file, il *(PC)* Datei 267
film, il Film 210
filtro, il Filter 237

finale, la Endspiel 198; **fine, la** Ende 26
finestra, la Fenster 108, 130
finire beenden 208, 275ff
finocchio, il Fenchel 167
fiore, il Blume; **fiorista, il** Blumenhändler 154
firma, la Unterschrift 20; **firmare** unterschreiben 69, 218, 239
fisica, la Physik
fissare *(Termin)* vereinbaren 258
fiume, il Fluß 201, 204
flacone, il Fläschchen
flauto, il Flöte
fluido, il Flüssigkeit
focaccia, la ≈ Fladenbrot; Gebäck
fon, il Haartrockner 188
fontana, la Brunnen 203; **fonte, la** Quelle 204
forbici, le *pl* Schere 265
forchetta, la Gabel 110
foresta, la Wald, Urwald 204
formaggio, il Käse 126f, 155, 163
formato, il Format 178
formulario, il Formular
fornello, il Herd 109; **forno, il** Ofen 132, 141
foro, il Forum
forse vielleicht 159
forte stark 240; **fortezza, la** Festung
forza, la Kraft; **forzare** aufbrechen 238
foschia, la Dunst
fotografia, la Fotografie; **fotografo/a, il/la** Fotograf/in
foulard, il Kopf-, Halstuch
fra zwischen 56; *(zeitlich)* in 22
fragile zerbrechlich
fragola, la Erdbeere 142
fraintendere mißverstehen
frammenti, i *pl* Scherben
frana, la Erdrutsch
franco, il *(Währung)* Franken 217
francobollo, il Briefmarke 180, 221ff
frappè, il Eismixgetränk 120, 147
fratello, il Bruder
frattempo, il Zwischenzeit; **nel ~** inzwischen
frattura, la Bruch; **fratturato** gebrochen 246
freccia, la Blinker; Pfeil 194
freddo kalt 31, 187
frenare bremsen; **freno, il** Bremse 86; **~ a mano, il** Handbremse; **~ di emergenza, il** Notbremse 77
frequentare treffen 212; **frequente** häufig
fresco frisch 31
fretta, la Eile
friggere braten, fritieren
frigobar, il Minibar 100; **frigorifero** Kühlschrank 109
fritto frittiert 133
frizione, la Kupplung 237
frizzante spritzig, moussierend 150f
frontiera, la Grenze
frullato, il (Milch-) Mixgetränk 120, 147
frutta, la Obst, Früchte 142, 155; **fruttivendolo, il** Obst- und Gemüsegeschäft 155
fumare rauchen 262; **fumatore, il** Raucher
fungo, il Pilze 127, 132, 140, 167; **funghi porcini, i** *pl* Steinpilze 167
funivia, la Seilbahn 196
funzionare funktionieren 263
fuoco, il Feuer 232; **fuochi artificiali, i** *pl* Feuerwerk 211
fuori draußen; **~ servizio** außer Betrieb 89, 220
furbo schlau
furgone, il Lastkraftwagen 62
furto, il Diebstahl 238

G

gabinetti, i *pl* Toiletten 75, 77
galleria Tunnel 69; *(Kunst)* Galerie
gallina, la Henne
gamba, la Bein 243, 248
gamberetti, i *pl* Krabben 166
gamberi, i *pl* Krabben 134
gancio, il Haken
gara, la Wettbewerb 197
garage, il Garage
garantire versichern, garantieren
garanzia, la Garantie
garza, la Verbandsstoff
gas, il Gas; **gassato** kohlensäurehaltig
gastrite, la Magenschleimhautentzündung
gelateria, la Eisdiele 117, 146; **gelato, il** Eis 142
genitori, i *pl* Eltern
gennaio, il Januar 29
gente, la *sg* Leute
gentile *(Brief)* geehrte/r 260; freundlich, höflich, nett 45ff, 286
genuino rein, natürlich
geografia, la Geographie 44
Germania, la Deutschland 221
gesso, il Gips, Kreide
gestione, la Leitung
gettone, il *(Automat)* Münze 113
ghiaccio, il *(Wasser)* Eis 122
già schon, bereits
giacca, la Jackett 171
giallo, il Krimi 210; *adj* gelb 34
giardino, il Garten 204
ginecologo, il Gynäkologe 243
ginocchio, il Knie
giocare spielen 190, 197; ~ **a golf** Golf spielen 190, 192; ~ **a squash** Squash 190, 193; ~ **a tennis** Tennis spielen 193; **giocatore, il** Spieler 198; **giocattolo, il** Kinderspielzeug
gioelleria, la Juweliergeschäft
giornale, il Zeitung 180; **giornalista, il/la** Journalist/in
giorno, il Tag 26, 28; ~ **di partenza, il** Abreisetag 95; ~ **festivo** Feiertag 28; ~ **feriale** Wochentag 28
giovane jung 151, 285
giovedì, il Donnerstag 28
giradischi, il Plattenspieler
girare drehen 58, 111; **Giri!** Drehen Sie! 57; **giro in aereo, il** Rundflug
gita, la Ausflug; ~ **in pullman, la** Rundfahrt 206
giù unten
giugno, il Juni 29
giungere ankommen
giusto richtig, gerecht
gli *pl* die; *(Dativ)* ihm 282
goccia, la/goccio, il Tropfen 241
gol, il *(Treffer)* Tor 197
gola, la Kehle, Hals
gomma, la Reifen 236; ~ **a terra, la** Platten 235
gonfio geschwollen
gonna, la Rock 171
gotico gotisch 202
gradire annehmen, wünschen
grado, il Grad 31
granchio, il *(Tier)* Krebs 135
grande groß 158, 255, 285; ~ **magazzino, il** Kaufhaus
granita, la gestoßenes Eis mit Fruchtsaft 147; ~ **di caffè, la** halbgefrorener Kaffee 120
grappa, la Schnaps
grasso dick, fett
grato dankbar
gratuito gratis
gravidanza, la Schwangerschaft
grazie danke 264
greco griechisch 202
gridare schreien

grigio grau 34
griglia, la Grill 132
grosso groß
grotta, la Höhle, Grotte 199, 204
gruppo, il Gruppe 200
guanti, i *pl* Handschuhe 170, 175
guardare (an)sehen, scheuen
guardaroba, la Garderobe 208
guardia medica, la *(Arzt)* Bereitschaftsdienst
guarire heilen
guasto, il Panne, Defekt 234
guerra, la Krieg
guida turistica, la Reiseführer 199
guidare führen, lenken
gustare kosten, genießen; **gusto, il** Geschmack 147

H

handicappato behindert
hockey su ghiaccio, l' Eishockey 195
hotel, l' Hotel

I

i *pl* die
ictus, l' Schlaganfall 245
ieri gestern 26
il der 273
imbarco, l' *(Flug)* Einstieg 82; *(Schiff)* Einschiffung, Einstieg
imbottigliare in Flaschen abfüllen
imbucare einwerfen
imitare nachahmen
immaginare sich vorstellen
immediatamente direkt, sofort
immondizia, l' Müll
imparare lernen
impero, l' Reich, Imperium; **imperatore, l'** Kaiser
impianto, l' Anlage; ~ **d'allarme, l'** Alarmanlage; **impianti di risalita, gli** Liftanlagen 196
impiegata/o, l' Angestellte/r 43
importante wichtig
importare importieren 255
importo, l' Betrag 89, 219; ~ **massimo, l'** Höchstbetrag 218
impossibile unmöglich
imposta, l' Steuer
imprenditore, l' Unternehmer 43; **impresa, l'** Betrieb, Unternehmen 255, 257
in in, auf, nach, zu 273; **in vigore** gültig 73
inadatto ungeeignet
inaugurazione, l' Eröffnung
incaricato, l' Zuständiger 255
incassare *(Scheck)* einlösen 220
incendio, l' Brand
incidente, l' Unfall 232ff; ~ **stradale, l'** Autounfall
incinta schwanger 245
incontrare treffen 258; **incontrarsi** sich treffen 212
incredibile unglaublich
incrocio, l' *(Straßenverkehr)* Kreuzung 58
indeterminato unbestimmt
indicazione, l' Hinweis, Anzeige
indigestione, l' *sg* Verdauungsstörungen
indirizzo, l' Anschrift, Adresse 42
indispensabile unentbehrlich
infarto, l' Herzinfarkt 245
infatti tatsächlich
infermiera, l' Krankenschwester 249
inferno, l' Hölle
infiammazione, l' Entzündung 246
influenza, l' Grippe
informazione, l' Information, Auskunft 73, 224

infortunio, l' Unfall
infrazione, l' Verstoß
ingannare betrügen
ingegnere, l' Ingenieur/in
ingessatura, l' Gipsverband 246
ingrassare dick machen; **ingrassarsi** dick werden
ingrediente, l' Zutat
ingresso, l' Eingang 268; Eintritt 200; ~ **libero, l'** Eintritt frei 200
iniezione, l' Spritze 246
inizio, l' Anfang 26
innamorarsi sich verlieben
innocente unschuldig
innocuo harmlos
inquinamento, l' (Umwelt-) Verschmutzung
insalata, l' Salat 127, 131, 135, 140, 157
insediamento, l' Siedlung
insegnante, l' Lehrer/in
inserire eingeben 89; einstecken, einführen 219; *(Geld)* einwerfen 226
insieme zusammen
insolito ungewöhnlich
insolubile unlöslich
insonnia, l' *sg* Schlafstörungen
inspirare einatmen 244
interessante interessant 45, 199, 207, 262
interno Innen-, intern
intero ganz 200
interprete, l' Dolmetscher/in
interruttore, l' Schalter 111
interurbano Fern-
intervallo, l' Pause 208
intossicazione, l' Vergiftung 246
invece statt, dagegen
invernale winterlich, im Winter 25; **inverno, l'** Winter 31
invitare einladen 49; **invito, l'** Einladung 49, 214
io ich 281f
irruzione, l' Einbruch 238
iscrivere anmelden 191
isola, l' Insel; ~ **pedonale, l'** Fußgängerzone
istruzioni per l'uso, le *pl* Gebrauchsanweisung 108
Italia, l' Italien; **italiano** italienisch 158
itinerario, l' Route 191, 199
IVA, l' Mehrwertsteuer 130

L

l' *sg* der, die, das 273; **la** *sg* die
labbro, il/labbra, le *pl* Lippe
lacca, la Lack, Haarspray 229
lacrima, la Träne
ladro, il Dieb 232
lago, il See
lama, la Klinge
lamentare klagen über
lamiera, la Blech
lampadina, la Glühbirne 110
lampone, il Himbeere 147
lancia, la Boot
largo breit, weit 169
lasciare lassen, liegen/stehen lassen 237; ~ **un messaggio** Nachricht hinterlassen 259
lassativo, il Abführmittel 240
lato, il *(figurativ)* Seite 173
latte, il Milch 119, 126, 155, 163; ~ **a lunga conservazione, il** H-Milch; ~ **solare, il** Sonnenmilch; ~ **intero, il** Vollmilch; ~ **parzialmente scremato, il** halbfette Milch; **latteria, la** Milchgeschäft 155
lattina, la Dose 118, 161
lattuga, la (römischer) (Kopf-) Salat
laurea, la Universitätsabschluß, Staatsexamen

lavabile in lavatrice waschmaschinenfest 230; **lavanderia, la** Reinigung 216, 230; **lavare** reinigen 230; waschen 228; **lavatrice, la** Waschmaschine
lavandino, il Waschbecken 109
lavatrice, la Waschmaschine 109
lavorare arbeiten 43, 255
le *pl* die; *f dat* ihr; *f pl* sie 282
leale aufrichtig
leccare lecken
lecito erlaubt
legge, la Gesetz
leggere lesen 239, 279
leggero leicht 151, 240
legno, il Holz 158
legume, il Hülsenfrucht
lei, Lei sie, Sie 282
lenticchia, la Linse 167
lento langsam
lenzuolo, il Bettlaken 109
lepre, la Hase
lesione, la Verletzung
lesso gekocht 132
lettera, la Brief, Buchstabe 221, 223; Buchstabe; **lettera maiuscola, la** Großbuchstabe; **lettera minuscola, la** Kleinbuchstabe
lettino, il Kinderbett; Liege 187, 189; **letto, il** Bett 99, 247
lezione, la Lektion, Unterricht(sstunde)
libero frei 77
liberty, il Jugendstil 202
libreria, la Buchhandlung 154
libretto di circolazione, il Fahrzeugschein; **libretto di risparmio, il** Sparbuch
libro, il Buch 180
lido, il Strand
limone, il Zitrone 148
linea, la *(Telefon)* Leitung 225; Telefonverbindung; ~ **aerea, la** Fluggesellschaft 80
lingua, la Zunge, Sprache 44, 89, 206
liquidazione, la Geschäftsaufgabe 160
liquido flüssig; **liquido, il** Flüssigkeit 242
liquore, il Likör
liscio glatt, pur 122
listino prezzi, il Preisliste 99, 124f, 262
litigare streiten
litro, il Liter 18
lo der, *sg* die, das 273
locanda, la Lokal mit wenigen einfachen Zimmern 93
lontano fern, entfernt
lordo brutto
loro, Loro *nom pl* sie, Sie; *dat* ihnen, Ihnen 282
lotta, la Kampf
luce, la Licht 86, 236
lucido glänzend 178
luglio, il Juli 29
lui er, es, ihn 282
luna, la Mond 32f; **lunedì, il** Montag 28
lungo lang 169, 229
luogo, il Ort 201; ~ **dell'incidente, il** Unfallort
lussato verstaucht 244

M

ma aber, sondern 272
macchia, la Fleck 230
macchina, la Maschine, Auto 62, 234, 238, 270; ~ **da caffè, la** Kaffee~; ~ **fotografica, la** Fotoapparat 237
macedonia, la Obstsalat 142
macelleria, la Metzgerei 155
Madonna, la Mutter Gottes 206
madre, la Mutter

maggio, il Mai 29
maggiorana, la Majoran
maggioranza, la Mehrheit; **maggiorazione, la** Aufpreis 132
maglia, la/maglione, il Pullover 170
maglietta, la Unterhemd, T-Shirt
mai nie(mals) 27, 272
maiale, il Schwein 137f, 165
mal di gola, il Halsschmerzen; **mal di mare, il** Seekrankheit; **mal d'orecchi, il** Ohrenschmerzen; **mal di pancia, il** Magenschmerzen 243; **mal di schiena, il** Rückenschmerzen; **mal di stomaco, il** Bauchschmerzen 243; **mal di testa, il** Kopfschmerzen 243
malato krank; **malattia, la** Krankheit; **malattie infantili, le** Kinderkrankheiten
malavita, la Unterwelt
male schlecht 38, 243
mancare fehlen
mancia, la Trinkgeld
mandare schicken 222
mandarino, il Mandarine
mangiare essen 118, 251, 279
maniche, le *pl* Ärmel 172
manifestazione, la Veranstaltung 197, 199, 207
manifesto, il Poster 201
mano, la Hand 248; **fatto a ~** handgemacht; **manuale, il** Handbuch 266
manzo, il Rind 137f, 165
mappa, la Landkarte
marcia, la *(Auto)* Gang; **~ in folle, la** Leerlauf
marcio verfault, morsch, verdorben
marco, il Deutsche Mark (DM) 217
mare, il Meer 32f, 90, 204
marito, il Ehemann
marmellata, la Marmelade 126
marmitta, la Auspuff
marmo, il Marmor
marrone braun 34
martedì, il Dienstag 28
marzo, il März 29
maschera, la Maske 182; **~ subacquea, la** Taucherbrille 190, 194
maschile männlich 42
massaggio, il Massage
masticare kauen
materassino gonfiabile, il Luftmatratze 190
materiale, il Material 159
matita, la Bleistift 265
matrimonio, il Hochzeit 157
mattina, la Morgen 26, 28
matto verrückt
mausoleo, il Grab(mahl)
me mich 28f
mèches, le Strähnen 228
media, la Durchschnitt
mediante mittels
medicina, la Medizin, Medikament 44, 240, 245; **medicinale, il** Arzneimittel 240; **medico, il** Arzt 232, 242f, 249; **~ termalista, il** Badearzt 252
medievale mittelalterlich
medio mittel 175
medusa, la Qualle 187
mela, la Apfel 168
melanzana, la Aubergine 129, 140
melone, il Melone 148
memoria, la Arbeitsspeicher 266; **memorizzare** speichern 266
meno weniger 161, 285f
mensile monatlich 89
mentre während
menù, il Menü, Speisekarte 131, 143
mercato, il Markt 161
merce, la Fracht, Ware 160, 263
mercoledì, il Mittwoch 28
merenda, la Zwischenmahlzeit, Snack 116

meridionale Süd-, südlich
meritare verdienen
merluzzo, il Dorsch, Kabeljau
mescolare mischen
mese, il Monat 26
messa, la Gottesdienst 205f; **messa in piega con il fon, la** Fönwelle 228
messaggio, il Nachricht 227, 259
mestiere, il Handwerk, Arbeit
metà, la Hälfte 26, 161
metro, il Meter 18
mettere setzen, stellen, legen 279
mezza pensione, la Halbpension 94
mezzanotte, la Mitternacht 28
mezzo halb 19; **mezzo, il** Mittel; ~ **pubblico, il** öffentliches Verkehrsmittel 87
mezzogiorno, il Mittag 28
mi mir, mich 282, 284; **Mi scusi!** Entschuldigung! 98
micidiale tödlich
microfono, il Mikrofon 264
miele, il Honig 126
migliore beste/r 181
minestra Suppe, *(auch)* 1. Gang
minuto, il Minute 23
mio/a mein/e 283
miope kurzsichtig
miracolo, il Wunder
mirtillo, il Heidelbeere 148
misto gemischt 133
mittente, il/la Absender 223
modalità di pagamento, la Zahlungsbedingung
modo, il Art, Weise
modulo, il Formular 103, 216
moglie, la Ehefrau
molto viel 286
monastero, il Kloster 205
mondiale Welt-; **mondiali, i** *pl* Weltmeisterschaft 198
moneta, la Münze
montagna, la Berg, Gebirge 204; **monte, il** Berg 201, 204
monumento, il Denkmal 203
mora, la Brombeere
morbido weich 175
morbillo, il *sg* Masern
morso gebissen 244; **morso, il** Bißwunde
mortadella, la *(Aufschnitt)* Mortadella, ital. Fleischwurst
mosca, la Fliege
moschea, la Moschee 205
mosso stürmisch bewegt 33
mostra, la Ausstellung 199, 202
moto, la Motorrad 62; **motore, il** Motor 235; **motorino d'avviamento, il** Anlasser; **motoscafo, il** Motorboot 194
muffa, la Schimmel
multa, la Strafe, Strafzettel 70f
municipio, il Rathaus
muovere bewegen 245, 247
mura, le *pl* Stadtmauer 203; **muro, il** Mauer
muscolo, il Muskel
museo, il Museum
musica, la Musik 44, 209; ~ **classica, la** klassische Musik 181
muta, la Taucheranzug 194

N

Natale, il Weihnachten 30
nato/a geboren 41f
natura, la Natur 204; **naturale** natürlich
nausea, la Übelkeit
navata, la Kirchenschiff 205; **nave, la** Schiff 59, 84
nazionale national, inländisch
né ... né weder ... noch 272
ne davon; dessen, deren, welche
nebbia, la Nebel 31f

negozio, il Geschäft
neoclassico neoklassisch 202
nero schwarz 34
nessuna/o keine/r 272
neve, la Schnee 32; **nevicare** schneien 31
niente nichts 272
nipote, il/la Enkel/in, Neffe/Nichte
no nein 271
nobile edel, vornehm, adelig
nocciola, la Haselnuß 148; **noce, la** Walnuß 148
noi wir, uns 282
noleggiare mieten 68; **noleggio, il** Miete 187; Verleih 81, 87, 97; **noleggio (di) barche, il** Bootsverleih 189
nome, il Name, Vorname 41, 101, 107, 130
non nicht 271
nonno/a, il/la Großvater/-mutter
nord, il Norden 34
norme, le Bestimmungen
nostro/a unser/e 283
notte, la Nacht 28
novello jung, neu 151
novembre, il November 29
nubile ledig
numero, il Größe (Schuhe) 173; Zahl; ~ **del conto, il** Kontonummer 221; ~ **di telefono, il** Telefonnummer 42
nuora, la Schwiegertochter
nuotare schwimmen 186, 190, 192
nuovo neu 286
nuvola, la Wolke 32f

O

o oder 272
occidente, l' Westen
occhiali, gli *pl* Brille 184; **occhio, l'** Auge 248
occupato besetzt 77, 225
oculista, l' Augenarzt 243
offendere beleidigen
offerta, l' Angebot 258, 262; **offrire** anbieten 262
oggetto, l' Gegenstand, Betreff 238f, 260
oggi heute 26, 227
olio, l' Öl 128; ~ **solare, l'** Sonnenöl
oliva, l' Olive; **olivo, l'** Olivenbaum
ombra, l' Schatten 113; **ombrellone, l'** Sonnenschirm 187, 189
omicidio, l' Mord
onda, l' Welle
onesto ehrenhaft, richtig
opaco opaco 178
opera, l' Werk; ~ **d'arte, l'** Kunstwerk
operaio, l' Arbeiter 43
operare operieren 246; **operazione, l'** Operation; Vorgang 219
opinione, l' Meinung
ora, l' Stunde 23, 222; ~ **di consultazione, l'** Sprechstunde
orario, l' Fahrplan 73; Öffnungszeiten 25, 116, 200
orale oral, mündlich
orecchino, l' Ohrring 182; **orecchio, l'** Ohr 248
organo, l' Organ; Orgel
oro, l' Gold 183
orologeria, l' Uhrengeschäft 156; **orologio, l'** Uhr 182
orto botanico, l' Botanischer Garten
ospedale, l' Krankenhaus 43, 232, 242, 247
ospitare beherbergen, bewirten
osso, l' Knochen
ostello della gioventù, l' Jugendherberge 93
osteria, l' Weinstube, Weinkeller 117, 213

pensionato, il Rentner 43, 200; **pensione, la** Rente; ~ **completa, la** Vollpension 94
pentola, la Topf 110
penultimo vorletzter
pepe, il Pfeffer
peperone, il Paprika 140
per für, durch; ~ **quando?** für wann? 96
pera, la Birne 168
perchè weil, damit 272
perciò deshalb, daher
percorso, il Strecke, Route 191
perdere verlieren 197, 235
pergamo, il Kanzel
pericolo, il Gefahr 69, 195; ~ **di valanghe, il** Lawinengefahr 195; **pericoloso** gefährlich 69, 112, 187, 191
periodo, il Zeit, Zeitabschnitt, Phase
permanente, la Dauerwelle 228
permesso, il Erlaubnis; **~?!** Gestatten Sie?! 46; **permettere** erlauben
persiane, le *pl* Rolläden 108
persona ferita, la Verletzte/r 234
pesca, la Pfirsich 148
pescare angeln, fischen 192f; **pesce, il** Fisch 131, 155, 162, 166; ~ **spada, il** Schwertfisch 139; **pescheria, la** Fischgeschäft 155
peso, il Gewicht
petto, il Brust 138, 248
pezzo, il Stück 161; ~ **di ricambio, il** Ersatzteil 235
piacere *(Verb)* gefallen 53; *(Adverb)* gern 46; **Piacere!** Freut mich! 39; **piacevole** angenehm, schön 39, 45
piadina, la dünner Brotfladen mit Öl oder Schmalz gebacken
piano, il Klavier; Stock(werk) 157; ~ **terra, il** Erdgeschoß; **pianoforte, il** Klavier
pianta della città, la Stadtplan
pianura, la Ebene
piatto, il Teller, Gericht 110, 145; Gang; **piatti di pesce, i** Fischgerichte 139; **piatti di carne, i** Fleischgerichte 137
piazza, la Platz 203
piccante pikant
piccione, il Taube
piccolo klein 158, 255
piede, il Fuß 244 248
pieno voll
pietà, la Mitleid
pietra, la Stein
pila, la Batterie 178, 182
pillola, la Pille
pino, il Pinie
piovere regnen 31
pipa, la Pfeife 179
piscina, la Schwimmbad, Swimmingpool 97, 186, 193; ~ **coperta, la** Hallenbad 188
pisello, il Erbse 167
pista, la Skipiste 196; ~ **di fondo, la** Langlaufloipe 196; ~ **per slittini, la** Rodelbahn 196
pittore/pittrice, il/la Maler/in
più mehr 161, 285f
pizza, la Pizza; ~ **al taglio, la** *(Imbiß)* Pizzastück 127
platea, la Parkett 208
pneumatico, il Reifen 86
poco wenig 286
poeta/-essa, il/la Dichter/in
poi dann
polizia, la Polizei 232, 237; **poliziotto, il** Polizist
pollame, il Geflügel 138, 162; **pollo, il** Huhn 129, 138
polmone, il Lunge
polpetta, la Frikadelle, Fleischklößchen
poltrona, la Sessel 109
pomeriggio, il Nachmittag 28

prosecco, il trockener Schaumwein 121
proseguire weitermachen
prossimo/a nächste(r, s) 106, 156, 281
proteggere (be)schützen
protestante evangelisch 205
prova, la Probe
provenienza, la Herkunft 79
provvigioni bancarie, le *pl* Bankgebühren 217
prudente vorsichtig, besonnen
prugna, la Pflaume
prurito, il Jucken
pubblico öffentlich
pulire reinigen, säubern; **pulito** sauber 187
pullman, il (Reise-) Bus
pullover, il Pullover 170
pulpito, il Kanzel
pungere stechen
punta, la Spitze 228
punto gestochen 244; **puntura d'insetti, la** Insektenstich 240; **puntura di zanzara, la** Mückenstich 240
puntuale pünktlich
puro echt 174
purtroppo leider 157
puzzare stinken

Q

qualche manche(r,s)
quadro, il Bild, Gemälde 45, 201, 203
quale/i welche 181
qualità, la Qualität
quando wann, wenn, als 29, 270f
quantità, la Menge
quanto? wieviel? 271; **~ tempo?** wie lange? 60
quartiere, il Stadtviertel
quarto, il Viertel 18
quella/o jene/r 283f
questa/o diese/r/s 123, 283f
questura, la Polizeidienststelle 232
quindi also
quota fissa, la Pauschale

R

rabbia, la Tollwut 245
racchetta, la Schläger 194
raccoglitore, il Aktenordner 264
raccomandare empfehlen, nahelegen; **raccomandata, la** Einschreiben 222f
radiatore, il Kühler 237
radiógrafia, la Röntgenaufnahme
raffreddore, il Erkältung 243
ragazza/o, la/il junges Mädchen/Junge 272
rallentare *(Geschwindigkeit)* verlangsamen 69
rame, il Kupfer
rana, la Frosch
rappresentazione, la *(Theater)* Vorstellung 207
rasoio elettrico, il Rasierapparat
re/regina, il/la König/in
recapito, il Adresse 238
reddito, il Einkommen
regola, la Regel, Bestimmung
remare rudern 192
rene, il Niere
reparto, il Abteilung 249, 256
replica, la wiederholte Aufführung 208
respiratore, il Schnorchel 190, 194; **respirazione, la** Atmung; **respiro, il** Atem 244
responsabile, il Verantwortlicher 255, 257
restare bleiben 259
restaurato restauriert

S

salute, la Gesundheit; **Salute!** Gesundheit! Prost! 48; **saluti, i** *pl* Grüße 260
salvare retten; **salvagente, il** Schwimmring, Schwimmweste 190
salvia, la Salbei
sangue, il Blut 246; **sanguinare** bluten
sano gesund
Santa/o, la/il Heilige/r 206; **santuario, il** Heiligtum, Wallfahrtskirche 205
sapere wissen 276f
sapone, il Seife 175
sapore, il Geschmack 152
sarcofago, il Sarkophag
sarto/a, il/la Schneider/in
sauna, la Sauna 188
sazio satt, gesättigt
sbagliare etwas falsch machen 57; **~ numero** verwählen, sich 227
scala, la Leiter, Treppe 108; **scalare** bergsteigen 192
scalo intermedio, lo Zwischenlandung
scaloppina, la Schnitzel
scarpa, la Schuh 214; **scarpe da tennis, le** Tennisschuhe 195; **scarponi, gli** Wanderschuhe 194; **scarponi da sci, gli** Skischuhe 196
scatto, lo Einheit 105
scavi, gli Ausgrabungen 199, 203
scegliere (aus)wählen 143, 219
scellino, lo *(Währung)* Schilling 217
scendere aussteigen, hinuntergehen 58, 88
scheda, la Plastikkarte 224
schermo, lo Bildschirm 89, 265
schiena, la Rücken 244, 248
sci, gli Skier 191; **~ acquatico/nautico, lo** Wasserski 190ff; **sciare** skifahren 195
sciogliere auflösen 242
sciopero, lo Streik 76, 83, 261
scirocco, il *(Wind)* Schirokko
sciroppo, lo Saft, Sirup
scoglio, lo Klippe
scollatura, la Ausschnitt 172
scommessa, la Wette 214
scomodo unbequem 173
scompartimento, lo Zugabteil
sconto, lo Rabatt 160
scontrino, lo Kassenbon 124
scopa, la Besen
scoprire entdecken
scotch, lo Klebeband 265
scrittore/-trice, lo/la Schriftsteller/in; **scrivere** schreiben 263, 279
scultore/scultrice, lo/la Bildhauer/in; **scultura, la** Skulptur 201, 203
scuola, la Schule 44, 182
scuro dunkel
sdoganamento, lo Zollabfertigung
se wenn, falls, ob 272
secco trocken 122, 151
secondo, il Sekunde 23
sedano, il Sellerie 167
sede, la Hauptsitz; **sedere** sitzen; **sedia, la** Stuhl 109
seggiovia, la Sessellift 191, 196
segreteria, la Sekretärin 256; Sekretariat 257
seguire folgen 56f
selezionare *(Telefon)* wählen 105, 226
sella, la Sattel 194
selvaggio wild
semaforo, il Ampel 57f, 70
sembrare scheinen
semifreddo, il Halbgefrorenes 148
semisecco halbtrocken 122, 151
semplice einfach 286
sempre immer 27
seno, il Brust
sentiero, il Wanderweg 191
sentire fühlen 243

senza ohne
separare trennen, scheiden
sepolcro, il Grab
sera, la Abend 26, 28
sereno heiter
serie, la Serie, Reihe; ~ **A, la** *(Sport)* Erste Liga 197
serio ernst 245
serratura, la *(Schlüssel)* Schloß 238
servire (be)dienen; **servizio, il** Bedienung 130, 132; ~ **carro attrezzi, il** Abschleppdienst 233
sesso, il Geschlecht 42
seta, la Seide
sete, la Durst
settembre, il September 29
settimana, la Woche 26; ~ **santa, la** Karwoche 212; **settimanale** wöchentlich 89, 116
settore, il Abteilung 256
sfilata, la Umzug 211
sfuso *(Wein)* offen 150
sganciare *(Telefon)* abnehmen 226
si man, sich 282, 284
sicurezza, la Sicherheit
sigaretta, la Zigarette 179
significare bedeuten
signora, la Dame 123
signore, il Herr 123
silenzio, il Ruhe
sinagoga, la Synagoge 205
sindaco, il Bürgermeister
sindacato, il Gewerkschaft
sinistra links 57f, 111, 229, 251
siringa, la Spritze
ski-pass, lo Skipaß 191; ~ **giornaliero, lo** Tageskarte 196
slitta, la Schlitten 196
slogato verrenkt 244
smarrimento, lo Verlust 238
smettere aufhören
soccorso, il Notruf 232, 234
società, la Gesellschaft 257
socio, il Mitglied 213f
soffrire leiden
soggiorno, il Aufenthalt 95f, 238; Wohnzimmer 109
sogliola, la Seezunge 139
sognare träumen
soldi, i *pl* Geld 217, 238
sole, il Sonne 31f
solo allein; nur 228
sono *siehe* **essere**
sopra oben 251; über 56
soprano, il Sopran
sorella, la Schwester
sorgente, la Quelle 204
sorpassare überholen
sospensione, la Unterbrechung; *(Auto)* Federung
sospettare verdächtigen 238
sotto unten; unter 56; **sottoscritto, il** Unterzeichner 239
spalla, la Schulter 243, 248
spazzola, la Bürste 175; **spazzolino, lo** Zahnbürste 175
specializzato spezialisiert, Fach- 268
spedire *(Postsendung)* abschicken; aufgeben 216
spegnere ab-/ausschalten 111
spendere ausgeben 160
spesa, la Einkauf; **fare la** ~ einkaufen (gehen); **spese, le** *pl* Ausgaben, Gebühren 218; ~ **accessorie, le** Nebenkosten 94
spesso oft 27
spettacolo, lo Veranstaltung, Abendveranstaltung 208
spezie, le *pl* Gewürze
spiaggia, la Strand 186, 189
spiccioli, gli *pl* Kleingeld 218, 225
spiedino, lo Spieß 138
spiegare erklären 263
spina, la Stecker 111
spinaci, gli *pl* Spinat 167
spingere anschieben 235; drücken 77

T

tavola calda, la Schnellimbiß 117; **tavola da surf, la** Surfbrett 187, 190f, 194
tavolo, il Tisch 109, 125
tazza, la Tasse 110, 118
te dich 282
tè, il Tee 119, 126, 155; ~ **freddo, il** Eistee 120
teatro, il Theater 207; ~ **dell'opera, il** Oper 207, 209
tedesca/o, la/il Deutsche/r; *adj* deutsch 89, 200, 206, 243, 268
tegame, il Pfanne
telefonare telefonieren 216, 225, 259, 263, 270; **telefono, il** Telefon 216; **telegramma, il** Telegramm 216, 222
televisore, il Fernsehapparat 100
telo, il Badetuch 189
temperatura, la Temperatur 33
tempesta, la Sturm 32
tempio, il Tempel 199, 204
tempo, il Zeit 270; Wetter 31, 26; **primo/secondo ~, il** erste/zweite Halbzeit 198; ~ **supplementare, il** *(Sport)* Verlängerung 198
temporale, il Gewitter, Unwetter 31
tenda, la Vorhang, Zelt 92
tenere halten 281
tenero weich, zart
tenore, il Tenor
tentare versuchen
terminare enden 79
terra, la Erde; **terreno, il** Boden, Gelände
terrazza, la Terrasse
tesoro, il Schatz, Schatzkammer
tessera, la Ausweis 268; ~ **annuale, la** Jahreskarte 200
tessuto, il Stoff 159
testa, la Kopf
testimone, il Zeuge 233
ti dir, dich 282, 284
timbro, il Stempel
tingere färben 228
tintoria, la Reinigung 216, 230
tirare ziehen 77, 111; *(Ball)* schießen 198; **tiro, il** Schuß 198
toccare anfassen 89
tomba, la Grab 201
tonno, il Thunfisch 128, 139
tonsillite, la Mandelentzündung
torcia, la Taschenlampe
tornare zurückkommen 206
torre, la Turm 203
torta, la Torte, Kuchen 128, 142, 149
tosse, la Husten 243; **tossico** giftig
totocalcio, il Fußballtoto 214
tradurre übersetzen
traffico, il Verkehr 69, 261
traghetto, il Fähre 59, 84
tram, il Straßenbahn 87
tramezzino, il dreieckiges Sandwich 127f
tramonto, il Sonnenuntergang 32
tranquillo ruhig 97
transito, il Durchfahrt 69
trascorrere verbringen 279
trasfusione, la Bluttransfusion
trattoria, la einfaches Restaurant 117
travellers cheque, il Reisescheck 21, 218
treno, il Zug 59
triglia, la Seebarbe
trippa, la *sg* Kutteln 138
trombosi, la Thrombose
troppo zu, zu viel 161
trota, la Forelle 139
trovare finden 156
tu du 282
tubo, il Rohr, Leitung 110f; ~ **di scappamento, il** Auspuff 236
tuo/a dein/e 283
turno, il *(Apotheke)* Bereitschaftsdienst

U

V

W

Y

Z

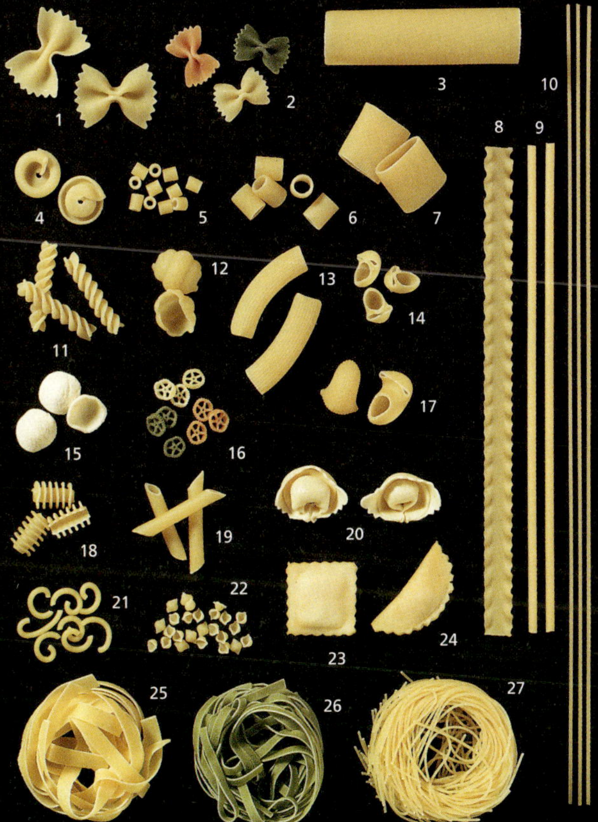

Abbildung 1: Teigwaren

1 Farfalle
2 Farfallini
3 Cannelloni
4 Dischi Volanti
5 Ditalini
6 Ditali
7 Mezze Maniche Rigate
8 Lasagnetta Riccia
9 Maccheroni
10 Spaghetti
11 Fussilli
12 Gnocchi
13 Gramigna Rigata
14 Cirillini
15 Orecchiette
16 Rotelline
17 Pipette
18 Orecchiette Ricce
19 Penne
20 Tortelloni
21 Vermicelli
22 Cinesini
23 Ravioli
24 Agnolotti
25 Fettucine
26 Lasagnette Verdi
27 Capellini

Abbildung 2: Weinkarte

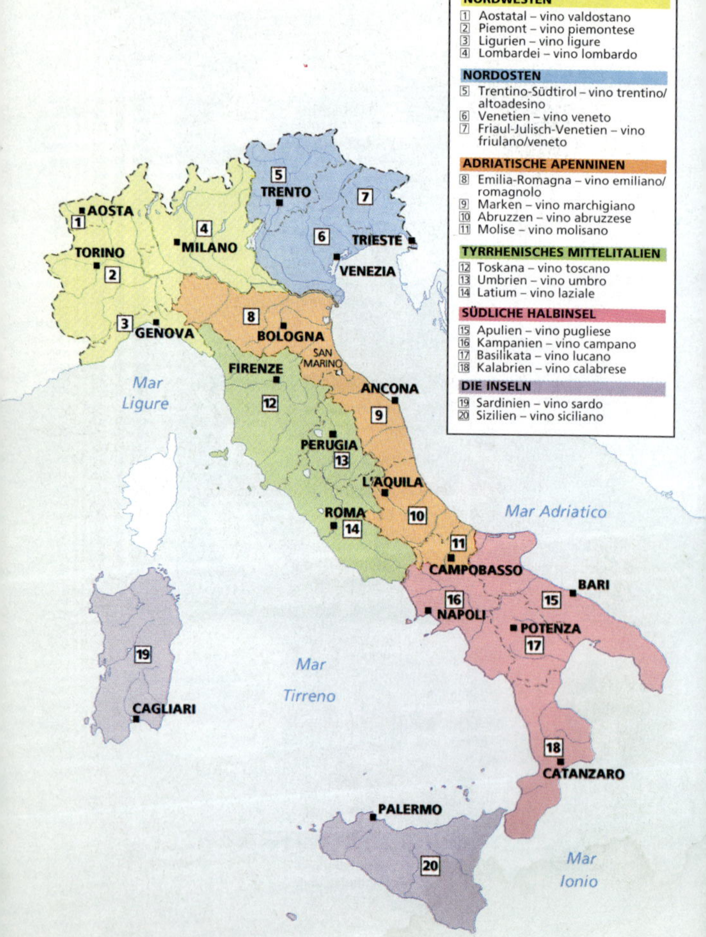

Abbildung 3: Geldscheine

Abbildung 4: Verkehrsschilder

Verkehr mit Schneeketten oder Winterreifen ab km ...

Fußgängerzone von 20.30 Uhr bis 23.00 Uhr

Hinweis von touristischem Interesse

Einbahnstraße

Autobahn

Unfallstation

Nationalstraße

Europastraße

Steinschlag und Lawinengefahr

Sackgasse

Halteverbot

Krankenhaus